高等院校经济学管理学系列教材

实用谈判技巧与现代礼仪

Practical Negotiation Skills and Modern Etiquette

俞宏标◎著

北京大学出版社
PEKING UNIVERSITY PRESS

图书在版编目(CIP)数据

实用谈判技巧与现代礼仪/俞宏标著.—北京:北京大学出版社,2014.1
(高等院校经济学管理学系列教材)
ISBN 978-7-301-23647-5

Ⅰ.①实… Ⅱ.①俞… Ⅲ.①谈判学-高等学校-教材 ②谈判-礼仪-高等学校-教材 Ⅳ.①C912.3

中国版本图书馆CIP数据核字(2013)第315232号

书　　名:实用谈判技巧与现代礼仪
著作责任者:俞宏标　著
责 任 编 辑:刘秀芹　王业龙
标 准 书 号:ISBN 978-7-301-23647-5/F·3804
出 版 发 行:北京大学出版社
地　　址:北京市海淀区成府路205号　100871
网　　址:http://www.pup.cn　　新浪官方微博:@北京大学出版社
电 子 信 箱:law@pup.pku.edu.cn
电　　话:邮购部62752015　发行部62750672　编辑部62752027
出版部62754962
印　刷　者:北京飞达印刷有限责任公司
经　销　者:新华书店
730毫米×980毫米　16开本　13.75印张　211千字
2014年1月第1版　2015年2月第2次印刷
定　　价:28.00元

目　录

导　言

谈判，既是一门科学，又是一门艺术。说它是一门科学，是因为已形成了系统的谈判概念、原理、原则和方法等知识体系。它是在学者们总结谈判工作的客观规律的基础上形成，可以用来指导人们从事谈判实践。它有一套分析问题、解决问题的科学的方法论，时至今日，已形成了比较系统的理论体系，揭示了一些有价值的谈判规律，并总结衍生出许多谈判原则。把谈判比做一门艺术，是因为它并不能为谈判者提供解决一切问题的标准答案。它要求谈判者以谈判理论和基本方法为基础，结合实际，具体情况具体分析，以求得问题的解决，实现组织的目标。谈判是一门不精确的科学。谈判者必须在谈判实践中发挥积极性、主动性和创造性，因地制宜，将谈判知识与具体的谈判活动相结合，达到理论与实践的最佳搭配，才能进行有效的谈判。

自古以来，人和人之间存在着多种形式的交流，小到菜市场上的讨价还价，大到国际上的大国会谈，这种利益的接触在人们的生活中不断被改进、升华。在人类几千年的历史中，谈判所涉及的领域也在不断拓展，从最开始的商业上的交流，到后来诸国之间的相互出使，一直到如今。谈判已经从不同的角度被划分为多种类别，如商务谈判、国际谈判、军事谈判、经济谈判等。当今社会，各方面的竞争越来越激烈。生活在这样的社会里，我们如何才能在日常的工作中轻松自如地与人交谈，在政治谈判桌上滔滔不绝地辩论，在经济战场上英勇如虎地驰骋，在生活中尽情地挥洒和展现自己的才华，真正地体现自我，实现自我，挑战自我呢？要想做到这些，除了具备丰富广博的知识外，还要有把知识表达出来的才能。换言之，就是能将所学完全释放、表达。假如一个人缺少这种能力，平时总木讷寡言，即使他满腹经纶，也无济于事。这就好像是“茶壶里煮饺子——有嘴倒不出来”。这样的人在现代社会的竞争中往往处于劣势，因为他们不善于表达自己的真实想法，不善于展现自己的才能，不善于把自己推销出去，最后与很多机会失之交臂。相反，一个善于表达自己想法的人，往往能在最困难的时候扭转局面，把握时机，变被动为主动，达到“山重水复疑无路，柳暗花明又一村”的效果。当然，如果一个人希望在每一次与人交往中都能略胜一筹，成为一名成功的谈判高手，除了应具备敏锐的头脑、睿智的眼光、高深的文化修养外，还应懂得有关谈判的礼仪规范。了解并遵守这些礼仪，不仅有助于自己在他人面前树立良好的形象，展示自己的人格魅力，更有利于自己在与人交往中赢得对方的尊重和信任。

礼仪是为人处世的涵养，是适者生存的守则，是不经意间的惊喜。通俗地说，礼仪就是告诉你工作时应穿什么衣服，打电话时要注意什么等等。看似浅显易懂，但真正要成为有礼之人，谈何容易。作为一个社会人，懂礼是基本。俗话说：伸手不打笑脸人。在日常生活和工作中，礼仪能起到润滑协调之功效。人们在交往时按礼仪规范行事，能为双方建立良好的合作关系，缓和或避免产生矛盾和冲突。一般来说，人们受到尊重、礼遇、赞同和帮助就会产生吸引心理，形成友谊关系，反之会产生敌对、抵触、反感，甚至憎恶的心理。能掌握这种心理，是在谈判桌上取得优势的关键。

中华民族素有“礼仪之邦”的美誉。儒家讲“修身、齐家、治国、平天下”，在这一过程中，“修身”是最基本的，而“修身”是通过学“礼”来实现的。在现实生活中，礼仪是普通人修身养性、持家立业的基础，是一个领导者治理好国家、管理好公司或企业的基础。在谈判中，有时候礼仪甚至比智慧和学识都重要。

礼仪具有凝聚情感的作用。它的主要功能在于对人际关系的调节。在现代生活中，人们的相互关系错综复杂，在平静中会突然发生冲突，甚至采取极端行为。礼仪有利于促使冲突各方保持冷静，缓解已经激化的矛盾。如果人们都能够自觉主动地遵守礼仪规范，按照礼仪规范约束自己，就容易使人们之间的感情得以沟通，建立起相互尊重、彼此信任、友好合作的关系，进而有利于各种事业的发展。心理学家指出，我们于别人心目中的印象，一般在 15 秒内形成。别人依据我们的衣着打扮、谈吐与行为来形成印象，然后推断我们的性格。要改变恶劣的初次印象并不容易，因此必须在客户面前建立一个良好的初次印象，才能赢得合作顺利。所以，对于谈判这种第一印象占主导地位的社会活动而言，礼仪成为了至关重要的一环。一个人讲究礼仪，就会在众人面前树立良好的个人形象；一个组织的成员讲究礼仪，就会为自己的组织树立良好的形象，赢得公众的赞赏。现代市场竞争除了产品竞争外,更体现在形象竞争。

在商务活动中,礼仪产生的效果更是不可小觑。在商业谈判中,礼仪扮演着无可取代的角色。企业有两张脸,即两种公共形象——实力和礼仪。礼仪是企业形象、文化、员工修养素质的综合体现。在谈判桌上,只有遵守应有的礼仪规范,才能帮助企业在形象塑造、文化表达上得到一个令人满意的结果。一个具有良好信誉和形象的公司或企业,就容易获得社会各方尤其是谈判对方的信任和支持,就可以在激烈的竞争中处于不败之地。所以,商务人员时刻注重礼仪,既是个人和组织良好素质的体现,也是树立和巩固良好形象的需要。

礼仪在当代社会活动的各个方面都起着十分重要的作用。在一些商务谈判中,有时人的因素起到相当大的作用。因为,谈判者不是一方抽象的代表,谈判是由人组成的。人的因素涉及多方面,如首先应该承认人是具有感情的;有既定的价值观;不同的人具有不同的文化和教育背景、不同的观点,从而导致其行为有时的确会难以猜测。因此,在商务谈判中首先要解决人的问题。对于任何的商务谈判,若是将人的因素解决好了,将会在很大程度上促进谈判的达成。我们经常听到有些谈判者讲"生意不成仁义在",足以看出谈判者对人的因素的重视程度。

首先,要了解对方,这是最基本的要求。每一次谈判所要面对的谈判对象都不同。由于他们来自不同的国家或地区,且各地区间的政治经济制度、历史、文化传统都会不同,那么他们的文化背景和价值观念必然也会存在差异,谈判风格也就迥然不同了。特别是在国际谈判中,如果不了解不同国家的谈判风格,就可能闹出笑话,产生误解,既失礼于人,又可能因此而失去许多谈判成功的契机。如果想在谈判中不辱使命,稳操胜券,就必须了解各个地方不同的谈判风格,采取灵活的谈判方式。一个成功的将军,从来不打无准备之仗,在谈判的"战场"上,同样需要准备。俗话说,"知己知彼,百战不殆",谈判也不例外。了解对方,才能更好地认清谈判各方的关系,才能找到成功的方向。有人曾把谈判过程比做一次旅行,"当你要旅行时,你应该清楚从哪里出发,然后要清楚目的地,之后确定行程。"不难理解,在谈判之前,最核心的准备就是确定谈判目标,在大前提确定的情况下,其他的各项准备都是围绕着目标这一核心而运作的。当然,光确定目标是远远不够的,了解敌情也是在战场上必做的事情之一。

所应了解的内容可以说是事无巨细，大到对方的背景资料，小到对方喜欢喝什么，都可以事先了解。只有作好充分的准备，才能在谈判桌上事半功倍。

20 世纪 90 年代初，某跨国公司的一位美方代表曾经说过："中国伙伴在谈判桌上表现出与我们不同的文化价值观念，中国人对合同或协议的看法，对合作伙伴选择的标准，对知识和软件的看法等，都与我们不同，谈判有时会因此陷入困境……"由此可见，熟悉与掌握对方的习俗尤为重要，需要我们日积月累，网罗搜集。比如说，英国人不喜欢别人称他们为"English"，而愿意被称为"British"。又如，在大多数国家，人们认为绿色是青春、生机、平静、安全的象征，但是在日本人看来，绿色就是种不吉利的颜色。只有在了解这些之后，你才会在以后的谈判中有意识地避免提及对方不愿意听到的东西。假如你不了解这些民族习惯，很可能会按照自己本民族的习惯，怀着好意去反复提起恰好是别人不愿提及的东西，反倒弄巧成拙。

当然，光靠知己知彼是不够的，最好还能做到"二知"。这二知便是知同行、知环境。"知同行"，顾名思义，就是关注行业内其他企业的产品及经营状况。随着经济的发展，企业面临着国内外同行业的激烈竞争。也许当你正与谈判对手讨价还价之时，被忽视的"第三者"已准备坐收渔翁之利了。所以，必须以主动的姿态对整个市场该行业的经营状况及形势展开调查，从主要竞争者入手，了解其主要商品的类型、性能、质量、价格等信息，包括同行资信、市场情况及决策方式等。对比彼此的优势，找出相互之间的差距，便于本企业谈判时，以己之长较他之短，制定适于自己的谈判战略。"知环境"，众所周知，谈判不是一项孤立的经济活动，它总是在一定环境下进行，政治法律、经济建设、社会环境、自然资源、基础设施以及地理气候等都对谈判能否成功有重大影响。所以，应在谈判之前对它们尽量通盘了解，避免付出巨大代价才达成的协议，却因在履行中的某些客观因素阻碍而前功尽弃。前期的工作固然重要，但临门一脚的发挥，虽关乎运气，却也是成败的关键。足球场上，无论你如何宣扬自己球队作了多少的赛前准备，现场发挥不佳却成为不争的事实。

其次，在谈判桌上要表现出应有的大将风度，不要把"榨干对方的最后一滴柠檬汁"作为自己的追求。所谓大将风度，是指融入骨子里的精明与视野，胸襟开阔、志在千里的一种处事态度。当谈判进入讨价还价阶段，双方难免会为各自利益解释、反驳,甚至出现僵局。为了使磋商顺利进行,我们更需要彼此的微笑、友好,这样才不会因气氛的紧张造成合作的不快或失败。在谈判桌上言语相争的同时,应该注意到人与人每时每刻都在使用无声语言进行交流,面部表情、手势以及身体状况等细微的动作都能反映一个人的内心世界。当然,这也不是绝对的。所以,善于观察的我们还应善于倾听,将无声语言与有声语言等相关资料联系起来,进行全面分析,这正是我们通常所说的"察言观色"。要明白谈判需要沟通,尤其是讨价还价阶段,更是一个相互沟通、相互说服、自我说服的过程。当我们围绕着各项交易沟通时,千万不要忽视情感的交流。在"求同"的基础上,给对方一种舒适的感觉,让对方感到你并不是一味地"取",而是在"给"的过程中获得"双赢"。

当然,每一次谈判的最终目的是为了尽可能多地获得自己的利益。大将风度并不意味着任人宰割。谈判桌上的大将风度,表现为虽不作过分之求,但同时也不给对方任何可乘之机。它更多的是指在与人说话的时候友好、和善的态度,以及面带微笑地处理一切难题的良好心态,因为这样有助于消除对方的反感、抵触情绪,赢得他们的尊敬和好感,促使问题的解决。另外,它还指善于倾听对方的意见,准确地把握对方的意图,以便作出适当的反应,切忌中途打断对方的陈述。态度粗暴,言词粗鲁,则会伤害或得罪对方,给谈判带来阻力和障碍。当然,在商场上,也不乏一些人本着"无商不奸"的原则,在利益的驱使下,用欺瞒、威逼、利诱等手段获得自己最大的利益。面对这样的谈判对象,拥有大将风度的人就会做到"以德报怨",在谈判开始之前,揣摩透对方的意图和策略,以备在关键时刻击垮对方的非分之想。因为他们看到:人生或者事业,不是由一笔交易构成,而是由一笔笔的交易构成的。他们看到了对方为趋小利而放弃的长久的大利。他们在未探明对方决策之前绝不表态,在随意场合,不露声色,坚定主张,后发制人。他们懂得何时、何地作出何种回应,何时、何地需要耐心静观,不动则已,每动必有目的,必有结果。

最后,要选择一位德才兼备,善于灵活应变的谈判者。谈判是人与人的交往活动,最能体现一个人的思维能力、文化水平、道德修养等文明素质。文明的谈吐,说者修养良好,品位高尚,听者赏心悦目,如饮甘霖;粗鄙的谈吐,说者野蛮不堪,格调低下,听者耳不忍闻,退避三舍。一个高明的谈判者往往在具备卓越的口才的同时,还具有敏捷的思维、清晰的思路、渊博的知识、出众的智谋、机警的反应、高超的口语表达艺术,尤其是具有良好的心理素质。谈判桌上双方对峙、风云变幻,谈判情况总是处于不断变化之中。为了使谈判进展更有效率,我们会将各谈判事宜拟订一个次序。一般来说,我们不会将较容易引起争议的问题放在开始,否则可能一开始就会形成抵触气氛。如果把较容易协商的条款放到最前面,双方必定容易达成共识。随着达成的共识越来越多,双方在某些问题上让步的可能性就越大,毕竟一开始付出了时间和精力,就希望可以成功达成交易。谈判活动的这种特点要求谈判者必须充分运用自己的经验、学识和智谋,在认真分析和预测对方策略变化以及可能影响谈判事态发展的各项潜在因素的基础上,随机应变,及时作出正确决策。

谈判中,常会碰到各种矛盾,有的甚至相当棘手。例如,当对方向你提出无理的要求或故意提出一些使你难堪的问题时,你不妨试试用幽默这把金钥匙,去开启严肃之门,使紧张的谈判氛围变得轻松愉快,使一触即发的对立态度变得和谐。幽默其实是一种机智、诙谐、风趣、含蓄的技巧,给人以智慧的启迪和美的享受。又如这样一则广告对白——男士:“Mind if I smoke?”女士:“Care if I die?”这就很巧妙地拒绝了该男士的吸烟请求,该男士当然就不会当着该女士的面吸烟了,否则的话他会为自己的行为感到羞愧。假如这位女士用很生硬的语气命令该男士不要吸烟,结果就可能大不相同了。这就是谈判技巧的妙用,也恰恰是谈判者所要学习的地方。有些人会把这种谈判艺术和巧舌如簧、耍嘴皮子、夸夸其谈、哗众取宠、强词夺理、无理诡辩联系到一起,这就与谈判的真谛大相径庭了,没有真正地了解其实质内涵。

从以上的论述中我们不难看出,要想在谈判中取得成功,规范的礼仪是不可缺少的。其实,不仅谈判中如此,在我们的日常生活中又何尝不是呢?礼仪是社会风尚和道德水准的重要标志,也是一个人的思想觉悟、道德修养的重要表现。得体的礼仪可以帮助人们追求事业的成功,从而获得更大的收益。就像西班牙作家塞万提斯说的那样:“礼仪不值钱,却比什么都值钱。”得体的礼仪还可以帮助人们织出一张大大的人际关系网,使你与父母、同学、老师、同事等相处融洽。同时,它也可以作为一个强有力的助力器来推动社会的发展。就像《管子》中说:“礼义廉耻,国之四维;四维不张,国之灭亡。”管子把礼仪放在首位，足可见其在国家成立和发展中所起到的重要作用。

几年前，曾经有机构在我国的某一大城市作过市民礼仪问卷调查，结果发现：现代人礼仪水平的提高已经到了刻不容缓的地步。或许这一结论过于危言耸听，但从结果中，我们不难发现：无论是作为自然人还是社会人，无论是个人还是企业，礼仪都是必须掌握的一门技巧。“不学礼，无以立”，不仅个人要学礼，企业同样也要懂礼。很多的经验教训告诉我们，企业员工的不懂礼，会造成整个企业的损失。卡耐基说，一个成功的企业，18%依靠专业技术，82%依靠有效的人际关系的沟通。礼仪的运用不仅体现了个人的自身素质，也折射出所在企业的企业文化水平和管理水平。礼仪的运用具有共通性和差异性，要得体地使用礼仪，还需要根据所在环境适时地进行变通，不可一味地生搬硬套，造成不合环境、不融于世的情况。礼仪是一门社会科学，也是一种艺术的运用。现今全球经济一体化，社会竞争激烈，要比别人优胜，除了具备卓越的能力外，还要掌握有效沟通及妥善处理人际关系的技巧，而更重要的是拥有良好的专业形象和卓越的礼仪规范。相对于个人礼仪来说，如今的商务礼仪，不仅仅是从事商业活动的人学，在校的大学生，或者是刚步入社会的新鲜人，都争先恐后地学习，自身修养的砝码有时比专业技能的优势更加具有社会实用性。

第一章 谈判概述

在开始叙述之前，我想先问一个问题：你去过菜市场吗？如果你去过，那么，以下的交谈情景，你肯定不会陌生：

“鸡蛋多少钱一斤？”

“五块！”

“怎么这么贵？那边才四块！”

“这是自家鸡下的土鸡蛋，营养好！”

“这样吧，四块五，我买两斤！”

“行，行，给你袋子！”

……

或许你遇见的，比这要难缠，买者非四块不买，卖者非五块不卖；或者比上面的交谈更加直接，就比如超市里的商品明码标价，顾客放入购物车就去付款。这些大家习以为常的事，冠之以名，即为“谈判”。

有些不可思议，对吗？对于大多数人而言，一提及“谈判”，纵然不会“谈虎色变”，至少也会有一种庄严、肃穆的场景浮现于脑海中。但是，一说到“商量”，大家都会觉得很亲切。假如我告诉你，谈判就是商量，你会怎么想？你或许会想：是不是真的？我该相信么？我相信了会怎么样？如果你真的这么想了，那么恭喜你，你又在“谈判”了，一场和自己的“谈判”。

绕了这么大一个圈子，其实只是想告诉大家，从要不要起床开始，到要不要睡觉结束，人的一天，几乎都在谈判。不是与自己谈判，就是与他人谈判。不管你喜不喜欢，你所处的现实社会，就是一个巨大的谈判桌，你就是局中人。小到居家琐事，大到国际政治，谈判无处不在。

本章将主要对谈判作一些大致介绍，以引导大家对“谈判”有一个感性的认识。对于一些概念、定义，以及技巧评述，将在后面的章节中进行具体分析。

一、谈判主体概述——人人可以谈判

人是谈判的主体。人人自处于谈判中，当然人人都可以谈判。然而，一个不争的事实就是人与人的差异。不同的人，在谈判中会有不同的地位、优势、作用及效果。而人与人最常见的差异就是：男女有别。

（一）谈判有男女之别

谈这个话题的时候，我不禁想起了河南梆剧《花木兰》中那句唱词："刘大哥讲话理太偏，谁说女子不如男。"设想一下，如果剧情放到现在，会出现一个什么样的结果？可能不是"梆剧"，而是"棒剧"了。现代社会的女性已经不太愿意承认自己是社会弱势群体了——然而，不得不承认，在谈判中有着一定的男女之别，而且，这个区别还非常富有"戏剧性"。比如谈判专家彼得·斯塔克就这么说道："我们拍摄的多场谈判个案中都有这种情况：一位女士在阐述自己观点时不经意地碰了一位男士的手，这时，谈判的转折点就出现了。"①

1．太极两仪——阴阳调和万物生

现代社会，谈判桌上自然少不了女性，而且男女各有特色。一般来说，男性谈判者会对准某一目标，埋头苦干，争取最大的利益，所以极少会东张西望，看人家下一步会出什么牌，然后随时准备对策反攻。这样其谈判态度就会比较连贯一致，不会随外界变化而变化。不过，这也导致了其敏感度不够，可能会失去很多谈判转折点的契机。而女性在谈判时，为了怕别人说她是弱者，所以会表现得比正常的情形更为强硬，准备得也比男人更为周全，而且，女人往往比男人更为有耐心。

同时，西方有的研究者发现，女人比男人更会"欺压弱势"。研究表明，大部分女士认为，如果对方让步，就是示弱，是理亏；否则，没有必要让步。既然他知道理亏，让步了，那么自然要继续增加要求，步步紧逼。当然，女人也不是总这么强势的。研究表明，如果与"帅哥"谈判，女人的态度很可能一下子就趋于

① 〔美〕彼得·斯塔克等：《你也能成为谈判高手》，彭树林译，浙江人民出版社2005年版。

缓和。

谈判本来就被喻为“分蛋糕”，而在“分”的问题上，女人比男人更在乎公不公平。正如刘必荣教授在其著作中所提的案例：①

> 夫妻俩同车旅行，结果不慎被另一车撞上，于是双方停下检查，并相互理论一番。丈夫在争了一阵子之后就让步不争了，结果太太不愿意善罢甘休，非要让先生去争个你死我活、水落石出不可。丈夫不去，妻子就一直骂他“没出息”。

这种情况在现实生活中很常见，也是男人和女人对“冲突”看法差异的典型表现。男人或许觉得双方各让一下步好了，自己还要去旅行，而女人却认为错在对方，一定要让对方全部负责。实际上，女人的想法和要求并不过分。所以有时候我在想，女人在购物的时候为了一两块钱斤斤计较、讨价还价时，或许是在追求公平，让物有所值，而不是追求一种杀价的快感，我们一直都“误解”了！

2. 以柔克刚——巾帼无须让须眉

在传统观念中，女性是阴柔的，是美的化身，只是，她们背负着“生儿育女”的使命，又承受着“男尊女卑”的压力，无怪乎在占人口总数50%的芸芸女性中，有所成者大大少于男性，伟大卓越者更是凤毛麟角。所以，能登上历史舞台的女性往往为人们所津津乐道，比如班昭、武则天等。我们来看一个大家可能会比较熟悉的例子。

> 公元前167年，齐太仓令淳于意犯罪，要受到刑罚。押赴长安受审时，淳于意面对着五个女儿叹息说：“可惜没有儿子，到了这关键时候没人能帮上忙。”不想他的小女儿缇萦一路服侍父亲到长安，并找到机会和汉文帝谈判，终于让汉文帝废除了残酷的肉刑，造就了中国法制改革上的一大进步。

当然，汉文帝在此之前早就有了废除肉刑的打算，缇萦只不过是在此基础上推了他一把罢了。但是，就算没有打算，我看汉文帝也未必不动心。这么一个娇小动人的女子，长途跋涉从山东走到陕西，又理直气壮地和自己辩论，就算不怜香惜玉，也会为其正气和才情所倾倒。何况这还是利国利民的千秋大

① 参见刘必荣：《无所不在的谈判技巧》，中国发展出版社2004年版。

事呢!

从社会伦理角度来说,男性会比较谦让女性,女性的阴柔、细致,往往能在诸多场合中发挥作用,也许这就是所谓的“柔能克刚”理论。所以,上文彼得·斯塔克所说的现象,完全可以从理论上进行解释。前面刘必荣教授说,女性在谈判桌上遇到“帅哥”,态度会缓和,男性何尝不是“难过美人关”?在谈判桌上,这自然也成为女性的优势。当然,也有可能出现一些阻碍,比如西格蒙德·弗洛伊德在其著作《笑话及其与潜意识的关系》中提出:“笑话是唯一一种百无禁忌的社交方式,而女性不如男性幽默,她们更多地扮演一个被动角色。”虽然扎比内·里特尔在他的著作《男性和女性的差异》中对此进行了反驳,但本书还是比较认可弗洛伊德的观点。要知道,幽默在谈判中举重若轻。

其实,女性地位的提升,不过才是上个世纪的事情而已,整个社会观念也才刚刚改变没有多久。相信不久的将来,谈判桌上的女性会越来越多,而且会让男性刮目相看。

3. 略见一斑——于细微处见精神

关于男人和女人之间心理上的种种差异,可以从心理学家艾尔·特瑞西发表在英国《心理》杂志上的一些研究结果中略见一斑。

(1) 男性在年轻时会交很多朋友,但大部分女性过了中年以后才会有更多的朋友。

(2) 约有 25% 的男性,在第一次约会时就爱上对方,但女性到了第四次约会,才有 15% 爱上对方。

(3) 女性作决定的速度比男性快。

(4) 入学前到中学时期的男孩子比女孩子更爱支配别人。成年后,婚姻生活越长久,妻子就越成为被支配者。

(5) 男性时常害怕爱侣会被杀或自杀,而女性则常常害怕爱侣会遭受意外事故或年老死去。

(6) 男人喜欢冲锋式的工作,间隔休息,而女人则喜欢以同一个节奏工作。

(7) 大多数对成年人所作的调查都显示,男性和女性爱搬弄是非、制造谣言的程度是一样的。

(8) 阻止犯罪的研究显示,遇到坏人时反抗的女性比男性多 25%。

(9) 约有 2/3 或 4/5 的酗酒者是男性。十个丈夫中,只有一个会与酗酒的妻子生活;但十个妻子中,却有九个会继续与酗酒的丈夫生活。

(10) 犯罪的单身男性比已婚男性多,而犯罪的单身女性则比已婚女性少。

(11) 声称快乐满足的已婚男性几乎是单身男性的两倍。但已婚的女性却比单身女性更常表示不快乐,不管有无孩子。

(12) 关于做梦。男性较经常梦见陌生环境里的陌生男人,一般多与暴力有关,即使梦见女性,多半与性爱有关。女性在梦境中,总是梦见熟悉环境里的朋友和亲人。女性的梦境通常在户外,气氛大多友善,但在生理期到来前,女性做梦时会觉得懊恼和紧张厌烦。

(13) 女人喜欢隐藏她们最深的感情,而男性喜欢让对方知道。如果你问一个男人:"这个面包是哪里买来的?"他会告诉你答案。而把这个问题问一个女人,她通常会反问:"有什么问题吗?"

(14) 女人到家门口才掏出开门的钥匙,而男人早就掏了出来。女人划火柴时,总是把火柴划出,而男人总是划入,也许是女人怕烧到自己。

两性的差异,当然不能仅从上面这些心理上的细节中完全表明,更何况,在生活中,我们根本不会去在意这些差异。但是,一旦在谈判桌上进行与重大利益相关的谈判,留意一下对手的性别差异,或多或少对你有好处。

(二) 谈判有年龄之差

谈判本身并没有年龄限制。当年郦食其说服齐国七十余城降汉的时候,已经八十多岁了;而诸葛亮舌战群儒的时候,还不到三十岁。要说谈判有年龄之差,不要说你们,连我自己都不信。但不得不承认,年龄对谈判或多或少是有一些影响的。

1. *姜终归是老的辣*

虽然说"有志不在年高",但是"年高"的确是人生的一大优势。人生的阅历是最珍贵的财富。在人生的旅途中,我们不断地积累经验,我们的阅历与年龄成正比发展。而当我们面对一群"小毛孩"的时候,一句"当年我也是这样过来的",多多少少有那么一点威慑力。

当然,好处不只这么一点。当年黄石公与张良的"谈判",相信大家都知道。

他先让张良下桥帮他捡鞋，给自己穿上，并要他半夜到桥上等他，然后他收张良为徒，传授兵法。这就是“倚老卖老”的好处所在了。设想一下，一个孔武有力的壮汉，或是一个娇美玲珑的小姐，再用这种方式收徒，故事的味道可就变了。

年龄可以造就知名度。知名度对于对手来说，可是一个比较大的压力。比如周文王和姜子牙。姜子牙年过七旬，在渭水河边钓鱼，却能迎来周文王车辇的礼遇，除了他的贤名，当然还有关于他的传闻：仙风道骨，鹤发童颜。要是你看到这么一位老者，是不是首先就肃然起敬呢？这也是一个谈判的筹码：“我饱经沧桑，什么大风大浪没有见过，何况又胸怀经天纬地之才，受一下周文王的礼遇，也是应该的。更何况我将来要在你那边干大事，不搞点知名度出来，没人信服我！”

当然，上面所举之例似乎与现代社会生活中的谈判相去甚远，但是年龄的确是谈判中的一个有利因素。处乱不惊，气定神闲的，往往都是年长者。要知道，谈判中稍有沉不住气，可能就会失去很多利益。20世纪80年代初，时已年近七旬的邓小平就香港问题同英国首相撒切尔夫人进行谈判时，就让撒切尔明显感到这位老人的威严。

2. 初生牛犊不畏虎

话说回来，虽然“姜是老的辣”，但年轻人与之相比，也有自己的优点和长处：他们有经验，但是往往思路没有我们灵活；他们有气势，但是往往体力没有我们持久。所以我们可以像抗战一样，先打一下游击战，再打拉锯战，最后来个反攻。更何况，弱势有时也是优势，我们可以静下心来多听、多想，只要瞄准目标，怎么打都可以。年轻也是本钱。

> “1.1美元的奇迹”这个故事在各类杂志上刊登过很多次。那个小女孩用自己仅有的1.1美元，挨家挨户地去买奇迹，希望可以医治好自己身患绝症而又无钱医治的弟弟。奇迹果然被买到了。一个外科医生将上万美元医疗费和手术卖给她，仅仅收了她1.1美元。

这是一场很不“公平”的谈判。1.1美元就换取了上万美元医疗费，还有专家级别的技术。但是又可以说很公平，因为爱心是无价的。说到这儿，我不得不列出两个我不是很想说出来的贬义词：一个是博取同情，一个是麻痹对手。

回到现实，谈判是很残酷的，所以，任何招数都可以用上。正如上面说的两个“损招”，对年轻人来说，最有优势不过了。你可以假装童稚未泯，如果谈不好会被责骂，以可怜兮兮的样子去博取对方同情——如果对方是年长女性，这招很能够唤起对方的母性。你更可以装作少不更事，用“什么也不懂”去麻痹对方，让其掉以轻心，最后出其不意而制胜。当然，我只是说年轻人有自己的优势，而不是建议年轻人去装小孩。因为有时候装不好，会像小孩子偷吃了蛋糕，满嘴奶油还反驳没有偷吃一样可笑。总之，年轻人若能灵活应用自己的年龄优势，也可以成为一个谈判高手。

李先生年轻有为，很早就出版了《儿子兵法》《女子兵法》等关于谈判销售的书，可有一次，他差点着了道。一次他经友人介绍，向一位大建筑公司的老板推销企划案。会谈时，这位老板闭口不提企划案的事。当时竞争的公司很多，李先生很沉不住气，主动出击谈判，却又被绕开话题。索性一不做二不休，他开始和大老板一边喝茶一边天南海北聊起来。末了，老板终于发话了：“企划案的事，你看着办吧。”原来，这位大老板早就对李先生有了一定的认识和了解。和李先生一谈几个小时，就是看他能否沉得住气，会不会急躁。因为他认为，太求功心切、太急躁的人会坏事。几天后，李先生果然拿到了项目。

这个案例可谓将这小节的内容体现得淋漓尽致。公司老板是醉翁之意不在酒，他找的是有成长潜力的、诚恳的、稳定的、不只谈利润的、还有未来长期合作空间的生意伙伴，而李先生适应力强、头脑灵活、投其所好，自然谈判成功了。

（三）谈判有地位高低

谈判中，我们不得不面对这样一个问题，就是当对方说他没有决策权的时候，你还有兴趣谈下去么？

答案是肯定的：谈！

1. 当头棒喝——高职位的优势

在谈判的过程中，如果你在职位上对对方有一种压制作用，那么你要好好利用这个优势。谈判大师林伟贤说：如果你是董事长，对方是一个科员，你就可以经常用一种教训的语气来和对方谈判:“你知道我是怎么当上董事长的吗?就是在谈判的过程中懂得如何让人一步。你今天不懂得让,就永远只能当个科员。”

不仅如此,你还可以运用环境优势,让对方到你所在的地方来谈判。这样,你要收集任何资料都很方便,占尽主场优势。

不过,对方一味推诿不能做主也是比较讨厌的。这个时候,就应该鼓励他勇敢地作出决定。比如林伟贤博士列举的这一番话就非常幽默,并能取得很好的效果:①

> “陈先生,我和你说,你们老板和我们老板说他非常信任你,所以才派你出来谈判。你们老板说,你以前的每一次谈判,都帮公司争取到了一个非常好的结果,所以这次谈判他才会派你来谈。这次谈判回去之后,只要谈判的结果不错,他就打算把你从科员升成科长。所以陈先生,你是他最相信的员工,你当然可以作决定。”

简单来讲,就算他没有权力作决定,你也要去鼓励他作决定。如果你自己是老板,而且你也不想作决定,那没有关系,董事长也有上级,董事长的上级是董事会,董事会也有上级,是股东大会。

2. 以进为退——低职位者的方式

如果你很不幸地处于比较被动的职位或比较低的位置,你会怎么想?首先你应该感到高兴,因为,你有了一个作决定的上级,没必要自己拍板,这就会赢得许多讨价还价的筹码。反之,如果对方知道你位高权重,有决定权,那很可能你会处于劣势。因为既然你可以作决定,那你就决定好了,没有必要回去再讨论,再调查,再开价,甚至再撤换提案了。所以说,地位低的人,也有地位低的好处,活跃空间大。

另外,地位低者适合扮演“白脸”的角色。“红脸白脸”战术是谈判中用得比较多的也是收效比较明显的战术,由你来充当“白脸”,从气焰上压制对方,然后你的上级出来做“老好人”,这样既合情合理,同时也会收到不错的效果。

---

① 参见林伟贤:《谈判艺术》,新华出版社2006年版。

还有一点比较重要,正如林伟贤博士提到的那样:谈判时,西方人比较重视“里子”,东方人比较重视“面子”。谈判实际上是为了“里子”,所以有时候你“拍拍马屁”,让对方决策者挣足“面子”,很难说不会拿到出乎意料之外的“里子”。

(四)谈判有国籍之分

上面提到,东方人比较好“面子”,西方人比较重“里子”,除了这点差别之外,东西方的谈判方式也不太一样。比如西方人谈判,往往是先谈,谈好了签协议,然后开香槟庆祝。而东方人,比如中国人往往喜欢在酒桌上谈生意,仿佛迷迷糊糊之中就达成口头协议。

此外我还想问问大家,当老外和你商量一件事,你不是很赞同,并想提出另一个观点的时候,你喜欢说“Yes,but”还是“No,but”?这当中是有区别的。西方人在谈判时,比较常用的句型是“No,but”,因为 but 这个词充满希望和可能性。东方人用得比较多的是“Yes,but”,因为 yes 这个词代表面子。这就是文化的差异。虽然众多学者都认为谈判是需要作理性抉择的过程,无需依靠文化等因素加以说明,可实际上必须认识到,谈判者是所属文化的俘虏,而文化又在社会交往中起调节作用。

文化的差异,造成谈判风格的不同。所以,谈判是有国籍之分的。接下来先概括介绍几个国家的谈判风格,让大家感受一下各国谈判人员之间的一些差异。

1. 理性——重视凭据的美国人

美国是当今世界上经济最发达的国家,所以其谈判方式在世界上也最有影响力。他们很理性,很重视有凭有据的合约。美国人共同的谈判特点是:(1)讲究效率。他们很注重短期利益,希望很快就有结果。(2)坦诚自信。美国人的沟通比较直接,他会直接问你的公司赚多少钱,多少钱卖给他。(3)积极务实。美国商人一般不漫天要价。另外,就个人关系来说,即使你们过去存在某种关系,那也是生意归生意,朋友归朋友。(4)注重合同。美国是个法制健全的国家,美国人的法律意识很强,所以在谈判中很重视合同的签订。美国人比较守信用,一旦成交,很少改变主意。此外,和美国人初次见面时可以送点礼物，因为这样他会觉得受到重视。

2. 绅士——讲究礼仪的英国人

英国人不像美国人那样乐意和陌生人交谈，他们比较拘谨，比较保守，往往会给他国人一种讲究礼仪、追求绅士风度的印象。和英国人打交道，要注意：(1) 一定要准时；(2) 唯"礼"是从；(3) 尊重隐私；(4) 注意他们的阶级区分。

3. 浪漫——立场坚定的法国人

法国是一个历史大国，也是一个浪漫的国度。和法国人谈判时，要注意他们的以下几个特点：(1) 立场坚定；(2) 坚持使用法语；(3) 喜欢先勾出轮廓，然后达成原则，最后协商内容。另外，法国人极富有人情味，喜欢享受美食。美食当前的时候，千万别谈公事。

4. 刻板——一丝不苟的德国人

德国人办事一板一眼，工作精益求精，纪律性强，说话简洁明了，做事雷厉风行，考虑周到仔细，是典型的理想主义者。具体说，德国人的谈判风格是：(1) 重视信息，准备周密；(2) 自信固执，坚决果断；(3) 重视质量，严守信用。

5. 刚硬——节奏缓慢的非洲人

非洲人性格刚强生硬，自尊心极强，十分看重友谊，同时等级森严，十分注重礼仪。另外，非洲人生活节奏缓慢，要尽量照顾其生活习惯，配合其悠然自得的生活节拍，否则会引起他们的猜疑。

6. 保守——富有宗教色彩的西亚人

阿拉伯人信奉伊斯兰教，所以禁忌很多。饮酒是受到禁止的，有关女人的话题也不能在谈判中提及。如果你尊重当地的宗教与信仰，就会得到他们的亲近和善待。谈判前，可以和热情好客的阿拉伯人交个朋友，对谈判会有很大的促进作用。

7. 个性——扑朔迷离的日本人

日本人是比较"难缠"的。日本的文化传统和现实特点，让日本人养成了进取心强、工作态度认真、等级观念强烈、不轻信人、慎重、规矩、有礼貌、有耐心、自信等特点。所以，与日本人谈判时，尤其要注意他们的以下几个谈判特点：(1) 习惯集体决定，配合默契；(2) 注重身份，崇尚礼仪；(3) 重视情报，善用策略；(4) 诚实正派，慎重规矩。还有一点比较有趣：和日本人交谈时，他们经常会说“嗨、嗨”，绝大多数情况下只代表他听到了、知道了，而不是代表同意了、成交了。千万别一听到他们说“嗨、嗨”就以为有眉目了，其实你根本猜不到他们的意思。

8. 天才——讨价还价的中国人

中国人天生就是生意人，谈生意的时候一定要讨价还价一番，所以一开始开价都比较高，再慢慢让步，在整个过程中享受这种讨价还价的乐趣。整个谈判中，中国人会先讲情，再讲理，最后讲法。这也是让其他国家的谈判者比较头痛的一件事情。

二、谈判客体概述——事事可以谈判

前面提到，人从要不要起床开始，就在进行各种各样的谈判。当然，谈判事项有大小之分，谈判的种类不同，谈判目的也不同。外交谈判涉及的是国家利益；政治谈判关心的是政党、团体的根本利益；军事谈判主要涉及关系敌对双方的安全利益；贸易谈判以经济利益为基本目的，在满足经济利益的前提下再涉及其他的非经济利益。

谈判种类的划分方法很多，可以按内容、主体、时空、方式进行各种各样的划分。这里就不再一一赘述了，只对几种主要类型作大致的介绍。

（一）“谈”日常琐事

俗话说，开门七件事，柴米油盐酱醋茶。从“柴”到“茶”，不可能每一样都自己生产，有一些要用钱买，这就有了交易。有交易，就必须谈判。何况前面我们说了，中国人喜欢享受“讨价还价”的乐趣。

1. 海纳百川

有时候人们会觉得，日常琐事已经够烦琐的了，还要加上谈判，不是更加烦琐么？这里面有两个误区：一，现实生活中，你已经有意识无意识地正在进行着“谈判”；二，谈判所得的每一分钱，都是净利润。要知道，海纳百川。

林伟贤博士给我们算了一笔账：

假设我们一天工作8个小时，一周工作5天，一年扣掉两个假期，平均工作50周。这样一个人一年工作大概2000个小时。再假设你年薪20万，那么平均你一小时价值100块。所以，当你今天谈判的时候，如果一个小时之内省下500块钱，那么你一个小时的价值就比平常的工作绩效高了400块。假设买一套房，经过3个小时的谈判，将40万降到了35万，省下了5万。这三个小时你平均每小时就赚了16666块。经过谈判，一下子就赚到了工资的166倍财富，创造了更高的价值。

2. 步步为营

谈判时，特别要知道自己为什么谈判，防止陷入误区。赫布·科恩在他的书中提到这样一个例子：①

公司职员鼓起勇气走进老板的办公室，要求老板给自己升职、加薪。这时老板没有拒绝，但却不是很想答应他。老板指着一张人事表格说：非常抱歉，你的薪金已经是你们这个工资等级里面的最高标准了。职员恍然道：我忘记了工资等级。就退出了房间。在他心里完全相信那份工资等级表格，对公司的人事制度毫不怀疑。

而在林伟贤的书中，同样有这么一个例子：②

小伙子去找老板，要求加工资。谈判了一段时间，老板开始刁难：你要增加一点点工作量，那样你可以加到工资。小伙子考虑了一下，接受了这个条件。

前面那位职员显然没有考虑好自己为什么要去谈判。当他的老板拿出公司人事标准时，他认为这是不容置疑的，是必须遵守的，所以就退出了老板的房间。这是谈判中一种无形的约束。那些打印出来的白纸黑字的表格，将他引入了谈判陷阱。换句话说，其实他完全可以要求跳到另外一个工资等级中去，得到提拔，拿到更高的薪金，但是他没有这么做。类似的，当你看到家电上正规地贴着价码时，你也可能会犹豫：这是已经定好的价，不太好去讨价还价吧？这说

---

① 参见〔美〕赫布·科恩：《谈判天下》，谷丹译，海天出版社2006年版。
② 参见林伟贤：《谈判艺术》，新华出版社2006年版。

明你已经走入了一个谈判的误区,或者说,你还没有准备好怎么谈判。当然,也不是什么情况下都适合谈判。比如在超市里面买东西的时候,谈判就很困难,这是因为你找不到谈判对象,也是因为超市本身的经营原则的确不允许谈判。

相比之下,后面那位小伙子就灵活多了,会作一些适当的调整。工作量增加一点点,工资多加一点,达到了预期的目的。当然,如果说工作量加很多,工资却加很少,就得掂量一下了。

3. 见好就收

基于前面的分析,我们不得不承认一个事实,就是并非任何情况下都要进行谈判。比如说,你处于以下几种弱势时,就必须要考虑一下还要不要谈判:(1)你没有讨价还价的能力;(2)你没有实施个人意志的力量或权威;(3)你没有时间进行充分的准备;(4)谈判中可能对你的长远目标造成损害;(5)你力量太弱,或缺乏经验,难以同对方抗衡;(6)你明知自己的要求得不到满足。

还有一点,兵法上常说:穷寇莫追,哀兵必胜。所以,在谈判时,要注意见好就收,不能穷追猛打,谋求过多常常会适得其反。

有家公司与某位企管硕士的面谈正接近尾声,公司人事主管问这位硕士期望的起步薪金是多少。他答道:年薪12.5万美金上下,要看其他福利状况而定。

"那么,你觉得每年5周休假,14天带薪休假,医疗全险,包括牙齿保险,退休基金方面公司相对加配你的薪资的一半,公司每两年帮你租一辆车,例如红色的克尔维特跑车,这样的福利如何?"

"哇,你在开玩笑吧?"

"当然,是你先开始的!"

要达到预定目标,必须付出一定的代价,决不能不分场合和时机谋求过多的利益,总之要记得在谈判中学会见好就收。

(二)"谈"企业商务

在各种谈判中,进行最多的,当属商务谈判。所以先来认识一下什么是商务谈判。

1. 特殊的地位

在商品的生产和交换过程中,涉及以货币为媒介的商品交易活动,也涉及为交易媒介服务的商务活动,内容相当广泛,遍及物质生产部门、金融、保险、信托、租赁、服务等各个领域。繁杂的商务活动中,往往会产生各种各样的矛盾,而这些矛盾均可以通过谈判进行解决,这就形成了商务谈判。

过去,经济曾经位居政治、军事之后而担当社会生活中的配角。而在当今世界,经济这一推动人类发展的原动力已被推到了时代的最前端。所以,商务谈判无疑在各类谈判中居于主要地位。

2. 重要的原则

企业商务谈判不像日常的生活用品买卖可以随时停下来砍价,它具有一定的规范性和程序性。我们可以这样归纳它的特点:(1) 以经济利益为目的。企业商务谈判的目的很明确,谈判者以获取经济利益为基本目的,在满足经济利益的前提下,才涉及其他非经济的利益。(2) 以价值谈判为核心。很明显,因为价格最直接地反映了谈判双方的利益。(3) 以合同条款为准则。大部分商务谈判都不是“一手交钱,一手交货”的,要通过一致的协议或合同来体现谈判的结果。所以,尤其要重视条款的严密性与准确性。

同时,商务谈判也有它自己的一些原则:(1) 尽量扩大总体利益。通过双方的努力降低成本,减少风险,使双方的共同利益得到增长,最终使双方都有利可图。(2) 尽量创造公平的环境,营造公平、公正、公开的竞争局面,扩大自己的选择余地。(3) 尽量学会灵活变通。完全满足自己期望的谈判是不容易达成的,所以要经常采取灵活的变通方法,采用折中的替代方案。

美国在线和时代华纳在20世纪末的美国可谓出尽风头。1999年9月,美国在线的CEO斯蒂夫·凯斯和时代华纳的CEO杰拉尔德·李文在上海会面,进行合作的初始试探性会晤。时代华纳在其互联网战略一再受挫之后认定,华纳只能通过“搭乘快速列车”的方式才能快捷地进入网络时代,而美国在线则是其最好的选择。双方谈判的焦点集中在两家公司合并以后对公司发展的主导权上。时代华纳认为自己拥有美国在线梦寐以求的有线电视网资源和无与伦比的品牌优势,要求在未来的公司中与美国在线平起平坐。而市值超过时代华纳80%的美国在线当然不能接受这样的要求,何况合并后的主营方向是自己的优势——网络方面。但是他们都认识到,如果谈判破裂了,对双方都没有好处。最终,美国在线提出以牺牲当前的经济利益来换取对未来公司的决策主导权,谈判达成。应该说,这次合并对双方来说实现了双赢。

设想一下,如果当时双方一定要求自己在份额上占多数的话,势必谈不拢。这样的话,美国在线将至少失去五年内保持一流竞争力的契机,而时代华纳在未来发展方面的探索将会步履维艰。谈判中,越是大的项目,机会越多,如果不善于灵活把握,那失去的,可就是数以千万计的损失了。

3. 主要的程序

平时大家可能会经常听到"发盘""还盘"等术语。其实,这些就是商务谈判的一些基本程序:询盘——发盘——还盘——承诺——签约。

询盘是一种要求,由买卖双方中的一方向另外一方就某种商品的交易内容和条件发出询问,可询问价格,也可询问其他一项或几项交易条件。发盘是由交易的一方向另一方以书面或口头形式提出交易条件,表示愿意按照有关条件进行磋商。发盘一般由卖方发出,少数情况下也由买方发出。发盘内容要明确,同时还受到期限限制。还盘是受盘人(相对于发盘人)不完全同意发盘的交易条件而对发盘内容提出修改或变更的表示,相当于平时所说的"还价"。承诺和签约则是交易达成的肯定表示。

4. 时代的特色

所谓时代的特色,是指商务谈判的国际化。国际化已经不是一个新鲜的名词了,国际性的商务谈判也屡见不鲜。前文已经提到了谈判有国籍的差别,这里还要介绍一下几个关联因素。

(1) 政治环境。国际形势的变化很容易影响谈判的内容和策略的采用。举一个很简单的例子,如果中东地区局势紧张,将会对世界市场上的石油及其制品的价格产生影响。因此,谈判时对价格、支付、运输、保险和违约救济等方面都要一并考虑。

(2) 经济环境。经济周期、国际收支、贸易政策、金融货币、基础设施等方面的变化,对谈判会造成很大影响。货币升值了,价格也会产生相应变化。

(3) 法律环境。一个地区的法律,对该商品的管理是否许可,合同会受到怎样的保护,海关检查如何等,在谈判前应该弄清楚;否则,辛辛苦苦谈来的条款是一纸空文,不是很可惜?

相关的内容远比上面提到的要复杂。这些将在第八章中详细阐述。

5. 灵活的策略

任何谈判都是以获得更大利益为目的的,商务谈判也不例外,它关注的是经济利益。为了使谈判更好地为自己服务,这就需要运用一定的谈判策略。本书后面的章节会具体介绍各个策略的应用。此处引用一个案例,使大家对商务谈判策略的运用有一个初步的印象。

爱姆垂旅店是专门面向18至25岁青年的救济站,因为这些年轻人在从学校到社会的转变中,会遇到各种各样的精神问题。但是,旅店的地理位置实在不理想,它位于波士顿的工业城中,交通中转站附近。从旅店的财务状况看,搬迁是不太可行的。此时,一个名叫威尔逊的人来找旅店的经理彼得斯夫人,表示愿意买下这个旅店。于是,旅店董事会派史蒂夫去谈判。

史蒂夫先约威尔逊到一个鸡尾酒会上进行了第一次会见。在这次会谈中,史蒂夫不谈任何财务问题,只试探了威尔逊的看法,并坚持自己买单。

通过接触,史蒂夫认为与威尔逊的交易可行,于是以要得到董事会批准为由,取得了两周的谈判准备时间。首先,他研究了搬迁的费用,需要22万美元。然后,他调查了如果旅店在市场上公开销售的价格,结果比较令人失望,只有12万美元左右。他请许多房地产专家进行评估,断定威尔逊的保留价格是27.5万—47.5万美元。在谈判当天,他还邀请了自己的一个律师朋友一起参加。

谈判开始前,史蒂夫与朋友们针对谁先报价、报多少进行了细致的商议,并在谈判之初,成功地让威尔逊先开价,结果是12.5万美元。史蒂夫立刻反驳道,其实他们一点也不想搬迁旅店,如果一定要搬迁的话必须搬到安静的地方，而那里的房价会比较高。他提出60万美元的价格。最终，双方决定再作一些调查。

谈判结束后，史蒂夫与朋友们商量，他认为60万美元比威尔逊的预期要高很多。但是，他的朋友们认为这样报价很合理，并约好下次会谈中主动提出降价5万美元。没想到，第二天威尔逊主动打电话来说愿意支付25万美元，原因是旅馆给社会带来了很多福利，这让他很感动。这次史蒂夫一高兴之下说漏了嘴：这个价格比较接近了。

后面几天，双方又各自作了一些让步。威尔逊强硬地停留在30万美元，史蒂夫也"费力"地降到了35万美元。最终，史蒂夫提出先停止谈判，他要与董事会联系看是否能突破35万美元的界线。

此后，史蒂夫给威尔逊打电话，说董事会对30万美元的报价有不同意见。但如果威尔逊能对其新买的旅馆提供3万到4万美元的维修费用，那么他们将"慷慨"地接受30万美元的报价。对此，威尔逊解释说，他们公司一贯不愿意让自己卷入这种免费承包的限制性交易中。紧接着，史蒂夫转而请求威尔逊为爱姆垂旅馆提供一笔赞助费，如将4万美元存入援助基金，以帮助那些急需的旅客。威尔逊欣然表示愿意资助2万美元。最后，威尔逊捐赠了2.5万美元。

（三）"谈"军事外交

"不战而屈人之兵"，这个兵法中的上上策，大家再熟悉不过了。而这个上上策，一般需要借助谈判来完成。

战争是一个永恒的话题。五千多年前就有了炎黄大战和黄帝擒蚩尤的记载了，直到今天，国际上还是硝烟不断。爱好和平的人，当然希望几句话就消弭一场战争，而且，历史上这样的例子有很多。

1. 不战而胜

我们先来看一个春秋时期的例子。

春秋时期，晋国打败了楚国。郑国虽然和晋国订立了盟约，但是因为害怕楚国，又暗地里和楚国结盟。晋文公知道后，打算会合诸侯去讨伐郑国，但大臣们都认为以自己国家的军马就足够了，不必去麻烦他人了。晋文公也这样认为，但因为前面答应了秦穆公，就约了秦国一起去攻打郑国。秦穆公正想向东扩展势力，就亲自带兵和晋国一东一西驻扎在郑国边上。郑文公慌了神，就派了能说会道的烛之武去劝说秦穆公。烛之武对秦穆公说："你秦国和晋国一起来攻打我们郑国，我们肯定会灭亡的。但是你秦国离郑国这么远，郑国灭亡后，土地肯定会归晋国所有，晋国会更加强大。今天他在东边灭了郑国，明天也能向西侵犯秦国，对你有什么好处？如果讲和，以后你们有使者经过郑国，郑国还可以作为东道主接待一下。"秦穆公一听有道理，就撤了军，还留下两千士兵给郑国守城门。

还有一个例子，发生于唐朝。

公元765年，回纥和吐蕃几十万大军进攻长安，一直打到长安北边的泾阳。这时候的皇帝是唐代宗，是唐玄宗的孙子，他吓得又想逃出长安。因为大臣们极力反对，他只好把希望全寄托在郭子仪身上。那时郭子仪正在泾阳驻守，手下没有多少兵力。他一边让将士们构筑防御工事，一边派探子去侦察敌情。原来大军是因为仆固怀恩（唐朝名将，原是郭子仪部下）不满唐朝的待遇而引进来的，现在仆固怀恩已经死了，两股力量谁也不服谁。郭子仪了解情况之后，就带了几个贴身侍卫到曾经和自己一起攻打过"安史叛军"的回纥将领药葛罗那里。郭子仪到达回纥军营，对药葛罗说："你们曾经为大唐立过大功，唐朝对你们不错，为什么要帮助仆固怀恩叛乱呢？今天我是来劝你们回头的，我已经作好被你杀掉的准备。不过，我的将士会为我报仇的。"回纥将领们纷纷折服。这时郭子仪又说："吐蕃和唐朝是姻亲，却也来侵犯我们，太不应该。现在我们决定打退他们，你们若要来帮忙，对你们也有好处。"回纥军马上答应。吐蕃军听到这个消息后，立刻退兵了。

化干戈为玉帛，这当然是军事谈判的最高境界。但不是每一次都能这样有惊无险，有一个圆满结局的。

2. 边打边谈

20世纪中叶的朝鲜战争中，交战双方边打边谈，在军事分界线问题上、战俘问题上，经过了两年多的马拉松式谈判，最终取得了朝鲜战争全面停战的结局。但是，这当中双方所付出的代价是昂贵的。

20世纪50年代初，以美军为首的“联合国军”入侵朝鲜。让他们没有想到的是，中国派出了志愿军作战。双方交战几次之后，美军被打怕了。恰好当时召开联合国大会，美军提出“和平”解决朝鲜问题，但是仍然不断进行军事施压。中国一边到联合国进行舆论宣传，一边继续准备作战。五次战役后，美方看到在朝鲜战场上取胜的希望十分渺茫，就迫切要求谈判。1951年7月，谈判在开城正式拉开序幕。美方对我方提出的停战、以三八线为军事分界线、撤军的要求采取耍赖的态度，并在8月、9月展开夏季、秋季攻势。我方在军事上采取的仍是积极持久的作战方针，美方的进攻没能得逞，而且伤亡惨重。美方又主动要求谈判。这样，中断了两个月的谈判在板门店恢复。谈判之初，双方又打了一场战役，才达成了分界线协议。接下来马上谈停战监督问题。美方一直开“高价”，要“联合国军”来监督，而我方通过渡海作战，逼迫三八线以北沿海岛屿的美方撤军，揭露了他们的细菌战以及放弃提名苏联为中立国等条件，换取了以波兰等国为监督国的停战监督协议。

谈判中最困难的是战俘问题，谈了将近二十个月。美方主张“一对一”返还，这就意味着我方十余万被俘人员将被扣留。在全部遣返和强迫扣留的争执中，双方谈判达到白热化。谈判破裂后，美方采取各种战术，发动多场战役，其中著名的上甘岭战役就发生在这个时候。此时，“联合国军”中的英方因为没能参加谈判代表团而与美方产生矛盾。借此时机，我方接连出击，使上台之初准备扩大战争的艾森豪威尔陷入无可奈何的境地，不得不回到谈判桌上来。在国际舆论的影响下，美方同意了将不直接遣返的战俘由中立国在朝鲜看管的方案。在平息了李承晚制造的摩擦之后，双方终于在1953年7月签下了停战协议。

3. 以战逼和

军事谈判往往都不是一帆风顺的。当遇到冥顽不灵的人时，不到山穷水尽的地步，他是不会和你坐下来慢慢谈的。

台湾自古属于中国。明末,郑成功率师东征,结束了荷兰在台湾38年的统治。郑成功去世之后,其子郑经拒绝康熙的招抚,坚持割据,公然宣称"台湾远在海外,非中国版图"。在同清廷谈判时,他一面表示可称臣入贡,一面又坚持"请如琉球、朝鲜例不登岸,不剃发、易衣冠"。清廷从康熙元年一直到康熙八年,派使者与郑经进行了四次谈判,据理反驳他的分裂立场。郑经被逼得理屈词穷,但仍顽固不化。为求统一,康熙在平"三藩"之乱时,又与其进行了第五次谈判。康熙不断让步,甚至承认郑氏集团可以"如朝鲜例,不剃发,不易服",几乎满足郑经的全部条件,但郑经却节外生枝,不断提出无理要求。康熙只好作武力收台的准备。康熙二十二年,水师提督施琅率二百三十多艘战船进攻澎湖,全歼郑军主力,占领澎湖三十六岛后,再派使者与之和谈,郑氏集团终于投降。

谁都知道战争的残酷,但因利益所趋,战争一直无法避免。谈判是消除分歧的一种文明方式,有时候能成为解决武力冲突的一副良药。即使在不存在武力威胁的情况下,谈判也是各方在对利益和立场进行反复权衡的基础上,有效合作和达成共识的唯一途径。

(四)"谈"政治谋略

政治谋略的谈判方面,中国人可谓鼻祖了。战国时期的苏秦、张仪、蔺相如、毛遂等人以及他们的事迹,相信不少人都耳熟能详。他们也为现代的各类谈判积累下许多宝贵的经验。现在,让我们来了解一下古今中外的三位政治谋略方面的大师:孔子、周恩来、基辛格。

1. 万世师表——孔子

孔子被誉为中国政治谋略的始祖。春秋战国时期,各诸侯国纷纷扩张自己的势力,利益的冲突是在所难免的,武力冲突是家常便饭,谈判也经常进行。那时谈判的主要形式是诸侯会盟。在"盟会"式的谈判中,造就了一些富有谈判谋略的政治家,比如子产、孔子、晏婴等。因为孔子的儒家学派的关系,所以他更多时候被尤为推崇。况且,孔子在政治谋略方面的机智和才干,的确值得称道。

鲁定公十年(公元前500年),身为宰相的孔子跟随鲁定公一同参加齐、鲁的“夹谷”之会，并以卿大夫的身份担任盟会司仪。在齐强鲁弱的形势下，孔子异常艰难地凭借自己的大智大勇取得了谈判的胜利。谈判开始之前，孔子就以政治家的敏锐察觉到齐国想以武力劫持定公的险恶用心，派出了军队，护送鲁定公赴会，为谈判提供了实力后盾。果然，在盟会上，齐国派出莱人以武力劫持定公。孔子指挥军队反击，并厉言责备齐景公，迫使他放弃武力，回到谈判桌上来。谈判开始之初，齐国官员派出了一些侏儒小丑上前表演，非常不严肃，孔子以“匹夫而营惑诸侯者罪当诛”的礼制，杀掉了那些“为戏者”，使齐国深感自处“夷狄之道”而自惭形秽，向鲁国让步谢罪。后来，齐景公又准备宴请鲁定公，孔子担心节外生枝，找了一个理由推脱了，使齐国的鬼蜮伎俩无从实施。最后，齐国要求鲁国在齐军出境作战时，派出“甲车三百乘”跟随作战，实际上是想让鲁国成为齐国的附庸。孔子立即给齐国施加道义和政治上的压力：出兵可以，但是你必须归还被你侵占的“汝阳之田”。齐国不得不把原先占领的土地归还给鲁国。

2. 谈判大师——周恩来

周恩来是举世公认的20世纪最伟大的革命家、政治家、军事家、外交家之一。同时，他还是一位卓越的“谈判家”。从抗日统一战线的形成谈判到重庆谈判，从日内瓦谈判到万隆会议，从中美“破冰”到中日友好，周恩来的谈判策略为新中国的成立与发展作出了重要贡献。

关于国共两党的重庆谈判，这里就不详细叙述了，但其中的一个小插曲，可以顺便提一下：

国共两党签订“双十协定”之后，周恩来继续留在重庆，与国民党就对“双十协定”中还未达成共识的问题进行磋商。双方约定，谈判会议中的代表名额为36人，具体是国民党9人、中共9人、民盟9人、社会贤达9人。但是，蒋介石突然想到，这样的分配对自己不利，民盟已经和中共取得呼应，而无党派的社会贤达不可能为自己所操控，这样很容易在开会时出现一边倒，让中共占了上风。于是，他就开始打民盟党中青年党的主意，让其以独立的党派出席会议，并让张群等人出面做好青年党方面的工作。这样，双方就代表名额再作调整。张群等人提出青年党代表人数为6人，周恩来只同意4人,并强调不占民盟名额。其后,他"主动让步",表现出"高姿态",青年党人数折中为5人,不占民盟名额;同时,国名党方让出1人名额,中共让出2人名额,再增加2人。这样让步,张群等人无话可说了,于是,四方代表变成五方代表,36人变成38人,分别为国民党8人,中共7人,民盟9人,青年党5人,社会贤达9人。

这是一种巧妙的让步,虽然表面上看共产党代表人数少于国民党代表,但实际上中共与民盟阵容基本不变,在会议中仍占了上风。

这是一场"优势谈判",不仅让对方答应了我方的要求,还让他们相信是自己占了便宜,非常高明。

3. 白宫谋士——基辛格

在外国政坛上,"巧舌如簧"的谈判政客不胜枚举,为中美关系作出巨大贡献的基辛格就是其中一位。

1970年,在美国召开了国际海底资源开发会议。许多开发中的国家担心最好的采矿地会被一些工业发达的国家捷足先登,因此会议上与会各方各持己见,争论不休,一场气氛和谐的会议演变成剑拔弩张、形势紧张的谈判。在各方僵持不下的时候,基辛格从大局出发,提出一种"分割—挑选"的办法:每一个预定矿址的申请者首先要探明一块足够大的区域,这块区域所蕴藏的资源可供两家公司开采,而后由这家采矿公司的开发国家将所探明的场地一分为二,而国际海底管理局有从中挑选一块的优先权。

问题迎刃而解了,已开发国家得到了利益,开发中国家也得到了好处,基辛格巧妙地使谈判达到了双赢。

三、谈判要素概述——时时可以谈判

人们之所以进行谈判,就是想争取到更多的利益。除了在争锋相对中用上各种各样的谋略之外,其他很多因素都可以用来增加自己赢得更多利益的筹码,比如时间、地点、环境等。也就是说,谈判场合也是一个很关键的因素。我们将谈判场合分为三种类型:正式场合、非正式场合以及其他场合。

（一）正式场合下的谈判

在我们初始记忆中的那些隆重而又严肃的谈判，其实就是正式场合下的谈判。谈判的正式场合一般指双方公开交往的场合，亦即双方成员均以组织身份出现的场合。这种场合下，时间、地点等因素的作用尤为明显。

1. 开谈前细致准备

时间和地点的选择对谈判的结果影响很大，尤其是在正式的场合下，如果没有安排好，容易使谈判者紧张、不适应，影响谈判效率。关于时间方面，谈判前要考虑一下：(1) 自己有没有准备好？还需要多少时间准备？然后再商议开谈时间。(2) 自己最近状况怎么样？是不是情绪不太好，或是感到比较疲倦？如果是，最好先休息一下再谈。(3) 我们总共有多少时间？千万不要让“明天谈判要结束了，今天不得不结束这个议题”的情况出现。(4) 其他的比如气候、季节、跨国时间差异等情况，都需要细致考虑。

谈判地点的选择也很重要，这关系到谈判能否顺利进行。谈判地点的选择，通常有己方、彼方、中立方三种选择，选择时通常有下面几层考虑：

(1) 我要“过程”还是要“结果”？如果不想谈出结果来，只想弄点舆论出来，给对方一点压力，那么场地就可以选择记者容易到的，具有历史意义的那些地方。(2) 希望谈出结果，最好选在中立的地方。在酒店中谈判是个很好的选择。很多时候大家都认为在己方谈判效果会好一些。不错，在己方场地谈判，可以以逸待劳，而且在情报收集或请示上级上都占尽优势，但这样一来我们的观众多，压力大，而且会使谈判失去弹性。(3) 若想深入“敌境”去收集情报，则可以到对方地盘谈判。一则可以借“请示”使我们有更多的空间，二则可以看看他们的生产情况及与当地客户的情况，方便我们“借力用力”。

此外，还有一些物质性的准备也必不可少，比如环境的布置、食宿的安排以及交换礼品的选择等等。在布置环境时，要考虑到房间的光线、声响、湿度、色彩、装饰，还有谈判桌的选择及座次安排。如果这些小细节安排不好，就会给谈判者的心理带来压抑或不适感。比如谈判桌的选择，方桌显得正规、严肃，而圆桌就比较轻松、随和，要根据谈判的性质、目的作选择。再比如食宿的安排，食宿条件的好坏将直接影响谈判者的精力、情绪和工作效率。对一些地方文化、风俗、特殊习惯以及禁忌等方面均要考虑到，以避免产生误会。

当然，谈判前最重要的还是资料的准备、人员的拟定以及策略的商讨。这些留待后面的章节再具体介绍。

2. 谈判中针锋相对

谈判开始之后，就可以灵活运用各种策略、技巧进行利益争夺战了，但需要保持恰当的礼仪。恰当的有礼貌的交谈不仅能增进双方的了解、友谊和信任感，而且还能促进谈判更加顺利有效地进行。若违背了交谈礼仪则必会造成许多麻烦，甚至对达成的协议造成威胁甚至直接导致谈判破裂。

关于谈判的礼仪，将在本书的第六章作细致介绍。

3. 谈判后签约派对

经过磋商以后，如果在重要议题上取得了基本一致的意见，并认为已经达到了预期目的，就可以表示同意，签订意向书，达成协议。根据谈判笔记和背景材料审议出协议稿，制定出协议。协议要真实、准确、贴切地表达谈判各方的共同意愿。由于它具有严肃的法效性、严格的制约性，起草协议稿应当做到内容完整、条理清楚、格式严谨、表达准确、语意严密、书写规范。

最后往往要举行签字仪式和庆祝宴会。签字时要注意人员的安排和仪式的礼仪。签完字一般是开香槟庆祝的流程。

（二）非正式场合下的谈判

谈判的非正式场合是指双方谈判人员私下接触与交往的场合。在这种场合，双方谈判人员常单独以个人身份出现，特殊情况下也以组织身份出现。非正式场合一般是正式场合的配合与补充，其内容仍是直接或间接地围绕谈判而展开。在非正式场合，双方均不承受明确的谈判压力，所以谈判会比较松弛、自在，有利于达成共识，受到谈判人员的喜爱。这类场合包括：电话联系、拜访、书信往来等。下面就以电话谈判为例作一些具体说明。

1. 电话商谈的优势

在现代生活中，电话是连接人与人的一个非常重要的纽带。而它受到谈判人员的青睐，有以下几方面的原因：

(1) 在电话中更容易拒绝。因为你无法观察到对方的面部表情和暗示，所以你可以很容易地说“不”。“我现在很忙，没有办法做到，不过还是谢谢你给我打电话”，然后“咔”一声，你就可以挂了电话，拒绝易如反掌。但是如果某人气喘吁吁地赶了很多路站在你面前，汗流浃背地恳请你帮忙，不管怎么样，直接拒绝总显得礼数不周。

（2）电话商谈的效率更高。电话商谈的效率肯定比面对面谈判的效率高得多，因为这涉及时间、金钱（电话商谈主要是电话费）的投入。

（3）发话者有更大的优势。因为在打电话之前，你已经作好了充分的准备，包括资料、环境，甚至工具。

因此，对于那些不易正面交谈的人，电话交谈是争取对方注意的有效办法。

当然，有其所长必有其所短。比如你比较容易拒绝人家，人家同样也很容易拒绝你。除此之外，电话商谈还有以下几个缺点。

2. 电话商谈的劣势

（1）可能造成更多的误解。仅从对方的声音语调中分析对方的态度、需要及想法是很不容易的。不仅仅是声音的语调会被“误解”，甚至是一些根本不存在的意思也会凭空而出，这会对谈判产生非常不利的影响。

（2）更大的冒险性。电话谈判一般比面对面谈判更加简短，也更匆忙，会导致你匆匆忙忙作决定。如果没有准备充足，那你的弱点就会暴露得更加明显。比如人家给你提供了一个复杂的数字，你很可能因为来不及判断而匆匆作决定。

3. 电话商谈的原则

电话商谈往往具有能迅速交易的特点，所以在打电话时，尤其要重视下面几个原则：

（1）注意倾听。不管是打电话还是接电话，都要注意倾听，先把意思理解清楚，然后再回答。

（2）注意说话。有时候要少说话，让对方多说一些。有时候要多说话，不给对方说话的机会。适当的时候，还要中止说话。

（3）作好准备。在桌上备好与工作有关的底稿和文件，摆只计算器。如果要打电话过去，先练习一下，把想讨论的事情列出来，以免遗漏。

（4）作好记录。将摘要存档，做好协议备忘录。口头协议往往没有书面协议那么有说服力，所以在商谈中一定要做一个备忘录，如“某年某月某日，我们电话会谈时同意了下述……”。别忘了等对方说完后，再用自己的话重复一遍。

(5) 慎重决定。如果没有把握或没有准备好，先不要和对方达成任何协议，这非常重要。

(6) 潇洒退出。找一个好理由退出电话谈判也很重要。

(7) 继续交涉。如果仔细考虑后认为刚才的交涉对自己不利，不要害怕重新商谈，勇敢地拿起电话和对方继续交涉。

总的来说一句话：电话商谈对作好充分准备的人更为有利。

(三) 其他场合下的谈判

有时为了营造一种轻松的谈判氛围，我们完全可以换个场合，比如去餐厅、咖啡店、酒吧、球场，甚至一起去散步。对于谈判场合并没有严格的规定，均以能达成协议为第一要务。

赫布与一位软件商人在谈一个关于软件开发的项目，谈了一个上午。软件商人非常想谈成这个项目。在谈到价格的时候，双方都犹豫了，这时有人提议先去吃饭。

点好餐后，赫布一边喝着酒，一边问那个软件商人：“告诉我——你打算为这个软件开发项目开价多少？”

软件商人回答说：“实话实说，大概要24万美元。”

赫布像受到强烈刺激一般，脸涨得通红，马上大叫起来：“你疯了吗？你到底想干什么？24万？简直是一个天文数字！你以为我是谁？”

气氛一下变得非常尴尬。由于赫布的失态引起了餐厅很多人的关注，软件商人急忙掩嘴示意他轻声。

赫布却不依不饶，再次提高了嗓门，大声吼道：“你一定是疯了，简直是一个强盗！”

软件商人恨不得钻到桌子底下去。因为餐厅很多人都认识这个商人，他害怕大家误会是他欺骗了赫布，才导致赫布这么愤怒。在众目睽睽之下，软件商人显得有些手足无措。餐厅领班盯着他发愣，不知道如何是好。

手中端着他刚点的烤肉的服务员也迟迟不敢过来，生怕被误伤。在尴尬无比的情况下，软件商人开出了比24万美元低很多的价格。巧妙地运用公众的压力和“苏联式”（比较野蛮、盛气凌人的一种谈判方式）的压迫，赫布终于完美地达成了谈判。

综上所述，谈判很重要，并且时时刻刻发生在我们身边。但是，人人自处谈判中，未必皆会谈判。而谈判又是如此有效的一种解决冲突、创造利益价值的方式——所以，请大家继续关注下面的章节。

复习思考题

一、解答题

1. 你认为年长者在谈判过程中的优势主要体现在哪里？
2. 电话谈判的优劣势是什么？你如何恰当地应对电话谈判的劣势？
3. 怎样合理运用场合与时间，增加谈判的成功率？

二、案例分析

2006年7月16日，八国峰会在圣彼得堡开幕时，俄罗斯曾希望在圣彼得堡结束与美国的入世谈判，但是最终没有如愿，布什总统没有为俄罗斯入世背书。随后的一切如雪崩般到来：俄格间谍风波，波利特科夫斯卡娅之死，利特维年科被杀，导致俄国与欧盟短期内签署基础条约的希望彻底破灭的波兰肉类产品之争，北约东扩……上述每一起事件都有其缘由和动机，有些事情是有意而为，有些则是多种因素的不幸巧合。

直到2012年8月22日，俄罗斯才结束了长达18年的入世历程，正式成为世贸组织第156个成员。

1. 你认为导致俄罗斯入世战线如此之长的主要原因是什么？
2. 换做是你，你会如何运用谈判技巧处理谈判僵局？

第二章　谈判的概念

一、谈判的概念

（一）谈判的定义

对于“谈判”这个词，人们并不陌生，人的一生当中都会经历这样或者那样的谈判活动。上司和下属之间，客户和售货员之间，甚至于夫妻之间，父母和子女之间，都在进行着谈判。谈判本来就是人们生活中不可或缺的社会行为和交往活动。人生就是一张谈判桌，人们都在努力成为其中的谈判高手。

《辞海》对于“谈判”一词的解释是这样的：谈判是各方就彼此之间有待解决的重大问题进行会谈，以求达成协议。然而在现实中，谈判是一个模糊的概念，人们可以对其作出各种不同的解释。例如，美国谈判学会会长、著名律师杰勒德·尼伦伯格在其著作《谈判的艺术》一书中提到：“谈判的定义最为简单，而涉及的范围却最为广泛，每一个要求满足的愿望和每一项寻求满足的需要，至少都是诱发人们开展谈判过程的潜因。只要人们为了改变相互关系而变换观点，只要人们为了取得一致而磋商协议，他们就是在进行谈判。”“谈判是知识和努力的汇聚。谈判的目的在于得到我们需要的，并寻求对方的许可，就是这么简单。”“谈判就像在一张绷紧了的网中，运用情报及权利来左右的行为。”①扎特曼是在谈判问题上最富想象力的一位现代学者。他认为，谈判是一种集体的裁定，这个决定以相互作用为基础，以一定的结局为方向，并包含着对另一方采取的某种行动。它倾向于价值观的相互补充或改变，并致力于谋求一种由相互联系而产生的协议。谈判的中心过程就是交流情况的过程，此外还包括“创造

① 〔美〕杰勒德·尼伦伯格等：《谈判的艺术》，陈琛等译，新世界出版社 2012 年版。

新现实”，使固定价值转而成为可变价值，运用实力等。马斯坦布鲁克则把谈判描写成“一种在不同利益上，甚至对立状况下采取的战略，但各方在这一点上却是互为依存的，达成一项‘协议’对任何一方都是有好处的”①。

对于谈判的解释是多种多样的。其实，对谈判有个最通俗的理解，那就是协商，或者就是商量。我们不必把这个词想象得太过严肃，它其实就是谈判双方协商的过程，当然也包括在协商过程中所采取的方法和策略。

通过上面的介绍，相信大家对谈判已有了大致的理解，自己在心中对谈判有了初步认识，对其定义也有了自己的见解，这里也就不对其作出硬性的定义。

（二）谈判的特点

谈判是人际交往活动的一部分，它一般具有以下几个特点：

1. 谈判是一种普遍存在的人类交往活动。前面已经提到，人们在日常生活中一定会遇到这样或者那样需要谈判的情况。谈判不是神秘莫测的，而是我们经常能接触到的社会行为和交往活动。

2. 双方性或多方性。谈判活动必须要在两个或两个以上参与者之间进行，参与谈判的主体是具体的人。就像一把剪刀只有一面就不能使用一样，谈判是两方甚至是多方进行的活动，他们都是谈判的主体，离开了这些主体，谈判也就无法进行。

3. 谈判的参与者之间存在着某种观点、立场、利益方面的分歧或冲突。如果没有观点、立场和利益的冲突，也就没有了谈判的必要。

4. 局势的多变性。在一场谈判中，不可能一方永远处于优势或者主动状态，而另一方永远处于劣势或者被动状态。双方的状态总是会随着种种因素而发生改变。

当然，谈判的特点远不止上述几个方面，不同的人对谈判的特点也会有不同的认识。

---

① 转引自李昆益主编：《商务谈判技巧》，对外经济贸易大学出版社2007年版，第4页。

（三）谈判的着眼点

成功的谈判是双赢的，而不是双方之中一方吃亏而另一方获利，谈判时，应该立足于为双方谋利的基点。如果一味追求自身的利益而全然不顾他人的利益，会导致谈判根本无法进行。这样的情况下谈判也就失去了存在的意义，那只是一方服从另一方的“安排”而已。我们应该把谈判视为“合作的事业”，假如双方谈判建立在合作的基础上，则彼此就会朝着公平分享的目标前进，从而达到“共赢”的目的。但这并不是说每个参与谈判的人都得到等价值的利益，而是说每个人达到成功目标的机会是均等的。

谈判并不是由两方进行的游戏。每种游戏都有一套规则和价值标准，每一位参加人都要遵循这些规则和价值标准。这些规则说明什么情况下是“冒险”和“奖赏”。但是这种规则却不适用于弹性的谈判。在谈判时，我们从广泛的经验中预测冒险的成分，而不是仅仅从规则或者书籍中预测。

假如把谈判视为游戏，就会产生击垮对手的心理，想单独达到自己的目的。即使他能说服对方“玩”这种谈判游戏，也可能冒着彻底失败的危险，而不是赢得胜利。第二次世界大战末期，有些日本商人要求他们的雇员研读军事策略，以便成功地运用在商业中。但他们之中有多少人了解，把商业比喻成战争只不过是一种似是而非的隐喻？又有多少人能看出来，并非只有拼命竞争、交易才能获得成功？

但是无论如何，谈判的固有特性决定了竞争是一定存在的，它使得双方站在平等的立场较量高低，并按照高低取得利益报酬，这才是真正的合作，在这样的前提下才能实现真正的“双赢”。

（四）谈判的目的

欲望与满足共同构成了谈判的基础。假如不是因为欲望未得到满足，就不会有谈判。双方都想从对方那里得到一些东西，所以谈判也就应运而生。谈判双方总是为了追求自身的利益最大化而与另一方进行谈判的。商业谈判是为了获得商业利润，个人之间的谈判也是为了实现自己的利益，国家之间的谈判则不仅要维护国家的利益，还要维护国家的尊严和地位。这里的追求利益的最大化并不是要损害对方的利益，如果基于损害他人的利益的话，就违背了以上提到的“双赢”的原则。

谈判是达成协议的手段，协议的最终目的是各取所需，通过谈判来达成愿望。

二、谈判的原则性

（一）谈判的程序

一般而言，正式的谈判过程有以下几个阶段：导入阶段、概说阶段、明示阶段、交锋阶段、妥协阶段、达成协议。

1. 导入阶段

谈判开始，就像舞台上的大幕拉开，每个谈判者将进入自己扮演的角色，完成预期的任务。在谈判活动刚开始的这一阶段，不必费时过多，主要让谈判者通过介绍或者自我介绍的方式与对方熟悉起来。在这些简短的介绍中，你可以了解参与谈判的对手的姓名、职务以及在谈判团队中的地位，便于在谈判过程中把握对手。

在导入阶段，最好营造一个轻松愉快的谈判气氛，可以用一些轻松诙谐的事件作为过渡，把话题转移到谈判中来。但是，闲话的时间不宜过长，要有意识地将话题逐步引入谈判事宜的中心问题上。能否营造一个彼此信任、相互合作的谈判气氛，对于后面意见的达成具有决定性的作用。形成洽谈气氛的关键时间是极为短暂的，可能只有几秒钟，最多也不超过几分钟。实际上，从双方走到一起准备谈判的一瞬间，谈判的气氛就开始形成了，因为在这个时候，热烈或冷漠、合作或是猜疑、友好或是防范等情绪已经出现了。

在这一阶段中，较为理想的做法是：第一，径直步入会场，以真诚、友善的态度出现。第二，行动和说话要轻松自如，不要慌慌张张，尽力做到言简意赅。第三，在开始时最好站着交谈。这只是其中的一些比较好的做法，但并不是千篇一律的，具体谈判中可以因“战况”而定。

2. 概说阶段

概说阶段是指大致向谈判对方说明自己的目标和想法。谈判双方进行一定的沟通,但并不是将此次谈判的目的和具体事项全盘托出。毫无疑问,如果在概说阶段就将自己的底牌亮出来,是为谈判对手增加占据谈判主动权的筹码。在这一阶段,双方都想窥测对方的意图,以便及时调整谈判的策略。

在概说阶段,双方代表要表明己方的意愿目标、原则立场和限制条件,这是谈判过程中的一个重要环节。

概说阶段是一个真正认识谈判对手的"投石问路"的绝佳时机,因此必须谨慎处之。发言时,内容要简短并能够把握重点,还要善于向对方表示友善的情感。

3. 明示阶段

一般来说,在谈判桌上的双方代表一定会有一些意见争议,明智之举是及早提出这些问题并彻底加以解决。在谈判的明示阶段,双方之间会出现众多的信息传递方式。信息传递得当,会增加你的谈判力量,倘若传递不当,就会在无形之中削弱你的谈判实力。

在明示阶段,双方都进入实质性问题的磋商洽谈,彼此明确表示自己的要求,提出问题、回答问题,说明自己的意图目标,努力达到自己的利益。一个谈判者从明确自己的目标开始,即决定了他在谈判中明示的态度。期望过高会陷入僵局,甚至可能导致谈判破裂,因此需要以良好的判断力来确定自己的目标。

4. 交锋阶段

交锋阶段也即磋商阶段,该阶段是谈判的实战阶段。这不仅是谈判主体之间实力、智力和技术的具体较量阶段,也是谈判主体间求同存异、合作、谅解、让步的阶段。谈判者应该运用智慧来赢得谈判的胜利。

谈判的目的是为了得到自己想要的东西或者达到预期的目标。在谈判桌上,各方代表在每个问题上达成完全一致是不太可能的。因此,谈判双方的真正对抗与实力较量在这一阶段会明显展现出来。由于双方都想在此次谈判中获得利益或占据优势,彼此都能感觉到如临大敌的紧张气氛。

对立,可以说是谈判的命脉。在交锋阶段,为了达到己方的利益,应朝着自己所追求的目标勇往直前,而且要坚定自己的谈判原则与立场。因此,必须有一定的心理准备,随时回答对方的咨询。

在这一阶段,双方都列举事实,希望说服对手,使得对方了解并接受自己的意见。你提出一个事实,要求对方接受自己的观点,对方会马上举出另一个例子来反驳你。在反驳对方意见时,要注意避免使用对抗性的语言。如果谈判对手说了过火的话,或者提出了不合理的要求,你应该采取宽容的态度,然后再婉转陈述己方的意见。

交锋是谈判的关键步骤,也是整个谈判过程中最困难、最激烈的阶段,需要双方付出较大的精力。一次谈判能否成功,关键就是看交锋的结果。因此,要表现出勇气、自信与毅力,要利用谈判的技巧与策略说服对手,达成互惠互利的谈判结果。

5. 达成协议

谈判双方经过磋商和交锋,取得了关于重要议题的基本一致的意见,并认为已经基本上达到了预期的目的,便可以表示同意签订契约,达成协议。

契约或合同的行文应该特别注意条款的完备和语言的运用。对那些双方意见一致的重点议题的表述一定要力求准确无误,对那些仍有不同意见的枝节问题应予以回避或采用含混的表述方法。

契约或合同经双方签字以后,从形式上谈判程序便告结束。但是,谈判作为一个整体过程并没有终止,因为契约或合同中都有一些审视、纠举的内容。在签字的瞬间,这些法规性的条文便开始生效,因此,双方的行为都要受到契约中有关条款的约束和限制,如有违约行为,便会受到谴责、惩罚或制裁。

(二)谈判的策略与技巧

谈判桌上风云变幻,没有人是可以必定处于绝对优势,胜券在握的。就算其中一方在起初明显地占据了上风,也可能会因为一个很小的变故从优势地位落入劣势地位。不过,谈判桌上虽然变幻莫测,但也没有我们想象中那么神秘,归根到底还是有章可循的。想要取得谈判的成功,必须在谈判中运用一些有利于谈判的策略,帮助我们实现既定的目标。

所谓谈判策略,就是在谈判过程中,谈判者使用各种谈判方法的组合艺术,是谈判策略和技巧的综合运用。谈判策略不同于谈判程序。程序是谈判双方事先共同协商规定的，谈判双方都要服从程序。策略则是单方面采取的行动或者方法，具有主观能动性。策略与谋略也具有不同的含义。谋略是思维活动的一种重要表现形式，是主导动机推动思维而完成的一项心理活动，是将动机转化为行动的关键一环。而策略则是谋略实施过程中的表现形式。

谈判中的策略与技巧是多种多样的，且随机性强，不可生搬硬套。下面介绍一些比较常用而且也比较有效的谈判策略。

1. 遵循真诚待人的策略

真诚是谈判的首要条件，以诚待人，让双方在一种和谐的氛围下进行谈判，对结果必然百利而无一害。当今社会上，以诚信立足于社会的人总是能得到人们的最大认可。谈判中也是一样，真诚待人，不仅能得到对手的最大尊重，也可以为谈判增添一份成功的几率。一个谈判者无论再怎么能说会道，如果让人感到没有诚意，也不会被谈判对手认同。作为一个谈判者，除了善于辞令以外，还应该学会以诚动人，增加亲和力，这样才能拉近谈判双方之间的距离。

古语有云："巧诈不如拙诚。"做人乖巧狡诈，不如笨拙诚实，讲求信义才能在社会上立足。谈判的主体是人，而人与人交往都是有着感情因素的，在谈判中以诚动人，言而有信，往往能获得意想不到的效果。

以下这个事例可以用来证明这一点。

战国时期，秦惠王将女儿嫁给燕国太子。这一年，燕文侯去世，太子登基，是为燕易王。燕易王刚即位，齐宣王就趁燕国国丧之际，出兵攻燕，占据了十座城池。

燕易王对苏秦说："当初你来到燕国时，我父亲帮你，使你见到赵王，才完成六国合纵的大业。如今齐国却先攻打赵国，然后又攻打燕国。你主持六国合纵的大业，现在天下都在笑你了。你能为燕国收回被齐国侵略抢占的土地吗？"苏秦很惭愧地说："请让我为大王效劳。"于是苏秦出使齐国，见到齐王之后一拜再拜，先低头庆祝，然后仰头哀悼。齐王说："你为什么一会儿庆祝，一会儿又哀悼呢？"苏秦说："我听说饥饿的人之所以不吃乌嘴一口就能吃掉的食物，是因为吃了与饿死没两样。现在燕国虽然弱小，燕王却是秦王的女婿。大王贪燕国十座城，却与强大的秦国结仇；就好像燕国是雁阵,却没想到秦国就躲在背后。袭击燕国,而招来天下的精兵,这不如同饥饿的人吃下鸟食一般吗?"齐王脸色一变:"那该如何是好?"苏秦说:"我听说古代善于处理事情的人能够转祸为福,反败为胜。大王如果真能听我的,就请立刻归还燕国的十座城池。燕王无缘无故地收回十座城池,一定十分高兴。秦王如果知道齐国是因为秦国的关系而归还燕国的城池,也会很高兴的。这种做法使齐国不仅少了仇人,还得到了知交。而一旦燕、秦一同臣服于齐国,那么大王号令天下还有谁敢不从?"结果齐王归还了燕国十座城池。

谈判是一种人际交往,离不开真诚和信用。无论谈判的目的是为了治国安邦,还是为了理家生财,都离不开真诚和信用。

2. 理解与尊重对手

理解对手就是在谈判过程中能设身处地为对手着想,要考虑到对手的利益。既然谈判的最终目的是"双赢",就不能只是一味地注重本方的利益,要给对手留下一定的考虑空间。体验别人感受的同时,还会有助于维持自己的身份。在理解对方的基础上还需学会尊重对方。首先,你要考虑尊重自己,尊重自己设立的最低限,从而才能尊重他人,考虑他人所能承受的最低限。自尊是自信的另一种表示方式,也是激励自己的前提。谈判中的尊重是相互的,你尊重别人,别人才会尊重你。在谈判中的相互尊重可以为谈判的顺利进行及取得良好的结果打下坚实的基础。如有必要,首先向他人表示敬意。尊重他人的最佳方式就是在倾听他们讲话的同时双眼直视他们。听到你认为明智的好建议或好想法,应该适当加以赞扬。尊重和理解是密不可分的。你对对手了解得越多,就越体现出对他的尊重。要想让对方看到你的尊重,得从细节下手。首先,注意眼神的交流,至少要 80% 到 90% 的眼神在对方身上;其次,双手摆放要自然到位,可以保持两手高于腰部;再次,站着或是坐着不动往往让人觉得死板、紧张,没有活力,正确的做法应当是多与对方互动,拉近彼此距离;最后,切忌一些没精打采、后仰、驼背的小动作,这会让对方感觉你不够真诚,对谈判也不够重视。细节决定成败,这话不无道理。

3. 知己知彼,百战不殆

"知己知彼,百战不殆",旨在了解自身与对手的实力。对自身的实力了如指掌,就能对自己在谈判中所处的位置有个清晰的实力定位,更为恰当地制订谈判目标;对于对手的情况了如指掌,才能窥测对手的真实需要,才能避实击虚,掌握谈判的主动权。

一句话:知己知彼,百战不殆。沈括逼迫辽国守盟赴约是一个极好的例证:

公元1074年,宋、辽发生了边境争端。双方派代表在代州边界土黄平谈判。但由于辽方一再地设置障碍,致使谈判不欢而散。第二年,辽方派使臣肖禧到宋朝的京城,声称:“不解决问题,誓不返辽。”宋朝官员经常与肖禧通宵达旦地进行谈判,但都因辽方的无理纠缠,始终毫无进展。宋神宗为此忧心忡忡,他既不想与辽军交战,又不愿意割让领土求和,最后决定派遣沈括与辽使谈判。

沈括早年对宋、辽边界作过仔细研究,这次接命令后,又查阅了档案,并向有关官员进行了解,弄清了辽方两次所提边界前后不一。其中有争议的是黄嵬山,第二次所提地域与第一次相差30里。于是他连夜写好奏章,上呈神宗。神宗看了奏章,向群臣说:“以往主持谈判的大臣不究本末,贻误国事。沈括精神如是,朕无忧矣。”神宗还按沈括所提供的资料,亲自绘制了一张地图。第二天,沈括携带地图到馆舍拜会辽使肖禧。沈括说:“下官受皇上委派,奉陪阁下。贵国有何要求,请向我提出。”肖禧以十分傲慢的语气说:“宋朝违背条约,侵犯我大辽边界。我们早有照会,要求重定边界。大辽皇帝派我来东京,此事不解决,我无法回朝复命。”沈括听了面带微笑:“本人对边界情况略知一二,贵国在照会中所提出的有争议的地界,较原先协议向前推进了30里。不知阁下此次来京,是为解决争议,还是来索取领土的呢?”肖禧毫无思想准备,故作镇定道:“大辽只要求按原协议重定边界,对宋朝绝无领土要求。”沈括从袖中取出地图,说:“阁下声称并无领土要求,实属辽国大度。此图乃御笔亲绘,请阁下过目。”肖禧察看地图,只见山川河流无不详细,一时无言以对,只好委婉地说:“既然如此,我只好及早回去向大辽皇帝报告。”肖禧走后,大家都沉浸在喜悦当中。沈括却非常忧虑,他知道辽使虽然离去,边界争议却并未解决。目前辽国大军压境,如不急速赴辽,将此事圆满解决,辽军很有可能挥师南下。他遂将自己的想法面呈神宗,神宗深表赞同,并派沈括出使辽国。辽国的谈判会场设在一个宽敞的帐篷内。辽方代表杨益戒宰相,是辽国手握实权的人物。他开门见山地说:"辽、宋地界需要重新划定,我们大辽多次派使臣赴宋,久未见答复。此次贵使前来,希望及早商定此事,免得再动干戈。"沈括从容答道:"宋、辽地界早有定议,但是贵国所提黄嵬山为分水岭的问题,文书上并没有记载,敝国不敢从命。我携带文书在此,请阁下过目。"文书中记载道:"黄嵬山以下大山脚为界。"杨益戒无言以对,最后用威胁的口吻说:"贵国不忍割让数十里地,难道要断绝两国友好关系吗?"沈括答道:"师直为壮,曲为老。北朝弃先君之大信,以威用其民,非我朝之不利也。"杨益戒见沈括态度强硬,言辞锋利,只好宣布休会。

第二次谈判中,杨益戒见逼索土地不成,便放弃黄嵬山地界之事,又提出天池的归属问题。天池本属于宋朝的领地,这在宋辽签订的协议中早就已经确定,但协议允许一部分辽民在天池牧马。沈括说:"天池乃是宋朝之疆土,岂能更改!"杨益戒说:"辽民在此牧马,极易引起冲突,有损两国关系,请阁下三思。"沈括反驳:"天池归属乃先皇所定,本朝无权更改。至于武力冲突,本朝容忍是有限度的,也请贵国三思。"双方共进行了六次会谈,沈括有问必答,言辞犀利。杨益戒没想到宋朝竟有这样杰出的使臣,又听说宋朝正在边界集结军队作应战的准备,只好放弃逼索土地的要求,维持原协议所确定的边界。

4. 软硬兼施的策略

在谈判之前,双方应该都会制订一些周密的计划和策略,但在谈判期间还是会遇到一些超越计划的范围并且必须马上解决的问题。特别是当对方提出一些己方毫无防备但又切中要害的问题时,就难免会使己方陷入困境。另外,有时在某一问题上,对方本应该让步或可以让步,但是又坚持不让步,就可能使谈判陷入僵局。

在这种情况下,谈判者就会利用软硬兼施的策略。在这一策略中一般有"红脸"和"白脸"两个角色,"红脸"是指"友善派","白脸"即指"强硬派"。具体做法是:让主谈人或负责人回避,换"白脸"者出阵,将对方的注意力转移到自己身上，采取强硬的立场，唇枪舌剑，寸步不让，软磨硬泡，从气势上压倒对方，给对方心理上造成一种错觉，迫使对方让步。一旦主谈者认为已经取得预期效果，就会回到谈判桌上。这时候，主谈者就可以扮演“红脸”角色，但是不宜立即发表意见，而是应该让己方的“协调者”以缓和的语气和“诚恳”的态度调节己方的“白脸”和对方的矛盾，以便巩固己方已经取得的优势。此后，“红脸”则可以用诚恳的态度、亲切的语气，提出“合情合理”的条件，使得对方接受。若有必要，也可以假装训斥己方的“白脸”者的粗暴行为，从而为对方保全面子。在这种情况下，对手很可能会接受我方所提出的条件或者作出某些让步，当然也可能不会马上让步，那么就给对方一定的考虑时间。

有一次，美国富翁霍华德·休斯为了大量采购飞机，与某飞机制造商的代表进行谈判。休斯要求在合约上写明他所提出的34项要求（其中11项要求是没有退让余地的，且对谈判对手是保密的）。对方不同意，双方各不相让，谈判中冲突激烈，硝烟四起，竟发展到把休斯赶出了会场。后来，休斯派了他的私人代表出面继续同对方谈判。他告诉自己的代理人，只要争取到34项中的那11项没有退让余地的条款他就满足了。这位代理人经过一番谈判之后，争取到其中包括休斯所说的那11项在内的30条项条款。休斯惊奇地问这位代理人：“你是怎样取得这样辉煌的胜利的？”这位代理人回答：“那简单得很，每到我同对方谈不到一块儿时，我就问对方：‘你到底是希望和我解决这个问题，还是要留着这个问题和霍华德·休斯解决？’结果，对方每次都同意了我的要求。”显然，休斯之所为与他的私人代表之所为分别来看并没有什么，但是两者合二为一则产生了奇特的妙用，就是俗话所说的“白脸”与“红脸”。

如果事先安排了软硬兼施的策略，在谈判时，应该把握好时机和分寸，时软时硬，配合默契，就有可能使得对方作出让步，或者摆脱自己的困境。有这样一个例子：

春秋时期，秦穆公发兵进攻晋国。在韩原之战中，晋军大败，晋惠公被俘。三个多月后，秦穆公才与晋国讲和。于是，晋惠公派人从国内召吕甥使秦，迎还自己。吕甥奉命至秦，他意识到：战场上已经失利，国君又在对方手中,自己的每一句话都关系到国君的安危,他面临的是一场举足轻重的外交斗争。

秦穆公在王城会见了他。秦穆公问:“晋国人近来团结吗?”“不团结。”吕甥作了反常的回答。“为什么?”秦穆公急于摸对方的底,以寻找一步挑起事端的可乘之机。“老百姓耻于国君被俘,哀悼死于战争的亲人,不怕征税练兵,他们叫嚷着一定要报仇。那些做官的爱戴自己的国君,并且知道自己的罪过,不愿征税练兵,以等待秦国的命令。他们一定要报答秦国的恩惠,即使死了,也不能有二心。因此,晋国人不团结。”

吕甥在回答“不团结”之故中,向秦穆公暗暗抛去了两把“刀子”。一把是“硬刀子”:借百姓之口,表达晋国人不畏强暴,誓死报仇的决心。以敌秦的姿态要挟秦穆公,迫使其早作放还晋惠公的打算。另一把是“软刀子”:借做官人之口,一表顺服的言辞,表达了晋国人对秦穆公放还晋惠公的期待。

在吕甥两把“刀子”的威逼利诱之下,秦穆公虽非等闲之辈,但也欲发作而不能,无可奈何,只得转移话题:“你们晋国人怎样看待自己的国君呢?”吕甥发现,秦穆公转移话题是试探晋国内部对晋惠公的态度,便马上抓住时机再次软硬兼施:“小人们不知事理,只知忧虑,认为我们国君必定要被您处死;君子们用自己的心推测别人的心,认为您必然会归还我们的国君。小人们说:‘我们对不住秦国,秦国肯定不会放还我君的’;君子们则说:‘我们已经认罪,秦国肯定会放还我君的。’恩德没有比放还我君更厚的,刑罚没有比俘虏我君更威严的。服罪的人怀念恩德,二心的人畏惧刑罚,以此举动,秦国可以称霸天下了。不然的话,当初帮他登位,又不让他安于其位;后来废了他的君位,又不让他复位,以致原来施的恩德,反而变成仇恨。秦君是不会那么做的。”吕甥的这番话软中有硬,柔中有刚,逼迫秦穆公在当小人还是当君子之间作出选择,将他置于犯难的境地。秦穆公经过权衡,立即释放了晋惠公。

5. 反客为主的策略

反客为主的谈判策略是指在谈判中被动的一方争取主动的谈判方法。尽管谈判的动力在于谈判者的利益需求,但并不等于谈判各方对谈判中的利益需求的层次、程度都是一样的,而不分轻重缓急。这种谈判需求的层次、程度的不同,决定了谈判中谈判者所占优劣势的不同。一般来说,对谈判需求较大、依赖程度较高的一方处于谈判中的劣势,因此在谈判中作出让步的可能性就比较大。反客为主的策略可以帮助在谈判中处于劣势的一方扭转不利的局面,争取较大的利益。

越南战争时期,美越为结束漫长、残酷的战争,约定在巴黎举行谈判。越南早早作好了准备,美国却故意拖延时间达两年之久,使得越南无端付出了昂贵的代价。越南因急于结束谈判,议价能力受挫,陷于被动局面。美国在越战中付出的代价巨大,且面对国内反战的强大压力,更希望结束战争,但却借故拖延。这是因为美国摸准了对方的心理,从而使用反客为主的谈判策略,掌握了谈判的主动权。

另一则故事也可以用来阐释反客为主这一策略的作用:

从前有个穷人来到阿拉伯湾采珍珠,由于他不畏艰险,敢下深海,采到许多大珍珠,发了一笔财。他把所有的收入换成金币装到一个小包里,随身携带。一天他借宿在路边一家人的空房,临睡前心里一阵兴奋,忍不住把金币拿出来一个一个地数。没想到他的举动被房主人——一个独自抚养几个孩子的寡妇看在眼里。贪婪的寡妇决定用计把金币弄到手。

第二天,采珠人要走了,刚一出门就被寡妇扯住衣服说:“孩子他爹,你不能走,你把家里的钱都拿走了,那我们母子以后怎么过啊!”采珠人听后十分生气,想摆脱寡妇的纠缠,但是寡妇死死抓住他的衣服不放。一些路人都过来围观,见他俩各说各的理,都建议他们到法官那里去评判。

见到法官后,寡妇申诉说自己的丈夫想拿走家里的金币远走他乡,置她和孩子们于不顾。采珠人一概予以否认,并请求法官把寡妇的孩子们叫来作证。没想到孩子们见了他便喊爸爸,令他哭笑不得。法官由此认定,采珠人就是孩子们的父亲,便把金币判给了寡妇,并对他说:“如果你留下,就与她好好过日子,如果要走,不许带走一枚金币。”采珠人无缘无故丢失了数年的劳动成果,心中沮丧极了。他绝望地在路上徘徊,遇见了一位老人。老人听说了他的遭遇，出主意道："你去找法官，说你决定走，并要把两个孩子也带走，可孩子的母亲不答应，因此请求法官判决。"采珠人见到法官，把老人教的话说了一遍，法官果然判定他带走两个孩子。寡妇慌了手脚，但又无可奈何，她不敢说出采珠人不是孩子们的父亲。出了法庭，寡妇哀求采珠人还回她的孩子，并说她可以把金币归还，而这正是采珠人所希望的。采珠人正是运用了反客为主的策略，变被动为主动，赢得了胜利。

6. 出其不意的策略

出其不意的策略是指在谈判桌上，利用突然袭击的方法、手段和态度的改变，使对方在毫无准备的情况下或无法预料的新情势下不知所措，进而获得出奇制胜的谈判效果。例如，在谈判中，谈判各方都在和风细雨地交谈，突然有人声色俱厉，就会产生一种震惊四座的效果，从而达到强调己方观点的效果和得到各方重视的目的。出其不意的谈判策略的特点体现在一个"奇"上，以奇夺人，以奇获利。

某国的公司在赞比亚境内开采铜矿，工人都是从附近的省份招募来的。这些工人和眷属都住在刚果河旁边的临时工棚里。公司向工人保证很快就会建造现代化的住宅。临时工棚相当简陋，摇摇欲坠，而且没有自来水，工人和眷属必须要到河里洗澡、提水。令管理员担忧的是，已经有好几个小孩和妇女在鳄鱼出没的河里失踪了。很明显，解决的办法是立即安装抽水机。当管理员宣布这个消息时，工人们的反应却令他惊讶。

工头告诉他："嗨，我们不要抽水机。"

"理智些，"管理员说，"已经有那么多人丧生了，就暂时接受那些抽水机吧。我们还要在抽水机中使用消毒剂，杀灭寄生虫，你们会对它感兴趣的。工头先生，我们事事为你们着想，你们究竟为什么不要抽水机呢?"

工头拒绝和管理员讨论这个问题，管理员只好私下调查。结果发现，工头担心安装好抽水机后，公司就不再想盖房子的事。因此，除非公司面临压力，否则他们就不想集资盖房子。工头和工人们一致认为，他们宁可继续冒着死人的危险，也要保持现状以给公司压力，迫使公司尽快建造新住房。

管理员不顾工头的抗议,还是把抽水机安装起来。没想到,两周后所有的抽水机都被破坏了,工人仍然跑到河里用水。后来管理员才知道,原来是工头在散布谣言,说消毒剂里含有绝育的成分。虽然管理员一再向工头做工作,但都未能奏效。工头以不妥协的态度,迫使公司加快盖房子的进度。管理员觉得非常不可思议,工头为了逼迫他们盖房子,竟然宁愿牺牲目前短期的利益。

出其不意实际上是一种心理战略,通过突发性的惊奇之举,来达到在一段时间内震撼对方心灵的目的。在谈判的过程中,有些谈判者往往故意设计一些令人惊奇的情况,或者提出一些意想不到的问题。很多人不喜欢惊奇的事物,原因在于惊奇的事物往往会制造陌生感和紧张的气氛,有时还会阻碍谈判各方间的信息沟通。故此,出其不意策略应该加以区别地运用于各项具体谈判中。有的谈判轻车熟路,本来可以等待瓜熟蒂落,谈判者却耐不住性子,想借出其不意之举来加速谈判进程,结果弄巧成拙,破坏了谈判。因此,谈判者在运用该策略时应该三思而后行。

7. *声东击西的策略*

声东击西策略是指在谈判桌上变换谈判目标,通过分散对方注意力的方法,达到谈判的目的。在谈判中某一议题进行不下去时,老练的谈判者既不强攻硬战,也不中止谈判,而是巧妙地转移议题,指左趋右,绕道前进,使对方顾此失彼。这种谈判富有变化,灵活机动,避开对方的锋芒,赢得谈判的胜利,而且不破坏谈判的气氛。例如,山东掖县(1988 年改为莱州市)土山镇的农民娄维川在引进一套塑料编织袋生产线的谈判中,就利用了该策略。

1985 年,娄维川以烟台市塑料编织袋厂厂长的身份与日本株式会社东吉村先生达成正式购买生产线的口头协议。4 月 5 日,娄维川与其他同事一道前往青岛与日方开始谈判。刚开始时,日方开出的价格是 240 万美元,娄维川缓缓站起来说道:"根据我们掌握的资料,你们的设备性能与贵国的某某会社提供的产品完全一样,我省某某厂购买的该设备,比贵方的便宜一半。因此,请你们重新出示价格。"这样,首次谈判宣告结束。

第二天,日本人把各类设备的价格开出了详细的清单,报出的总价是

180万美元。经过激烈争论,价格压到了140万美元,直至130万。到此,日方表示无法再压价。随后,在长达九天的谈判中,双方共计谈崩了35次,最终拉锯战并没有结果,双方互不妥协退让。

"是否到了签字的时候?"娄厂长苦苦思索,回顾谈判的整个进程:前一个阶段是日方漫天要价,我方就地还价,处于较为被动的地位。如果对方以为我方还是抱着"过了这个村就没有这个店"的心态与他们进行压价谈判,就难以再叫他们让步。于是,他灵机一动,计上心来,采用兵法上"示形于东而击于西"的策略和另一家公司作了洽谈联系。这一个小小的举动很快被日商发现,总价立即降低到了120万。这个价格可以说相当不错了。但娄厂长了解到当时正有几家外商同时在青岛竞销自己的编织袋生产线,这个形势对自己来说太有利了。他觉得应该紧紧把握这个机会,再努力一下,很有可能会迫使对方作出进一步的让步。结果,在我方的坚持下,双方最终以110万美元的价格达成了协议。

我国春秋时期也有这样一个故事:

郑庄公寤生从小为母所嫌,其母与其弟合谋夺位。事情败露之后,庄公将母逐出宫外,并发誓不到黄泉不相见。当时有位大臣颍考叔为了说服庄公与母亲团聚,在庄公赐他酒肉时故意说不舍得吃,要带给自己的母亲吃。庄公触景生情,感叹不已。颍考叔趁机献计:挖一条通向地下的隧道,只要挖得够深,能见到泉水,那不就是"黄泉"了吗?在隧道里,庄公便可与母团聚。这样既不背誓,又得与母相见。

这里颍考叔就是运用了声东击西的谈判策略。在实践中,声东击西策略经常为谈判家们所使用,且效果一般较好,但谈判者也应该根据谈判的具体情况具体分析,不能生搬硬套。

8. 以柔克刚的策略

谈判中要根据不同的情况和需要,软硬兼施,用强硬的态度对待一切谈判是不可取的。当谈判出现危急局面,或对方坚持不相让时,如果己方不想使谈判失败,那么最好的应付策略就是避开正面冲突,以"软"的手法来迎接对手"硬"的态度,进而达到谈判成功的目的。美国谈判专家杰勒德·尼伦伯格曾介绍过这样一个谈判案例：

一次一位合伙人邀请尼伦伯格去参加某飞机制造厂的拍卖会。按照拍卖会的一般常识，谁出价最高，拍卖者就与谁成交。为此，他们在临会前估计了拍卖资产的价值，决定出价37.5万美元。开始，尼伦伯格与合伙人开叫10万美元，对手便叫到12.5万美元，尼伦伯格加到15万美元，对手再加到15.5万美元。此时，尼伦伯格的合伙人将他拉出场外。对此举，尼伦伯格感到十分不解，他们事先定好的最高报价是37.5万美元，现在的报价距离这一数目还有很大的一段距离，为什么要退出场外？合伙人解释道："我读了出售通告，按照这次拍卖会的规则，如果拍卖人认为出价不高，就将拒绝出售。我们的出价在所有投标人中居于第二位，所以拍卖人一定会与我们联系，说我们的对手的价格已经被否定，问我们是否愿意再报个价。到那时候，我们再出一个比较高的价格，使拍卖人让步，便可以一举成功。"果然，尼伦伯格的合伙人慧眼非凡，手段卓绝，未出三日，拍卖人便登门联系。他们轻而易举地击败了对手，以一个比预期低得多的价格拿下了该飞机制造厂。

这个谈判案例中，谈判者正是巧妙地运用了以柔克刚的策略，清醒地认识了形势，避开了对手的锋芒，使之有劲使不上。

9. 欲擒故纵的策略

为了抓住敌人，事先要放纵敌人。这是一种放长线钓大鱼的做法。一般来说，一时纵敌，百日之患，但是在某些特殊情况之下，纵敌不仅无害，而且可以取得一些意想不到的效果。谈判也是这样的道理。在谈判过程中，虽然很想达成协议，但是装作满不在乎的样子，将自己急切的心情掩藏起来，似乎只是为了满足对方的需求而来谈判，使得对方急于达成谈判，主动让步。欲擒故纵的策略与反客为主的策略有些相似，但是两者又有一定的区别。反客为主的策略是运用让对方为谈判付出更大的代价的方法，使对方从主动变成被动。这是基于谈判中谁付出的代价更大，谁更不想谈判失败的原则而产生作用的。欲擒故纵策略则是运用一方面煽动对方的需求，一方面表示己方对谈判需求淡漠的方法，使对方急于谈判，主动让步。这是基于谈判中谁更急于求成，谁就会最先让步的谈判原则发生效力的。

汉末纷争时期,诸葛亮游说孙权联手破曹,就是运用了欲擒故纵的谈判策略。他到东吴,掩藏其自身的利益需求,却力陈如果东吴向曹操求和,必献地称臣,并用曹操垂涎"二乔"美色之说激年轻气盛的周瑜,终于促成了孙刘联盟,赢得了赤壁之战的胜利。

10. 妥协的策略

谈判过程中不可能一直采取步步进攻而毫无妥协,适时的妥协也是一种促进谈判成功的策略。当谈判实在进行不下去的时候,采取妥协的策略可以使谈判走出僵局。妥协策略着重在结果上有所得,而不是一味追求原先所定下的目标和需求。妥协并不代表认输,而是为了转变或缓解剑拔弩张的局面。我们可以选择先退一步,再自然引导对方朝我们最先的目标发展。

一般而言,选择使用妥协策略有以下几个方面的原因(特别是在其他策略已经无效时):

(1) 真正的合作策略几乎不可能做到,但是谈判双方的关系却很重要。一方或者双方都不相信能够做到真正的谈判双赢。有时候谈判双方的关系已经恶化,所以不可能在扶植和支持好的合作策略下一起工作。

(2) 谈判双方时间有限,或是缺乏采用合作策略的相关资料,这时妥协策略就会派上用场。妥协策略通常既迅速又有效。虽然结果可能不是最佳选择,但考虑到时间限制,谈判双方可能会舍结果而迁就时间了。

另外,妥协也是有一定方法的,具体如下:

(1) 设法不要成为第一个让步的人。先让步会让你显得很脆弱,对方会利用这一点步步紧逼,得寸进尺。

(2) 从"小妥协"开始。不要一开始就妥协太多,而是一小步一小步地向前进,找出一个合理的解决方案。若是让步太快,也很容易让对方得寸进尺。

(3) 善用自己的让步。当你有所妥协时,要保证对方收到讯息,知道你有意获得正面的结果,并且愿意与他们打交道。同时,要求他们也作出同等的让步。

(4) 让步程度不见得相等。妥协通常是从双方现在的立场开始寻求共同点,但是双方的共同立场产生前所作的让步可能就不见得相同。

(5) 要有礼貌。不要采用针锋相对的态度,要好好和对方谈,而且要尊重对方。

约翰是一家公司的工会领导,经常代表公司职员提出合理化建议,为员工争取到应得的利益。一次,约翰想要请经理能在星期三给全体员工放一天假,理由是当地有场著名球队的篮球决赛。他表示员工可以在星期天加班,但公司要支付加班费。经理开始不同意,但最后作出了让步,表示如果员工在星期二能把星期三的工作全部做完,就可以放假并且周末不用再加班。大家都欣然接受并按规定完成了任务,也为公司节省了加班费用。一次妥协形成了双赢,何乐而不为?

11. 向对手发出最后通牒的策略

人的犹豫产生于对未来的希望和对现实的不舍的矛盾之中。打破对方对未来的希望,就能击败犹豫中的对手。虽然这一策略在某种程度上来说是比较有效的,但是采用这种策略很可能会引起对方的敌意,所以要考虑再三后实施。

美国汽车界的传奇人物艾柯卡在接手管理濒临绝境的克莱斯勒公司后,感到必须压低工人的工资。他首先降低了高级职员工资的10%,自己的年薪也从36万美元减到10万美元。随后他对工会领导说:"17美元一个钟头的活有的是,20美元的一件也没有。现在好比我拿着手枪顶着你们的脑袋,你们还是聪明点。"工会并未答应艾柯卡的条件,双方僵持了一年。最后,迫于形势,艾柯卡发出了最后通牒。一天晚上10点,艾柯卡找到了工会谈判委员会,对他们说:"明天早晨以前,你们非作出决定不可。如果你们不帮我的忙,我也要让你们不好受。明天上午我就可以宣布公司破产。你们还可以考虑8小时,究竟怎么决定,你们看着办吧!"最后,工会只好答应了艾柯卡的要求。

最后通牒以极其强硬的态度出现,人们往往不得已而用之。向对手发出最后通牒可能使谈判中断,但是也可能会给谈判带来新的突破。所以,对于该策略要谨慎使用,它实际上是把对方逼到了一个没有其他选择的境地。一般情况下,出现以下几种情况时,才可以使用最后通牒策略:

(1) 谈判者知道自己处于一个强有力的地位,别的竞争者都不如自身的条件优越。

(2) 谈判者已经尝试过其他的方法,但都没有取得什么效果。

(3) 己方确实已经把条件降低到了最低限度。

(4) 对方经过旷日持久的谈判,几经无法再负担由于失去这笔交易所造成的损失而非达成协议不可。

谈判的策略是多种多样的,美国商业顾问机构的首席代表卡罗斯所著的《谈判技巧》列举了163种,红旗出版社出版的《商业谈判艺术》是对国外一些相关著作进行综合归纳编写而成的,共列举了85条。① 从总体上来说,各种谈判策略本身并不存在好坏优劣之分,每一条策略都有用,也不存在用处大小的区别。但是,与谈判相关的因素非常之多,而且多种因素都处于动态的变化之中。每一种因素和每一种因素的变化都可能成为选择相应的谈判策略的标准或依据。比如谈判的主体、客体,谈判的方式、种类、内容,都会成为谈判策略的选择依据。总之,要具体问题具体分析,对于谈判的策略灵活运用,避免生搬硬套,以防起到相反的作用。

三、谈判的灵活性

(一) 谈判团队的合理组织

在较为正规、复杂的谈判中,一般不会是一对一的个人谈判,而是以配备谈判团队的组织形式来共同完成谈判任务的。因此,组织一个强有力、高效率、有权威的谈判班子,是由谈判的客观需求所决定的。

那么,怎么样去组织一个良好的谈判团体呢?

首先是参与谈判人员的数量问题。一般来讲,谈判人员的数量应该根据谈判的地点、时间、内容以及对方的人数和对方谈判人员的素质等确定,过多或过少都不合适。通常的情况是:内容繁多、技术性强的谈判,需要的人要多一些,

---

① 参见〔美〕卡罗斯:《谈判技巧》,杨君、吕英译,中国盲文出版社1989年版;国琪:《商业谈判艺术》,红旗出版社1986年版。

反之则少一些；相对来讲，谈判时间越短，任务就越重，需要的人员也就越多，反之则可减少一些；地点安排在对方时，谈判人数相对多一些，在己方则可以少一些；对方派遣的人多时，我方也需要多派出人员，反之则少派出；谈判人员素质较高时，所需人员相对少些，反之则相对多些。

其次是要根据不同的谈判场合派遣不同的谈判人员。这里指的是谈判涉及哪些领域，就应该派遣在这方面具有较强的专业知识的人员参与谈判。谈判会涉及多种专业知识，选择谈判人员时必须根据各种专业知识的需要考虑人员构成，并进行明确的分工。一个合理的谈判群体，必须是由不同层次、不同专业、不同特长的人员按照一定比例构成的，并根据实际需要不断予以调整。谈判人员的选择要做到知人善用。这里有一个龙永图挑选谈判秘书的案例：

原对外经济贸易合作部副部长龙永图在我国入世谈判时曾经选择过一位秘书。当龙永图宣布该人当秘书时全场哗然，因为这个人根本不适合当秘书。在众人眼里，秘书都是勤勤恳恳、讲话很少、做事稳重、对领导体贴入微的人。但是龙永图的秘书却是一个大大咧咧的人，从来不会照顾人。每次龙永图和他出门，都是龙永图走到他房间里说："请你起来，到点了。"对于日程安排，他有时甚至没有龙永图清楚，原本九点钟的活动，他却说九点半，经过核查，十次有九次他是错的。

为什么龙永图会选他当秘书呢？原来龙永图是在谈判最困难的时候选他当秘书的。当时由于谈判压力大，龙永图的脾气也很大，有时候和外国人拍桌子，回来后一句话也不说。每次龙永图回到房间后，其他人都不愿意自讨没趣到他房间里来。唯有那位秘书每次不敲门就大大方方走进来，坐到龙永图的房间里就跷起腿，说他今天听到什么了，还说龙永图某句话讲得不一定对等等。他从来都不称呼龙永图为龙部长，都是直呼"老龙"或者"永图"。他还经常出一些馊主意，被龙永图骂得一塌糊涂，但是他最大的优点就是大度，无论怎么骂他，他五分钟后就又回来："哎呀，永图，你刚才那个说法不太对……"这位秘书是个学者型的人物，他对很多事情不敏感，人家对他的批评他也不敏感，但他是世贸专家，对世贸的问题简直像着迷一样。所以，在龙永图脾气非常暴躁的情况下，在当时难以听到不同声音的情况下,有这样一位秘书对龙永图就十分重要了。

入世谈判成功以后,龙永图脾气好多了,稀里糊涂的秘书已不再适合他的"胃口"。于是,龙永图很快把他送走了。

最后,要选好负责主谈的人员,这是谈判小组的第一个层次。主谈人员不仅仅是本方谈判小组中的指挥官,而且起着"挂帅"的作用。主谈人员一方面掌握所属单位领导的意图,并使其在谈判小组从事的洽谈工作中得以实现,另一方面又可以使谈判小组能够随时得到单位领导的指示,因此,主谈人员起着驾驭谈判进程的作用。所以,在一场谈判中主谈人员的选择是至关重要的。主谈人员要能够带领谈判人员坚持立场,鼓舞士气,振奋军心,能够用其敏锐的观察和杰出的口才灵活机智地应对对方随时可能提出的问题。第二个层次是各领域的专家或专门人员。他们在谈判小组里负责某一方面的谈判工作。第三个层次是必需的工作人员,在谈判过程中负责语言翻译、谈判记录整理、打印文件等。三个层次的人员各有所长,各司其职,在谈判中互相配合,彼此协作,构成一个理想的谈判小组。

(二)谈判人员的素质要求

"三寸之舌,强于百万雄兵;一人之辩,重于九鼎之宝。"个人的能力在谈判中也是制胜的关键。人是谈判中的主体,一切活动都是由这一主体展开的。所以,主体的运用是否得当,对谈判能否成功起着决定性的作用。谈判人员任用得当,人员素质高,谈判成功的几率也就高;谈判人员任用不当,人员的素质又不高,谈判的结果是可想而知的。

弗雷德·查尔斯·艾克尔在《国家之间如何进行谈判》一书中曾经指出:"根据17—18世纪的外交规范,一个完美无缺的谈判家,应该心智机敏,而且具有无限的耐心,能巧言掩饰,但不欺诈行骗;能取信于人,而不轻信他人;能谦恭节制,但又刚毅果敢;能施展魅力,而不为他人所惑;能拥有财富、藏娇妻,而不为钱财和女色所动。"在现实的生活中,几乎没有这样"完美"的谈判人员,但是一个优秀的谈判人员应该具有符合谈判这种高度竞智活动的特点及规律的素质。谈判这种专业性极强的社会活动,不仅要求谈判者具有认识与思考的能力、选择和判断的能力、演说和思辨的能力，而且要机智、敏锐、沉着、坚定、审慎、幽默，恰到好处地立足于合作与竞争、索取与给予、冒险与慎守之间。下面列举一些对于一个谈判人员来说比较重要的素质要求。

1. 具有正确、健康的谈判意识和良好的道德品质

虽然谈判是一种竞争，但也是一种合作。它的目的是达到谈判双方的双赢。上面已经提到过，它不是以一方吃掉另一方为目的的战争。谈判者的谈判意识必须是健康的，即以正当的竞争的手段，达到存异趋同的目标。那种想在谈判中“出口气”或“出风头”而试图将对手置于死地而后快的潜意识，是与谈判的真谛不相符的。抱有这种想法的人不可能成为一名真正优秀的谈判人才。但这是在谈判对手也是以礼相待的前提下，如果对手不断挑衅而且毫不尊重己方，我们必须给予适当的还击，维护团队的尊严和荣誉。有这样一个案例：

19世纪末，美、英、法、俄、德、意、奥、日等八国联军，对我国发动了疯狂的侵略战争，先后占领了天津和北京。腐败的清政府毫无抵御的能力，急忙屈膝求和。一次，在清政府和八国联军“议和”的谈判中，有一个帝国主义国家的代表想借机羞辱中国，并显露自己的才能。他起身离席，阴阳怪气地对清政府代表说：“听说你们中国有一种独特的文字形式叫做对联，要求语词对称，音调协调，严密工整。现在我出上联，看你们能否对出下联。”其他帝国主义国家的代表极力为他捧场，齐声叫好。他傲慢地环顾四周，油腔滑调地说：“我这上联是‘琵琶琴瑟八大王，王王在山’，请对下联吧。”八国代表马上明白了他的寓意，发出一阵得意的狂笑，交口称赞，并傲慢地斜视中国代表，看他们如何应对。面对帝国主义分子的挑衅和戏弄，无能的清镇府代表虽然心有不忿，但是又一时无言以对，只能尴尬地苦笑。八国代表更加得意忘形。就在此时，一位清政府代表身后的秘书霍然站起来，正义凛然，两眼圆睁，两道目光犹如闪电扫过全场，会场顿时鸦雀无声。片刻，他以洪亮的嗓音说：“既然外国人能想出上联，我们中国人就能对出下联！”他不慌不忙地说：“下联是‘魑魅魍魉四小鬼，鬼鬼犯边’。”下联文字严密、内容锐利，震慑了在场的八国代表，使挑衅者相顾愕然，满脸窘态。这位秘书不仅给了八国代表一个狠狠的回击，也维护了国人的尊严。

虽然道德修养不直接涉及谈判的内容，但是任何一个谈判人员的道德修养出现问题，往往会产生巨大的负面效应，直接影响团体、民族甚至国家的利益。在道德修养方面，一个优秀的谈判人员一定要做到立场坚定、纪律严明、作风民主、廉洁正直、勇于奉献、坦诚守信。

2. 具备良好的仪表和风度

我国素有“礼仪之邦”的美称，从古至今，讲究修身养性，注重风度仪表。对于现代谈判来说，良好的风度和仪表无疑是谈判中重要的“润滑剂”。美好的外表印象通常为谈判带来意外的效益。谈判人员的仪表和风度主要表现在三个方面：衣着、言谈、举止。理想的仪表和风度模式是：衣着大方美观，言谈温文尔雅，举止洒脱沉稳。

心理学的研究表明，双方接触时的第一个感性认识都是从衣着开始的。衣着得体、整洁大方，往往给人一种认真严肃、责任心强、信心十足的感觉。反之，若衣着不整、邋邋遢遢，则会引起对方的反感情绪。在这方面，周总理树立了一个很好的榜样。无论如何繁忙或者疲倦，甚至在病中，他也必定以朴素、整洁大方、合体的衣着和精神奕奕、风度翩翩的状态出现在各种大型的社交场合，赢得了许多外国朋友的赞扬和敬佩。

风度还体现在言谈上。一个优秀的谈判人员，其言谈风度应当是文雅礼貌、热情大方、不卑不亢、深刻有力、幽默风趣相综合的。言谈风度是后天培养的，它是谈判人员内在素质、才学教养和精神风貌的体现。富有经验的谈判人员在谈判中绝对不会滔滔不绝，也不会缄口不语，而是简练沉着地阐明观点并冷静听取对方的发言，以寻找有利于达成协议的共同点。发言时过多的手势或高亢的语气，会给人一种气势压人的感觉；过长的发言则会引起对方厌烦，这些都应该加以避免。

在举止方面，谈判人员要做到落落大方、端庄稳重。在谈判中，要根据不同的场合、不同的形势来选择手势和动作。例如，在鼓动性演讲中，手势幅度要大，语气要坚定；谈细节问题时，手势幅度要小，语气要亲切。在交谈的时候要与对方保持视线的接触，运用手势、动作和音量控制方面要考虑到与对手的距离以及对方的反应状况。在谈判桌上，高声喧哗、狂笑都是十分忌讳的。另外，在不同国家或者地区、民族之间所进行的谈判中，谈判人员还要了解对方的各种礼节和风俗习惯、禁忌等，防止意外的举止造成对方的反感。

周恩来总理是国际上公认的外交与谈判的高手。他出访外国都是带着最高的谈判任务的，那就是建立友好的国际合作关系。他正是凭着自己的学识、素养、礼仪、风度折服了世人。1954 年，周恩来访问波兰即将结束时，我驻波使馆借用波方刚刚修复的一个大厅，以周恩来的名义举办了一个辞行招待会。那天，周恩来仪表堂堂，风度翩翩，征服了所有的来宾。后来出现了一个谁也没有料到的情况：当周恩来致辞已毕，举杯敬酒时，酒杯里竟然空空如也。周恩来的随员急忙跑过去，把聘请的波方招待员从呆滞状态中唤醒。原来，当周恩来陪波方贵宾入场时，把人们的视线和注意力完全吸引住了。招待员只顾着观看和鼓掌，竟然忘记了斟酒。后来，客人邀请周恩来跳舞，他那娴熟的舞步，优美的舞姿，令在场的人无不为之倾倒。

3. 具有良好的交际、判断、决策、应变能力

良好的交际能力是谈判人员所应该具备的最基本的条件。当今时代，是变对抗为对话的时代，无论是个人之间的谈判，还是商业谈判，抑或是各个国家之间的谈判，都在顺应这一趋势。为了适应这一需要，一个优秀的谈判人员必须具备良好的交际能力。

“谈判”，既需要“谈”又需要“判”，“判”就是决断。在谈判的过程中，对方不会将自己的真正意图展现给你，反而会以种种假象来混淆视听。这个时候就需要谈判人员根据所掌握的信息和对手的言谈举止加以综合分析，从而作出合理的判断。谈判人员要善于识破对手所制造的种种假象，由表及里窥探对手的真实目的和真实想法。在谈判中，良好的判断能力通常具有决定谈判最终成败的作用。例如：

1985 年，我国某公司从日本进口了一套生产线，因暂时缺少日元外汇，所以设备一直压在东京。在谈判时，日方竟然一反国际惯例，不要积压占地的罚款，表示我方可以什么时候有外汇什么时候运走。对方的“宽宏大量”马上引起了我方人员的警觉，他们判断“一定有问题”。找到有关部门调查后发现，原来是日元近期要升值。日元升值后，尽管不要占地罚款，日

方还是占便宜。我方马上想办法将设备运回,避免了国家的损失。

决策不仅仅关系到谈判的方向,而且直接影响到谈判的成败。一个优秀的谈判人员必须具备良好的决策能力。决策必须以广泛地占有信息为前提,以对客观情况的科学分析为基础,以对未来情况的预见为主要目的。决策过程中必须对各种方案进行比较,从中选出最佳方案。决策正确可以指引谈判向着预期的方向顺利发展,可以在处于劣势的时候起到力挽狂澜的作用,在处于优势的时候起到防患于未然的作用。决策如果正确、及时,运用得有效,使用得巧妙,将对谈判取胜起到决定性的作用,反之,则可能导致被动,造成谈判失败。

谈判桌上风云变幻,谈判的形势总是处于不断的变化当中。如果谈判人员具有良好的应变能力,常常能使谈判由困难重重进入柳暗花明的境地。

1954 年,日内瓦会议开了近两个月仍未解决任何问题。此时,大会主席、英国外交大臣艾登突然宣布闭会。这是美英代表团事先商量好了的。对于突然出现的状况,中国代表团没有惊慌。团长周恩来当场提出继续进行协商另定会议时间的建议,得到许多国家代表的支持。美英停止会议的预谋被打乱了,使美国代表及其追随者陷入混乱的境地。会议由此继续下去,最后达成了重要的协议。

谈判中“情势”瞬息万变,谁能善于了解情势、把握情势、驾驭情势,谁就能统领“胜势”。

4. 具有较强的心理平衡能力

心理平衡能力与应变能力有些类似,但是也不完全相同。心理平衡能力是在遇到突发状况时适应和调节心理平衡的能力。应变能力则是遇到突发状况时采取及时的应变措施的能力。一个人的心理平衡通常会因为外部条件的变化而受到干扰甚至被打破,谈判者要通过相应的调节,保持或重新建立起新的平衡,而且调节和重建必须在短时间内完成。例如,当对手的谈判条件发生变化、双方实力发生变化、谈判过程中出现始料未及的情况等,都会对谈判者的心理状态产生影响。这就要求谈判者要有较强的心理平衡能力,而且越早调节好心理状态,对谈判越是有利。

5. 敢于冒险，但不能贪得无厌

具有冒险精神，是智慧和勇气的象征。有时候，走出的一步“险棋”往往能制胜。一个优秀的谈判者要在适当的时刻敢于走出冒险的一步。目标的高低、所冒风险的大小、成功的可能性三者是息息相关的。人类的许多活动，往往因为过分谨慎而丧失了成功的机会，而且这种机会往往又失不再来。对于一个谈判人员来说，愈是敢于冒险，敢于面对伟大的成功或惨重的失败而积极进取，就越是有力量。但是，冒险也不能理解为贪得无厌，要知足，要适可而止。

谈判大师罗杰·道森就曾经险中求胜，完成了一次漂亮的谈判。1991年的一个夜晚，罗杰·道森在家中接到一个电话。对方称自己在科威特石油公司的兄弟被萨达姆扣为人质，他想聘请道森为谈判顾问，并说花多少钱都愿意救出自己兄弟。罗杰·道森说他可以不花一分钱就救出这人的兄弟。他联系了一名CBS（哥伦比亚广播公司）的著名记者，问其是否愿意陪他去巴格达，与萨达姆进行谈判，条件就是把独家采访权给他。当时美伊战争正酣，记者非常乐意前往，但是公司出于安全考虑却不太愿意。于是，罗杰·道森就约萨达姆在伊拉克临国约旦进行采访。结果，萨达姆在喋喋不休了两个小时后放走了人质，而这正是那段时期伊拉克放出的唯一的人质。罗杰·道森正是应用了各自的需求，不费吹灰之力涉险救出了人质。

作为一个谈判者，必须学会控制自己的情绪，做到“喜怒不形于色”，善于冷静、理性地分析处理事情，并忍受冲击和局势的变动。以上所提到的只是谈判人员所应具备的素质中的几种，此外谈判人员还应该具备风趣幽默、谦恭礼让、胸怀坦荡、富有耐心等素质。这些素质都可以通过一系列的学习和经验积累得到。

复习思考题

一、解答题

1. 谈判的程序是什么？

2. 我们为什么要在谈判中尊重对手？

3．简述团队合作的重要性。

二、案例分析[①]

“如果我是孙悟空，那该有多好！”也许每个人心中都曾经这样幻想过。一双火眼金睛，可以识破每一张面具下包藏的祸心。七十二般变化，可以让自己随心所欲地去寻找解决各种困难的有效办法。一个筋斗十万八千里，行动迅速，统御全局。一条如意金箍棒，无敌力量，无人敢挡。

然而，人们在为孙悟空欢呼雀跃的同时，又不得不思考另一个方面的问题：孙悟空为什么跳不出如来佛的手掌心？为什么要让他去保护那个弱不禁风的唐僧？为什么要让他承受“紧箍咒”的折磨？许多人认为，命运对孙悟空太不公平了。

1．从孙悟空的事例中分析，你觉得团队合作的必要性在哪里？

2．我们在谈判中进行团队合作时应该注意什么？

① 资料来源：成君忆：《孙悟空是个好员工：解读〈西游记〉的28条职业箴言》，中信出版社2004年版。

第三章　谈判的技巧

在谈判活动中，交谈是实现彼此沟通、传递信息的重要方式和手段，而要使交谈能够顺利进行并达到预期效果，就应该掌握必要的交谈技巧。人们很早就注意到交谈技巧的重要性了，《论语》中的“言之无文，行而不远”，说的就是这个意思。

人的情感是通过接受对方传递的信息，并通过对信息的理解、评价而产生的一种心理反应。所以，谈判人员在人际交往中就不能只从自己单方面的动机出发，想说什么就说什么，想怎么说就怎么说，而应该遵从一定的礼仪规范，在谈话中表现出一定的技巧，从而使人际关系更加融洽、和谐，保证谈判能够顺利地达成协议。同时，在谈判中也使组织形象和个人形象都能得到较好的维护和完美的体现。

一、倾听与观察的技巧

在谈判活动中，能否实现与谈判对象的高效沟通，取决于多种因素。其中，能否认真和善于聆听对方说话，是一个重要的因素。在谈判中，如果把说视为信息的“输出”，那么听就是信息的“输入”。没有“输入”，“输出”就成了毫无意义的事情，整个谈判的质量必然受到影响。谈判人员不仅要会说，还要会听。听，可以了解对方（现在讲话者）是否真正理解你（刚才讲话者）所说话的含义。听，可以获得必要的信息，提供你需要的最新情报资料。注意聆听别人的讲话，从他说话的内容、声调、神态中，可以了解对方的需要、态度、期望和性格。倾听别人的讲话，还可以同时思考自己所要说的话，整理自己的思路，寻找恰当的词句，以完善地表达自己的意见，给人鲜明的印象。一般来讲，听比说快，听者在讲话人说话的过程中总有时间空着等待。在这些时间空隙里，应该回味讲话人的观点、定义、论据等，把讲话人的观点和自己的观点作比较，预想好自己要阐述观点的理由，设想可能有的其他应对办法等，从而达到己方的预期目的。

所谓“知己知彼，方能百战不殆”，谈判者必须了解对方可能达到的以及想要达到的目标。从某种程度上说，这些信息需要从对方那里获得，这就需要学会聆听，挖掘所需要的信息。聆听的最高境界就是“带上耳朵，闭上嘴”。在谈判中，切忌自己盲目地说个不停。实际上，任何时候与人交谈都不能只做一个演说者，还必须做一个好的听众。要使交谈的双方双向交流畅通无阻，就必须善于倾听他人的谈话。

马克·吐温有句名言：“给予人适当的颂扬，同时更要聆听别人说话而不加任何辩解。”著名的人际关系学大师卡耐基也曾有过类似的见解：“商业会谈并没有特别的秘诀，最重要的是学会如何倾听对方的说话。”社会学家兰金早就指出，在人们的日常语言交往活动（听、说、读、写）中，听的时间占45%，说的时间占30%，读的时间占16%，写的时间占9%。这说明听在人们交往中占据十分重要的地位。在人们面对面的交谈中，说与听是对立统一的，认真地去听，可以收到良好的谈话效果。认真地聆听对方讲话，是对对方的一种尊重，可以满足对方的需要。同时，倾听也是谈判者必须要掌握的一种能力。只有善于倾听，才能尽可能多的从谈判现场获得最新的信息，才能充分而准确地了解对方意图，从而作出应对。

另外，能冷静地听别人意见的人，必定是一个心思缜密、有教养，亦最终受别人尊重的人。

（一）“听”的基本要求

谈判人员聆听别人的谈话，应注意以下几点要求：

1. 选择安静舒适的环境

应当选择一个安静舒适的环境进行交谈，以减少外界噪音的干扰。如果谈判环境不理想，比如外界干扰噪音太大，室温过高或过低，要尽力设法摆脱。作为谈判的任何一方，都有必要选择一个隔音效果好、灯光柔和、布置优雅的会客室或洽谈室。同时，谈判人员应保持冷静，不受个人情绪和当时的环境影响，这样才能保证有效地倾听。

2. 设法使交谈轻松自如

消除心理上的障碍，保持沉静，不要受情绪和当时气氛的影响。为避免产生先入为主的偏见，不要过早地作出判断。要有平等的观念和谦虚的态度，不要使对方感到窘迫、拘束，以致出现表述不清的情况。

3. 集中注意力

把自己的注意力全部调动起来，投入地听，全神贯注地听，不做无关的工作。用心去体验对方谈话所涉及的情景、细节等。

4. 听出对方讲话的主旨

注意听清对方话语的内在含义和主要观点，不要过多地考虑对方的谈话技巧和语言水平，不要纠缠枝节问题。

5. 注意说话者的神态、表情、姿势

尽量"听懂"谈话者的非语言符号传递出的信息，以便能比较准确地了解对方的弦外之音。

6. 适当作出回应

恰当地提出问题和插话，表明你对对方所谈内容的关心、理解、重视和支持，但不要打断对方的谈话。

7. 不要让交谈中出现冷场

如果交谈中出现冷场，可以接着说话者所谈的内容，用"为什么""怎么样""如何"等疑问句发问；要真诚地鼓励和帮助对方寻求解决问题的途径。

8. 回味说话人的观点、意图

由于听话者听的速度比讲话者讲话的速度快（例如，英语每分钟只能讲175个词，而每分钟却能听450个左右的词），应随时利用时间间隙将讲话者的观点与自己的观点比较，回味讲话者的观点、意图，预想好自己将要阐述的观点和理由。

9. 注意自己的体态语言

身体应当稍稍倾向于对方，面带礼节性的微笑，并给对方的谈话以适当的反馈，用点头或"真的？""是吗？""确实如此？""太棒了！"等短句给讲话者以支持和肯定。

（二）聆听的禁忌

在谈判中，聆听他人的谈话是一个非常重要的环节，而善于听别人发言亦可上升为一种难能可贵的交际艺术。聆听更强调的是听话者在神情和态度上要聚精会神，谦恭得体。具体来说，在聆听的过程中，谈判人员要切忌：

1. 漫不经心地听

这是指在听别人的谈话时，总是摆出一副东张西望、左顾右盼、心不在焉的神态，或者一边在听别人谈话，一边却在做另外的事情。这种神态所显露的内涵要么是对谈话的内容不感兴趣，要么是对谈话者表示轻视，无论如何都是没礼貌、没教养的表现。

2. 过分挑剔地听

这种方式是指听话人总是喜欢摆出"检察官"的神态，威严地注视着谈话者，或者像一名考官一样总是试图从谈话者那里挑毛病、找漏洞，而完全忽视了别人谈话中所包含的有用的信息。进而用不礼貌的方式打断别人的谈话，随时纠正他人的观点，自以为是地进行完善补充，甚至还用嘲讽的语言讽刺谈话者。这种聆听方式是最无礼、最不受欢迎的。

3. 反客为主地听

虽然我们强调谈判过程中并没有严格的主、客界限，但是在具体的场景中，对说话者与听话者的角色还是有着起码的规定。反客为主式的聆听是指总是喜欢在谈话过程中抢别人的话题，随意插话，而且不谈则已，一开口便滔滔不绝，汪洋恣肆，口无遮拦，完全忽视了谈话对象的存在。这种听话方式从根本上背离了倾听的宗旨，特别令人生厌，更为严重的是有可能把己方的重要信息不经意间泄露给对方。

4. 僵滞呆板地听

这是指在聆听别人谈话时面无表情，毫无反应，或自始至终都是一个表情，使谈话失去交流、沟通的特色，变得非常呆板、了无生气。

（三）善于探索肢体语言的奥秘

有些人可能认为自己一言不发，别人就不会知道其内心的想法，但善于仔细观察的人都知道,有时候人的身体会泄露很多的秘密。在人们的沟通方式中,肢体语言占据着很大一块地盘。19世纪初的无声电影,就是靠演员对肢体语言的运用才达到了与观众沟通的效果。

有声语言往往是人们所能控制的一种沟通方式,比如你可以将自己前一分钟说过的话毫无差错地重复出来。而如果让你把自己前一分钟说话时做过的动作也丝毫不差地重复过来可能就有些难度。这是因为有声语言是经过人们大脑的思考后表达出来的,但有很多动作却是人们在不经意间做出来的。对于一个非常有经验的警察来说,无论罪犯的供词编得多完美,他都能从罪犯的一个小小的眼神或肢体语言中察觉到其作案的动机等。因此,在谈判过程中,谈判者要仔细注意谈判对手的一些细微的肢体动作,以期从对手这些不经意的肢体举动中发现其真实的意图。

下面就让我们来看一看各种肢体语言所蕴含的意义:

1. 眼睛的暗示

有一句俗语这样说道:"眼睛是心灵的窗户。"它揭示出眼睛在人与人的交流中所发挥的重要作用。从行为学的角度说,人的眼睛传达出来的信息主要有:

(1) 在倾听别人说话时,眼睛却望向别处。这大多是企图掩盖内心真正所想的表现。

(2) 眼睛闪烁不定。这多数情况下是一种掩饰的手段或不诚实的表现。

(3) 在与人交谈的时候,视线接触对方脸部的时间,正常情况下应占全部谈话时间的30%—60%。超过这一范围者,可以认为对谈话者本人比谈话的内容更感兴趣;低于此范围者,则表示对谈判内容和谈判者本人均不怎么感兴趣。

(4) 在短时间之内连续几次眨眼,可能代表此人对于某事物感兴趣,当然有时也可解读为此人性格怯懦或羞涩,不敢直视对手。

(5) 在人们处于兴奋、喜欢、肯定的情绪中时,瞳孔会放大,眼睛显得非常有神;当人们处于厌恶、痛苦、否定的情绪中时,瞳孔会缩小,眼睛则显得暗淡无光。

2. 眉毛的暗示

眉毛的动作一般是配合眼睛的动作而做出的,通常有以下几种表情:

（1）古语说“喜上眉梢”，指的就是人处于惊喜的情绪中时，眉毛多为上扬。

（2）古语说“剑眉倒竖”，指的就是人处于愤怒、不满等情绪中时，眉毛向下拉或倒竖。

（3）当人处于困窘、思索等情绪中时，眉毛常常皱起。

（4）当人处于赞同、兴奋、激动的情绪中时，眉毛有时会迅速地上下跳动。

3. 嘴巴的暗示

（1）在注意倾听对手的谈话时，人的嘴角会稍稍向后或向上拉。

（2）在倾听对手的谈话时，紧紧地抿住嘴唇，表示意志坚决。

（3）撅起嘴巴则是表示不满意或准备向对手进攻。

（4）嘴巴不自觉地张开，呈现出倦怠懒惰的模样，说明此人可能对自己或自己所处的环境感到厌烦。

（5）在遭受失败的打击时，人们常会不自觉地咬嘴唇，这既是一种自我惩罚的方式，也有可能是在掩饰自嘲或内疚的心情。

4. 四肢的暗示

（1）当手臂交叉置于胸前，表示不愿意与人接触。微微抬头，手臂放在桌上，两腿交叉于前，双眼不时注视对方，表示对与对手交往发生了浓厚的兴趣。

（2）两手手指并拢放在胸腹部的位置，表示谦虚、矜持或略带不安。

（3）握拳是表示向对方挑战或自我紧张的情绪，以拳击掌则是向对手发出攻击的信号。

（4）用手指或铅笔敲桌面，或在纸上乱涂乱画，表示对对方所谈的话题不感兴趣、不赞同或是不耐烦。

（5）用牙齿咬指甲，表达的是一种与对手关系不肯定，或者彼此关系不佳、生疏等情绪，有时也是内心胆怯的流露。

（6）握手时，对方的掌心出汗，表示对方处于兴奋、紧张或情绪激动的状态；若用力握对方的手，表明此人好动、热情，凡事比较主动。

（7）握手的时候，手掌向下握，表示想占据主动、优势或支配的地位。手掌向上，是性格软弱，处于被动、劣势，或受人支配的表现。用两只手握住对方一只手并上下摆动，往往表示热情欢迎、真诚感谢或有求于人。

（8）摇动脚，或是用脚尖敲打地板，都是一种焦虑、不安、不耐烦或是为了摆脱某种紧张感等情绪的流露。

(9) 架腿而坐,表示拒绝对方并保护自己的势力范围,而频繁变换坐姿是情绪不稳定或焦躁、不耐烦的表现。

5. 腰、腹部的暗示

(1) 腰杆挺直,颈部和背部保持直线状态,说明此人情绪高昂,自制力较强,充满了自信。相反,双肩无力下垂,弯腰驼背,则反映了此人的疲倦、忧郁、被动、失望等情绪。

(2) 鞠躬,弯腰,表示谦虚或尊重;有时在心理上自觉不如对方,甚至害怕对方时,也常常会不自觉地采取弯腰的姿态。

(3) 双手横叉腰部表示胸有成竹,对自己的行动已作好准备,同时也表示出以势压人的优越感和支配欲。

(4) 凸出腹部,表现出自己的心理优势、自信与满足感。抱腹蜷缩,表示不安、消沉或沮丧的情绪支配下的一种防卫心理。

(5) 腹部起伏不定,表现出兴奋或愤怒的情绪;极度起伏,则表示即将爆发兴奋与激动状态而导致呼吸困难。轻拍自己的腹部,表示自己的风度、气量,同时也反映出在较量中获胜的得意心情。

虽然肢体语言有着很多的内涵,但是有些肢体语言的发生是偶然性的。如法官在辩护律师阐述到某一论点时微微地皱了下眉毛,都会使这个律师感到非常慌张:是不是自己的观点立论不清,不能形成一个有力的论据?其实这可能仅仅是这个法官审案时的一个习惯而已,并没有什么特别的含义。但是也有些时候,很多人往往就利用了他人对其肢体语言所代表意思的理解来达到误导他人的目的。

《007之皇家赌场》这部影片中,在一场赌注很大的扑克大赛中,邦德采用缓慢的战术,在第一局时对恐怖活动的幕后总指挥勒·奇弗瑞进行探底,并对他在整个牌局过程中的动作进行了非常仔细的观察。奇弗瑞正是利用邦德对其动作的理解,故意误导他,让他以为自己虚张声势,一直跟注,以达到自己取胜的目的。

这是电影中的情节,现实生活中也有此类事例。

球场上会出现很多假动作，很多球员会利用对手对某一动作的理解而迷惑他们。著名的NBA球星史蒂夫·纳什就是其中一位，在比赛中，他经常会用左右虚晃、加速变向、突破急停等各种假动作来自己得分或分球给队友创造机会。他就似一个魔术师，只要一个小小动作就足以骗过对手。在北京时间2007年3月15日的NBA常规赛上，上演了一场巅峰对决，主角分别是全联盟排名第一的达拉斯小牛队与纳什所在的菲尼克斯太阳队。比赛进行到常规时间的最后一分钟，对于攻防双方来说正是决战时刻，然而当时太阳队还落后6分，形势十分不利。此时，纳什在底线接球，快速运球到前场，与此同时防守队员也紧紧地跟了上来。就在还未到三分线的时候，他迅速地减慢步伐，拱起双臂摆出佯装要投篮的动作，就在这么一个假动作的帮助下获得停表罚球的机会，三罚全中。接着，在经过一系列的战术犯规之后，又是他在终场结束前打进了扳平比分的一球，而动作如出一辙。经过两个加时鏖战，太阳队笑到了最后。当然，比赛的结果并不重要，重要的是肢体语言的真真假假在球场里的运用着实令人称道。

所以，在谈判中，我们既要留意对手无意间的肢体语言，也要对这个肢体语言的真伪加以判断，免得受其误导。即使是久经战场的谈判高手，有时亦会由于对一个细微肢体语言的错误理解而酿成大错。下面这个故事，也许能够帮助我们理解这一点：

曹操“挟天子以令诸侯”，专权跋扈，招致汉献帝的不满。建安三年，汉献帝下密诏令心腹董承联络朝中大臣，共除曹操，刘备亦参与其中。故事在此背景下展开。

为掩人耳目，刘备便在当时的国都许昌自家后院种菜，亲自耕土浇灌，为韬光养晦之计。一日，刘备在后院干活，突报曹操派人邀请，刘备惊疑之余，也只好只身前往。

一见面，曹操便亲切地执刘备的手至后花园，并微笑着表示：“玄德学圃不易。”

刘备不知其意，只得表示：“无事消遣罢了。”

然后，曹操以“望梅止渴”为引子，见青梅已熟，便邀刘备登亭对坐，开怀畅饮。酒至半酣,忽然天色骤变,乌云密布,大雨将至。侍从指远方骤变的乌云,于是刘备与曹操凭栏望之。此时曹操一时兴起,回首对刘备说:"使君知龙之变化否?"刘备说未知其详。曹操说:"龙能大能小,能升能隐;大则兴云吐雾,小则隐介藏形;升则飞腾于宇宙之间,隐则潜伏于波涛之内。方今春深时分,龙更是乘时变化,如同人得志而纵横四海。龙之为物,可比人世间的英雄。玄德久历四方,阅人无数,必知当世之英雄有哪些,能不能说来听听?"

刘备在一番推脱之下,也只能开始历数自认为的当世英雄。从淮南的袁术、河北的袁绍到荆州的皇亲刘表,从江东的"小霸王"孙策、益州的宗室刘璋,再到独居一方的张绣、张鲁等人,刘备刻意不提自己,结果无一人被曹操认为是英雄。曹操说:"所谓英雄,必须胸怀大志,腹有良谋,具包藏宇宙之机,吞吐大地之志者。"刘备随之而问:"当今之世,有谁能够得此条件呢?"于是曹操以手指刘备,再回指自己:"当今天下够此资格的,惟有使君与我曹操两个人而已。"

此言一出,刘备顿时心头一震,手中的汤匙不觉滑落在地上。而此时恰逢雷声大作,刘备在瞬间便恢复了常态,乃从容低身拾起汤匙,自我嘲讽地笑道:"一震之威,乃至于此。"

曹操将刘备的失态看在眼里,却笑着不以为然:"大丈夫还怕雷声吗?"

刘备答道:"圣人听到刮风打雷也会变脸色,我怎能不怕呢?"

刘备内心的惊惶,就这样被巧妙地掩饰过去。曹操以为刘备因投靠自己,心中难免有些压力,也就不再追究。不久后,刘备便离开曹操,投奔他处。

这就是著名的"青梅煮酒论英雄"的故事。可以看得出来,整个故事似乎就是在进行一场"谈判",双方主人公各自在使用着伎俩。很显然,从一开始,曹操都是在有意步步试探,而刘备便步步为营。刘备做的那个并不起眼的肢体动作——掉汤匙,倘若被对方识破内由,那之后的"三国以分天下"也许不再会有。这里面有刘备的随机应变,当然更为主要的是曹操对他掉汤匙这一肢体语言的错误理解。

可见，谈判人员要充分地认清肢体语言的复杂性，以判断对手的真实意图。

（四）商务谈判中感情的表现形式

感情的表现形式可以归为三类：面部表情、肢体表达和言语表达。研究感情的表现形式旨在控制自己感情的自然流露，掌握并辨别对手内心感情的变化，从而正确运用谈判策略。

1. 面部表情

面部表情即通过面部肌肉活动的变化来表现谈判者的情绪变化和对现实谈判议题的态度。社会心理学家认为，各种表情与面部肌肉活动有关，口部肌肉更多地表达喜悦和怨恨的表情，而眼部肌肉则更多地表达忧愁、愤怒、惊吓等表情。当我们讲面部表情时，除了面部肌肉活动的变化外，还不应该忽略眼神的作用。“眼睛是心灵的窗户”，它会更清晰地显现出面部肌肉活动表达的真实感情。

2. 肢体表达

肢体表达即以身体各部分姿势的变化表现谈判者的情绪变化。构成肢体表达的主要内容有器官与姿势。

（1）头。可扬、可垂、可歪，反映的情绪与态度有所不同。若各种姿势交替变换，则可看到除了疲劳之外的情绪变化。

（2）双手。可垂、可抱、可张、可握、可撑头、可撑物、可撑开、可反剪，表达不同的情绪。若变换姿势，除了疲劳因素外，可依其他配合因素，如眼神，来表达其情绪变化。

（3）双腿。坐着时，腿可并、可开、可跷、可静、可抖（抖动、摇晃）；站着时，可张开直立、可张开稍息、可不动，也可随环境做移动等。可表达固定的情绪，其变换也可表达除疲劳之外的感情变化。

（4）身躯。在谈判中，身体的前俯、后仰、左侧、右斜，站立时挺胸、弯腰以及与手势、眼神的配合，无不构成谈判者情绪的变化。

3. 言语表达

言语表达系指以声调、声频的变化来反映谈判人员的情绪。最常见和最直观的是愤怒的呵斥、惧怕的尖叫、绝望时的哀嚎、悲伤时的呜咽。在谈判中，大家用语可能都很文明高雅,然而语调一变,味道就变了。其主要表现有:话音强弱,语速快慢,调门正斜及祈使词的运用。

(1)话音强弱。话音强弱是相对于正常的语音而言,且相对于谈判者本人正常说话声音的轻度而言。从字面上看,一句话的意思并无异样,但声调强弱的变化将赋予其不同的意思。例如,"这个条件不错",字面上其意属肯定,若将声音加强,且一字一顿地复述时,会给对方否定的信息。若将声音低于正常轻度时,又可能给人以怀疑的感觉。

(2)语速快慢。与话音强弱一样,语速快慢也是个相对概念。讲话速度的改变,必然导致声频的变化。例如,"这是我方的条件。行不行,请贵方考虑"。以正常速度讲,这句话是磋商的口气;讲得快点,会使人感到一种不满、气愤的情绪;讲得慢点,会使人感到一种犹豫、担心的情绪。

(3)调门正斜。这里主要指讲话的腔调。当说话带有装饰性的滑音、拖腔、升调或降调时,所说的话有可能非字面意思,还有别的含义,甚至完全言不由衷。调门正斜与语言的种类无关,无论哪国人,均可将情绪隐含在调门正斜之中,也就是常说的弦外之音。

(4)祈使词的运用。诸如啊、呦、哦、呀、啦、咳、吗、哎、嗯等,不论在哪国语言中,该类词均运用较为广泛,其主要功能就是加强语气,使其有浓厚的感情色彩。所以,这些词也就成为判断感情的关键。

(五)切勿随意打断他人的谈话

谈判时我们要营造出一种和平友好的气氛。随意打断他人的谈话是一种非常不礼貌的行为,可能会引起对方的防御心理。首先,抢话将打断他人的思路;其次,抢话时大脑处于兴奋状态,急于纠正他人说话中出现的错误或表达自己不赞同的观点,可能会出现逻辑上的漏洞。

在谈判中,为表示对对方的尊重,要尽量让对方把话说完,不要轻易打断对方的谈话,要有耐心,这是一种基本修养。尤其是对方谈兴正浓,正在阐述己方的观点时,突然打断对方,一来可能使对方思路中断,二来可能使对方被突如其来的"拒绝"弄得不知所措,下不了台。如果有紧急事情发生,确实有必要打断对方,要在对方说话的间歇,以委婉的口气,很自然地将自己的话简短地说出,如“你的看法的确有道理，不过请允许我打断一下”，或“请让我提个问题好吗”，这样就不会让人感到你轻视他或不耐烦了。征得对方同意后再谈自己的观点或提问题，但谈的时间不要太长。与陌生人的谈话中不要轻易打断对方或插话。

此外，在谈判中，也不要轻易否定对方，允许对方把话讲完，只有这样，才可以了解对方的意图。在谈判中，应当求大同，存小异，在轻松愉快的氛围中达成一致。比如，若不赞成对方的某个观点，可以说“我对这个问题倒也十分感兴趣，只不过我不这么认为”，“你刚才说的某个观点好像很新，能否再详细地解释一下”等。假如认为对方的某个观点或说法根本是错的，可以说“在我记忆中，好像这个问题不是这样的”，或者说“我在某本书上看到的好像和你讲的不完全一样”。虽然语言非常委婉，但足以使对方明白其中的意思。遇到别人真的犯了错误，又不肯接受劝告和批评时，别急于求成，往后退一步想想，把时间延长些，隔一两天或一两个星期再谈。否则，大家都固执己见，不仅没有进展，反而伤害感情。

（六）适时地作出反应

交谈有时就像小孩子在沙滩上玩“两人堆城堡”，讲究的是互相配合，倘若出现一些小偏差，就会功亏一篑。

倾听亦是同样的道理，要懂得配合说话者，审时度势，及时适当地作出反应。否则，说话者会以为你虽然看似十分用心地在听他说话，实则他是在“对牛弹琴”，就破坏了原有的和谐氛围。

宋太祖赵匡胤自从“陈桥兵变”，一举夺得政权之后，一直担心他的部下也效仿之。为了确保政权的稳固，他采取了一系列措施。而最典型的莫过于我们耳熟能详的“杯酒释兵权”的故事。

> 公元961年的一日晚朝后，宋太祖将石守信、王审琦等禁军高级将领留下，设酒宴招待。酒至半酣，宋太祖感慨道：“若无诸位的出力相扶，我是不能取得天下的，卿等功德我永世不忘。然而，卿等可知做天子实在是太难了，远不如做节度使时快乐。登基以来，我无一日高枕而卧。”石守信等

人也一时喝高，不明何故，于是问其缘由。宋太祖一字一顿地说："道理不难知，天子之位，谁不愿居之！"一听此言，众人忙顿首道："陛下何出此言？如今天命已定，谁还敢再有二心？"宋太祖说："卿等固然不致如此，然若麾下为求富贵荣华，一旦以黄袍加身，汝虽不愿，恐怕已身不由己。"这几句话虽委婉，但猜忌之心溢于言表。众人听后，皆诚惶诚恐，涕零恳求道："臣等愚钝，未虑至此，望陛下怜惜，为臣等指明生路。"

经如此旁敲侧击之后，赵匡胤心中甚喜，自觉心中一桩大事即将了却，于是他不再掩饰，长叹道："人生如白驹过隙，转瞬即逝。一世地追求富贵荣华，无不是多积钱财，为了子孙后代不致受贫乏之苦。卿等何不释去兵权，出守藩镇，择优良之田地买之，为子孙建永久基业；于自家宅中多多安置歌儿舞女，日日可饮酒作乐，以终天年。朕与卿等约为婚姻，如此一来，君臣之间了无猜疑，两相安好，岂不善哉！"石守信等人听罢，忙伏地称谢，纷纷感激道："陛下对臣等如此关怀，真所谓使死者复活，令白骨生肉啊。"

第二天，诸臣便纷纷称病，以身体不适为由，请求罢免军权。太祖准奏，厚赏他们之后，便将一个个遣到外地做节度使。如此兵权已释，宋太祖便高枕无忧了。

古代君臣之道，就是"君要臣死，臣不得不死"。倘石守信等人不答应或有任何异议，后果是可想而知的。"杯酒释兵权"的例子，很好地说明了听与说的互动。作为倾听的一方，不应只简单地回答"是"或"不是"，而应给予适当的反应。

（七）回顾整理重点，并提出自己的结论

对于谈判者来说，缜密的思维和逻辑性是非常重要的。这样有利于谈判者在聆听完对方的陈述之后，能够迅速地整理出自己的记录摘要，归纳出对方谈话者的陈述要点，然后根据自己的判断，迅速作出决定，向对方提出己方的观点。这一过程的时间可以视情况而定，如果对方观点很明确，己方的意见也比较统一，比较容易作出回答，则可以当即答复对方；如果事关重大，很难一时作出结论，或者己方意见不统一，则可以提议休会（休会时间长短可视当时情况而

定)，留出足够的时间来商议对策。这一阶段在谈判过程中也是非常重要的。

二、回答与拒绝的技巧

在谈判活动中，由于主客观条件的限制，拒绝别人要求，反驳别人观点的情况会经常出现。事实上，在谈判中，拒绝对方要求、反驳对方观点的时候，总是多于承诺、应允的时候。没有拒绝和反驳的谈判是不可想象的。

为了使拒绝和反驳的消极影响降到最低程度，谈判人员应当学习和掌握一些拒绝和反驳的技巧。

(一) 拒绝

在社会交往中，经常会遇到某社会组织、群体或个人有求于你的时候，这些企求多数情况下是不能全部得到满足的。例如，朋友请你参加聚会，你却不得不加班；上司让你晚上加班，你却必须照顾身边无人照料的生病的孩子；邻居托你出差的时候捎带东西，你却因日程安排太满，没时间关照此类事情；外单位来你公司要求采购紧俏商品，而你公司却已无能为力；某公司代表的请求有违国家法规等。遇到这种情况，该怎么办？一概承诺？不可能，也办不到。如果都答应下来，最后只能落得个“言而无信”的坏名声。支支吾吾，不置可否？也不合适，对方会以为你不负责任，缺乏能力。

不予拒绝的理由可能很多，比如担心伤了对方的自尊心，怕伤了双方的和气，怕由此招来不测的后果等。正是这样一些理由，使我们常常不能果断地、面对面地拒绝别人，甚至违心地给予对方肯定的答复。

客观上不能满足对方期望，或者很难满足对方，而主观上又当面给予了肯定的承诺，其后果只能是以下两种情况：要么勉强应付，使自己或组织的利益受到损害；要么“言而无信”，引起对方的反感，甚至憎恶。

心理学研究表明，一个人的心理期望值越高，其实现值就往往越低，期望值与实现值成反比。有些场合，我们以为承诺是出于礼貌，是为了保护对方自尊心不受伤害，是替公众考虑。可是，从我们承诺的那一刻起，对方的期望值就可能达到饱和状态。如果最后的现实是我们的承诺根本不能兑现，对方的心理实现值就会从饱和状态一下跌至负值状态,就有可能出现情感、情绪反常,甚至失态。这个时候,因我们的"有礼"承诺所引起的"失礼"后果就可想而知了。

为了长远、有效地发展组织间关系与人际关系,使众多的不得不采取的拒绝行为所引起的抗拒心理和消极情绪反应降低到最低程度,谈判人员应当首先自觉地建立起一种随时准备说"不"的勇气和自信心。

拒绝,是一项高难度的专门技巧,需要谈判人员认真学习和探讨;要善于根据不同的情况运用不同的拒绝艺术,才能收到理想的效果。

1. 巧言诱导,委婉拒绝

虽然应当提倡谈判人员适时地表达"不",但真正能愉快接受"不"字的人恐怕是没有的。相反,断然拒绝必将导致对方的不满;轻易地、直截了当地说"不",只会让人以为你是一个毫无诚意的人。著名心理学家杰·达拉多认为,人的攻击行为的产生,常常以欲求得不到满足为前提。如果我们一遇到需要否定的场合,就连声地说"不,不,不!",不仅表现了我们的浅薄幼稚,而且很有可能破坏人际关系,断送组织之间的良好关系,损害组织的形象。

我们都有这样的体会,在亲人、熟人面前,我们在言语上要随便一些,表现得有话直说,直来直去。在面对陌生人时,我们总是彬彬有礼,说话时很注重"分寸",对方在这样的情境下,很难一下子给你提出什么要求。当我们需要表达否定意思的时候,如果也多用敬语,在语言上对对方表现出格外的尊重,对方也往往会随之产生"可敬不可近"的感觉。这种用敬语扩大距离的否定,适合在合作交往还不是很深的谈判对象面前使用。

采用引诱的方法也是表达否定的极好手段。需要否定时,我们不妨在语言中安排一两个逻辑前提,不直接地说出逻辑结论,逻辑上必然产生的否定结论留给对方自己去得出。这样的逻辑诱导否定法,在面对身处领导地位的谈判对象时使用,效果往往比较理想。例如,战国时,韩国大臣掺留就曾经有效地使用过这样的方法。

有一次,韩宣王就欲重用两个部下一事征求掺留的意见。掺留明知重用二人不妥,但直言其"不",效果肯定不好,一是可能冒犯韩王,二是韩王可能会以为自己妒忌贤能。于是,掺留用下面这段话表达自己的见解:魏王曾因重用这两个人丢过国土,楚国也曾因重用他们而丢过国土。如果我们也重用这两个人,将来他们会不会也把我国出卖给外国呢?

掺留的这种诱导式拒绝法,效果是显而易见的。

2. 道明原委,互相理解

一般来说,谈判人员之所以拒绝对方,总是有一些不得不这样做的原因,总是有主观或客观的困难。对于这些困难,被拒绝者未必知道或未必完全清楚。因此,谈判人员不妨直陈难处,求得对方的理解和谅解。人们的思想文化水平正在不断地提高,只要彼此能以诚相待,对方也一定能理解我们的难处和不得不拒绝的理由。这种拒绝方法在面对长期合作对象和临时合作对象时都可以采用。

有时候,拒绝的理由很难直陈,或没时间讲清楚,或担心对方确实难以理解。面对这种情况,谈判人员不妨只用一些"哎呀,这咋办呢""真伤脑筋"之类的话回应,不必具体解释理由,对方一般也不会再追问具体理由。即使追问,也可以继续使用"哎呀,真是一言难尽,真没办法"之类的话给予回答。但这不代表就是搪塞。

例如,当阐述我们不得已而拒绝的理由时,不妨客观真诚地说明一下,我们的拒绝可能给对方带来利益。凡事往往都有两个方面,坏事里面总是包含着好的一方面。只要内心是热情坦诚的,这样的拒绝方法不仅不会伤和气,而且有可能会促进双方关系的发展,对方会把你看成一个善解人意的人。

无论拒绝的方法多么礼貌,多么富有人情味,拒绝总归不能像承诺那样引起对方的好感,总会让人有乘兴而来,败兴而返的感觉。为了缓解对方因遭到拒绝而产生的瞬时不快情绪,也为了表明诚意,谈判人员不妨在准备说"不"的时候,主动为对方考虑一下退路或补救措施,使对方的情绪能够转移,不致一下跌进失望的深谷。比如,当对方来请求为其解决困难,而我们又无能为力的时候,不妨采取一点补救性的措施,向对方推荐一下目前有实力解决这类问题的同行等。这样,既可能使对方获得心理补偿,减少因遭拒绝而产生的不满、失望,又表达了我们的诚意,使对方能够真正理解我们。

美国成功学大师卡耐基有一次不得不拒绝一个于情于理都不应拒绝的演

讲邀请,他是这样对邀请者说的:“哎呀,很遗憾,我实在排不出时间来。对了,某某先生也讲得很好,说不定是比我更合适的人选呢。”

礼貌拒绝对方的方法还有很多很多,比如让步拒绝法、预言拒绝法、提问拒绝法等。

商务谈判是斗智斗勇,眼睛不能只盯着某个方面,尤其是对方反应强烈的某个方面,绝对不能在此时降低自己的地位,去一味地迁就对方,更不能在激烈的竞争中随波逐流,产生恶性竞争。

在商务谈判中,要敢于说“不”。首先,考虑问题要顾及历史、现状和未来,要了解过去,了解业内的惯常做法,要尊重已经形成的规律,不能随意地加以破坏,形成恶性竞争,使整体利润水平下降,而自己又成为众矢之的,不能太容易满足相关利益人的要求,使自己在今后的工作过程中陷入被动;其次,竞争是有法则约束的,谁也不能想干什么就干什么,要认真研究什么是限制和约束对方的法则,或者对方顾及的又是什么,只有这样才能做到知己知彼,才能在心态上和实际操作中始终保持与对方处于平等地位,才能在对方面前有理有据、理直气壮地说“不”。

> 中昊海外建设工程公司董事长田潮曾说过下面一段话:
>
> 中昊的核心价值观中的一个重要内容是强调“多赢”,“多赢”的基础是要首先保证自己赢利。目前,不管是在国内还是在国外,长期流行着“发标的是爷,投标的是孙子”的说法。诚然,我们搞工程承包的企业是要做好全方位的服务工作,要把被服务者尊为上帝,但在企业地位上,彼此之间是平等的。我特别强调:在国际工程承包市场上,心态要平和,在满怀激情地开拓市场时,要敢于说“不”,不要一味迁就,要确立一种平等对话的地位,建立一种伙伴关系,相互合作,只有这样才能使双方利益最大化;在国际市场上不能为了拿标而拿标,我们的目的是为了赢得利润,要名利双收。

(二)反驳

反驳一般是指在人际交往活动中由于对某个问题产生意见分歧,为了明辨是非真伪或优劣得失而对对方的观点所展开的争辩。所以,反驳实际上是思想的交锋，观念上的碰撞，而不是对人身进行的攻击。

反驳这一环节的出现不足为怪。在谈判活动中，由于人生阅历的不同，观察问题视角的差异，常常就会造成对问题理解上的差别，因而使得反驳不可避免。在谈判活动中，反驳他人的意见实际上也就是对他人的观点提出否定，这样一种语言必须妥善地加以处理，因而就必须注意遵守反驳的礼仪要求。反驳的礼仪要求主要有：

1. 言之有理，合乎逻辑

反驳是为了澄清模糊认识，纠正思想偏差，因而绝不能强词夺理，胡搅蛮缠。所谓持之有故，言之有理，首先要求在对他人进行反驳时，自己在语言表达上应当合乎逻辑，即遵从一定的逻辑规律，而不能不着边际乱说一通。其次，在反驳他人的观点时，应当有比较充分的理由或论据，绝不能在不占有任何材料的基础上空发议论。

2. 机智灵活，措辞得体

应当力求采取一些机智灵活、婉转温和的方式来反驳对方，最好不要发生激烈的争辩，更不能苛责他人；在措辞上也应当力求得体，本着商讨问题、达成共识的原则来反驳对方，决计不能争吵，不要为逞一时的口快而破坏了谈判的进程。一旦陷入争论的误区，会使双方比以前更相信自己绝对正确。你赢不了争论，要是输了，当然你是输了；要是赢了，你还是输了。

在反驳他人观点的时候，已经不自觉进入了一个恶性循环之中，放大了双方的分歧而忽视了共识部分，引发争论的升级。如果“先求同后存异”，或许更容易使双方取得统一的意见。古希腊的著名哲学家苏格拉底在反驳别人的观点时，从不先直接否定别人的观点，而是首先顺着对方的思路对对方说：“是的，是的。”这样往往就会淡化争执，而比较顺利地使他自己认识到错误观念，最终纠正思想偏差，达成共识。这一点也是合乎人的心理规律的，因为当一个人说“不”的时候，他全身的神经、肌肉系统都会处于紧张状态，而欲采取抵制态度来防卫外力的干扰。但是当一个人说“是”“对”的时候，却是处于松弛状态，他能以开放的胸怀接受新的意见。

3. 保持仪态，不以势压人

既然反驳是为了澄清事理，就要本着“对事不对人”的原则，绝不能以势压人,硬要对方接受自己的观点,更不能以不文明的举止来攻击、讽刺对方。

同时还需要注意的是,反驳他人的观点时不能受先入为主的观念操纵,应该谨记自己有时也有可能犯错误。在辩驳的过程中,如果随着认识的不断深入,发现是自己在认识上出现偏差,那么绝不能抱着"一驳到底,死不认账"的态度,而要有勇气承认自己的错误,及时主动地结束争辩。西方有句古语:"用斗争的方法,你绝不会得到满意的结果。但如果用让步的方法,收获会比预期的高出许多。"

4. 批评他人,彬彬有礼

批评是一种否定,一般是指对错误言行的否定。如果批评的否定意味很尖锐、直接,很容易给受批评的人在心理或感情上造成很大的压力,处理不好的话很容易导致人际关系的紧张甚至破裂。所以,批评要讲究艺术性,这种艺术性主要体现在批评用语的选择上。

从合乎谈判礼仪的角度出发,批评用语的选择可考虑以下几种形式:

(1) 以请教式的话语表示批评

如果有人在禁止捕鱼的水域撒网捕鱼,管理人员走近后没有简单罚款或大声呵斥,而是用商量的口气说:"这位师傅,这儿禁止捕鱼主要就是因为以前捕鱼过度。如果不加以禁止的话,您说鱼会不会被捕捞干净呢?"这番话让捕鱼者连连称是,急忙诚恳地道歉。如果用尖刻的语言责骂,那效果可能就会不一样了。

(2) 以关切式的话语表示批评

一名员工早上上班迟到了,衣冠不整、慌里慌张地跑了进来。当班经理走上前来说道:"做什么事情都要有一个时间观念。你这样经常紧张慌忙地骑车来上班是很不安全的,以后千万要注意。"这番话使得这名员工非常惭愧,自觉地作了检讨。

(3) 以暗示式的话语表示批评

某单位工人小王要结婚了,工会主席关切地问:"小王,你们结婚的事准备得差不多了吧?考虑过婚事新办,尽量节约吗?"小王苦恼地说:"我想办得简单一些就行了,可是我拗不过岳母,她说她只有一个女儿……"工会主席则用这样的话批驳小王:"咱们单位是独生女的又不是只有你对象一个,小金、小刘不都是独生女吗?”工会主席的这番话里存在着非常明显的批评否定含义。

(4) 以模糊式的话语表示批评

这种批评方式是用比较抽象、笼统的语言进行批评,不点明具体对象,不阐述具体细节,而从总体的角度提出批评。如对于单位员工的违纪行为,单位领导从提醒大家的角度,以模糊式的语言表达了自己的意见:“近一段时间以来,我们单位有个别同志迟到早退。这种现象要及时纠正,不能再蔓延下去了。”这种模糊式的批评就要求犯错误者自觉意识到自己的错误行为,及时改正缺点。

(5) 以安慰式的话语表示批评

这种方式虽然作出了批评和否定,但是语言的表达上保留着一定的余地,要么包含着一定的肯定成分,要么包含着一定的激励因素,因而容易使人心悦诚服。

据说,被誉为“短篇小说之王”的莫泊桑年轻时就受到过这种批评。有一次,莫泊桑去向著名作家福楼拜和布耶请教诗歌创作的技巧。两位文学大师一边坐着听莫泊桑朗诵诗作,一边喝着香槟酒。布耶听完后说:“你这首诗句子虽然疙里疙瘩,像块牛蹄筋,不过我读过更坏的诗。这首诗就像这杯香槟酒,勉强能吞下去。”这个批评虽严厉,但留有余地,给了莫泊桑很大的安慰。

采用上述方式批评别人,既不闹僵双方关系,也能使当事人欣然接受,使得人情味十足。但这并不是强调一切批评都需要经过“软化”处理,批评只是协调人际关系的手段和方法,它不是目的。基于这种思考,那么在批评过程中只要能把道理讲清楚,能把错误的观念和思想纠正过来就行了,要“对事不对人”。

批评者在批评他人的时候要善于摆正自己的位置,要注意控制自己的情绪。同时,批评者还要注意“正人要先正己”,“责人先审己”,即要在合理地把握自己的前提下批评他人。这正如我国古代先哲所说,“己欲立而立人,己欲达而达人”,“己所不欲,勿施于人”。

三、争取与让步的技巧

作为一个优秀的谈判者,除了要有商人的精明外,还需要讲究一些原则和技巧,适当妥协就是其中之一。在谈判中,我们经常会发现,由于双方对同一问题的期望值存在差异,而导致谈判进程受阻,但若双方都在某种程度上作出妥协、相互让步,采取灵活的态度、变通的办法,问题就会迎刃而解。

妥协是种让步,而在某些时候则是折中的替代方案。这就要求我们不应在自己的立场上固执己见,而应积极去寻找隐藏于各自立场背后的共同利益。

20世纪80年代中期,某国进出口银行向上海市某项目提供数千万美元的优惠贷款,这是这家银行第一次向上海提供优惠贷款。上海方面由某投资信托公司出面与这家银行发生业务关系。由于第一次发生业务关系,该银行对我方公司的性质、实力、信誉不了解,表现得相当谨慎。鉴于此,根据对方银行提出的要求,上海市人民政府出具了中文证明信函,表示该投资信托公司是隶属于上海市人民政府的地方国有企业,市政府愿承担因其负债、破产、合并、资产转移等引起的一切责任;同时签发了经过公证的一封内容完全相同的英文信函给该银行负责人。

正当办理这笔贷款的时候,该银行突然提出要出具一份证明,说明中文信函无效,必须以英文函件为准。这意味着要求我们声明以本国文字形成的文件无效。这是不能接受的,由此引起了一场危机。经商谈,我方了解到对方是有诚意的,不是节外生枝,故意刁难,只是不久前曾在这方面发生过一件不愉快的事,对方心有余悸。从共同的利益出发,我们要显示出诚意,必须提出一个折中的解决方法,主动找一个可以妥协让步的地方。为此,我方以上海市主要领导的名义,出具一封函件,表明该主要领导是中文函件的负责人。信中指出:“原来交给贵行的英文函件,是给贵行的中文函件的正确翻译,可以从贵方的立场出发,以该英文文本作为正式文件处理有关事务。”这不仅回避了以哪个文本为准的问题,而且授予了对方以英文函件进行解释的权利。于是,双方在立场上的分歧得以消除,并为以后谈判的顺利进行打下了基础。

谈判就如一架天平,每当我们找到一个可以妥协之处,就等于为自己增加了一个砝码。善于妥协,是一个谈判者成熟的标志之一。从某种意义上讲,妥协好比顺风,能借力使力。

当然,在原则问题上是不允许退让半步的。在非原则问题上,如果你找到可以退让的地方,并可以在适时的时候运用自如,就说明你的谈判工作准备得比较充分了。通常,一个对国内外情况心中有数且知己知彼的谈判者,更容易找到妥协点。

我们不应忘记:我们谈判的出发点,是为了成功而非失败。

复习思考题

一、解答题

1. 如何做一个合格的聆听者?

2. 怎样做到得体大方地拒绝?

3. 批评的方式有哪些?

二、案例分析

1922年9月,安源路矿一万七千多工人举行大罢工。中共湘区区委派毛泽东、李立三、刘少奇领导工人斗争。工人们提出了改善生活条件等要求。起初,当局不愿与工人进行谈判,勾结反动军警,准备进行武力镇压。广大工人在工人俱乐部的组织下,纪律严明,团结紧密,斗争坚决,加之社会上的同情与支持,形成了一股足以和当局抗衡的力量。当局不得不承认这股强大力量的独立存在,终于被迫和罢工工人代表举行了谈判,最后达成了增加工人工资等13项协议。

1. 这个案例中,工人们怎样运用了"拒绝"策略?

2. 如何取长补短,达到最好的效果?

第四章　谈判的过程

再简短、再完美的谈判都需要有一个过程。这个过程表现在谈判双方在知识、情感、意识、行为等方面相互进行认知与了解，并为达成双边或多边一致而努力。因此，达成一致的过程事实上就是谈判的双方或多方心理状态趋同的过程。

一次成功的谈判包括开局、磋商、成交三个阶段，期间或许艰难坎坷，或许一帆风顺，都是谈判双方从陌生到熟悉、从竞争到合作、从误会到谅解的一个发展过程。

一、谈判的开局阶段

（一）营造友好气氛，让环境参与谈判

谈判气氛通常是在双方开始谈判之初的很短时间内形成的。尽管这段时间很短，谈判气氛却有一个形成过程，而且这一过程是十分重要的。通常情况下，双方面对面谈判之前，会有一定的预先接触，对于谈判各方交流、了解彼此的基本情况具有重要意义，同时也对谈判气氛的形成起到积极的影响作用。

轻松愉快的气氛能缓解谈判中的紧张情绪，激发人们的想象力，增进人们的感情。在良好的氛围下，人们更容易被理解、被尊重，也更容易获得支持和关注。反之，沉闷抑郁的环境中，很容易滋生猜忌和隔阂。在谈判中，不能营造良好的谈判气氛，就好像机器缺少"润滑剂"一样，给人很别扭的感觉，也就谈不上有效地减少双方的心理障碍，反而给双方沟通增加困难，甚至可能使谈判进展缓慢。我们来看看英国前首相丘吉尔是如何营造良好的谈判气氛的。

1943年，英国首相丘吉尔和法国总统戴高乐由于对叙利亚问题的意见存在分歧，两人心存芥蒂。直接原因是戴高乐宣布逮捕布瓦松总督，而此

人正是丘吉尔颇为看重的人物。要解决这一个令双方都感到棘手的问题，只有依靠卓有实效的会晤了。丘吉尔的法语讲得不是很好，戴高乐的英语却讲得相当漂亮。这一点，是当时戴高乐的随员们以及丘吉尔的大使达夫·库柏早就知道的。这一天，丘吉尔是这样开场的。他先用法语说道："女士们先去逛市场，戴高乐、其他的先生们跟我去花园聊天。"然后，他用足以让人听清的英语对达夫·库柏说了几句话："我用法语对付得不错吧，是不是？既然戴高乐将军英语说得那么好，他完全可以理解我的法语的。"语音未落，戴高乐及众人哄堂大笑。丘吉尔的这番幽默消除了谈判双方参与人员的紧张情绪，营造了良好的会谈气氛，使谈判在和谐、信任中进行下去。

在谈判开始后，礼貌问候对方，轻松地引入谈判的话题，讲究策略，有礼有节，求同存异，必要时运用一些幽默诙谐的语言，调节一下紧张沉闷的空气，放松一下绷得太紧的心弦，营造轻松愉快的气氛。丘吉尔与罗斯福的一次传奇性会谈就让人忍俊不禁。

二战期间，武器紧张，丘吉尔来到华盛顿会晤罗斯福，请求军需物资方面的接济。会谈在第二天进行。次日凌晨，丘吉尔正躺在浴盆里，抽着大号雪茄，做沉思状，没想到罗斯福突然推门进来。丘吉尔赤身裸体，大腹便便，大肚子还露出了水面。两人相视不禁一愣。丘吉尔却随即微微一笑，说："总统先生，大英帝国的首相在你面前可真是没有半点隐瞒哩！"说罢，两人都不约而同地笑了起来。这轻松的瞬间，让人忘却了战争，忘却了艰难，开始真诚地合作。所以，这次谈判非常成功。

成功的谈判者要针对不同的谈判气氛，运用合适的谈判策略。

当谈判一方主动去找另一方进行谈判时，谈判双方的地位就出现了不对等的情况。为客的一方从心理上总是处于劣势或弱势，而为主的一方则恰恰相反。为客的一方到一个陌生而且不受自己掌握或支配的环境时，会感到紧张和恐慌，也会本能地产生自我保护心理。也就是说，客方从一开始就处于防御的态势，而主方则比较放松，回旋余地很大，也就占据了主动的态势。

一次订货会上，某经销商看了一家公司的产品后，很感兴趣。他与公司老板进行了合作意向的谈判，大概用了半个小时就达成了初步的合作意向，整个谈判过程非常顺利而愉快。订货会结束后，他邀请公司老板去自己单位就细节问题继续谈判。那位公司老板如期而至，与接待他的采购总监谈判了两个多小时，谈判陷入僵局，几乎破裂。后来，那位公司老板找了第一次与自己谈的经销商，依据上次在订货会上达成的意向，只几分钟就达成了协议。

由此可见，不同的谈判环境可以给我们带来不同的谈判结果。所以，在实际谈判中我们应该尽可能地为自己赢得有利的谈判环境，这可以使我们的工作事半功倍。如果客户来访，一定要尽量安排在自己单位或私人空间来接待。而我们需要上门与客户谈判的时候，应该尽量避免到客户的地盘上去谈。如果是出差时邀请对方，应该邀请对方到自己住的酒店或到酒楼、茶社、酒吧来谈。如果实在避免不了到对方地盘上去，那就要在去之前做好功课，调整好心态，始终坚信自己的能力，要拿出气势来。

（二）谈"关系"——发挥关系网的威力

现代社会已进入信息时代，同事之间进行真诚合作，对手之间展开激烈竞争，是普遍存在的现象。不管你从事什么行业，都得与人打交道。编织一张四通八达的关系网，对一个人的个人发展的影响不容小觑。一个孤立的人在当今社会激烈的竞争环境下无法立足，甚至难以生存。

良好的人际关系在谈判中也很重要。可以说，人际关系的好坏会影响谈判的成败。在不平等的双方之间开展谈判时，对于处于谈判弱势者来说，这种"关系"就显得尤为重要。一个应聘者去公司应聘，虽然此人能力、学历、外貌不及其他应聘者，但由于他与公司老总谈话投机，主动与老总拉近了关系，最终博得老总的赞赏并加以重用。因此，正确发挥好关系网的作用，是事业获得成功的一大法宝。

当然，做任何事都要适可而止，有时过分强调关系网也会产生过犹不及的负面作用。也是一个面试者去应聘，在评委一致同意聘用她时，她对自己的人生目标作了一些补充："我准备报名学习 EMBA……我学 EMBA 的目的不在于拿一纸文凭或者能学到多少内容,而是想通过这种机会结识各大企业的CEO……”也许她说这些话的目的,是要告诉评委她今后想为公司建立更多的人脉关系,但是评委们听上去总觉得该应聘者心里不踏实,对公司缺乏忠诚感。

(三) 学会真诚地赞美你的对手

在谈判过程中,谈判双方需要十分注意情感的泄露。在谈判中,有时双方都难以抑制感情泄露。有时处理不当,矛盾激化,就使谈判陷入僵局,结果双方之间很难再合作下去。适当的时候真诚地赞美对手,可以处理好对手的低落情绪,甚至是愤怒情绪,对双方进一步展开合作很有帮助。

例如,你的谈判对手刚刚做了一笔漂亮的生意,或者摸彩中了头奖,使他的情绪十分高昂。这时需要你及时抓住谈判时机,在谈判过程中对对手适当赞美,使对手在谈判中心情舒畅。这种氛围之下的谈判就会非常顺利,很快达成协议。倘若你遇到霸气十足的对手,谈判过程中无须刻意奉承或讨好对方,也不必避之唯恐不及。当谈判出现好结果时,你可以适度赞美,让对手感到温暖,也可为下阶段的谈判铺路。

(四) 鼓起必胜信心,勇敢走近谈判桌

虽然说谈判者要及时发现自己在谈判战略、谈判战术上的失误,并毫不犹豫地改正,但这绝对不是说要谈判者时时事事都小心翼翼,如履薄冰。面对同一事物,怯懦者常常担心:“我能行吗?”自信者则恰恰相反,认定“我能行的”。别看只有一字之差,却反射着两种不同的人生态度。取得谈判胜利的核心要素就是要相信自己一定能够取胜。

二、谈判的磋商阶段

谈判的磋商阶段是指随谈判开局阶段任务的完成和议题的深入而开始的阶段。即谈判开始之后到谈判终局之前,谈判各方就实质性事项进行磋商的全过程。谈判的磋商阶段是谈判的实质阶段,不仅是谈判主体间的实力、智力和技术的具体较量阶段,而且也是谈判主体间求同存异、合作、谅解、让步的阶段。

此阶段是整个谈判活动中最为重要的阶段，故其投入精力最多，占用时间最长，涉及问题最多。总的而言，磋商是谈判双方面对面讨论、说理、讨价还价的过程。它包括价格解释与评论、讨价还价、小结等多个阶段，各个具体的阶段又有其特有的技巧和准则。磋商过程中需要注重讨价还价、先发制人、适当让步与定位准确等谈判技巧。

（一）讨价还价，巧用心理战术

讨价还价和巧用心理战术是谈判进程中重要的一步。在讨价还价过程中，需要学会基本让步法则。

基本让步法则分为三种情况：等额让步、先紧后松与先松后紧。先松后紧的让步是最科学的。应该让对方知道我们的让步已逐步接近底价，每一次让步我们都损失惨重。同时，让步次数应尽可能少于三次，让步的速度应尽可能慢。多次的让步和很快的让步会让对方认为我们还保留了很多空间。

商务谈判的主要内容是价格、交货期、付款方式及保证条件这四大项，而价格因素是谈判的重点。报价又称提出条件，是指谈判磋商阶段开始时提出讨论的基本条件，但并不单指一方的报价，同时也指对方的报价。依照惯例，发起谈判者应当先报价，招投标双方应当是招标者先报价，买卖双方应当是卖方先报价。先报价的好处是能先行影响、制约对方，给对方一种强烈的心理暗示，把价格限定在一定的区间内，在此区间内达成协议。比如：你报价一万元，那么对手很难奢望还价至一千元。我国南方一些地区的服装商贩，就大多采用先报价的方法，而且他们报出的价格一般要超出顾客拟付价格的一倍乃至几倍。当然，先报价要掌握度，漫天要价是不行的。先报价虽有好处，但也泄露了一些情报，使对方听了以后可以把心中隐而不报的价格与之比较，然后进行调整。合适就拍板成交，不合适就利用各种手段进行杀价。先报价与后报价各有利弊，谈判中是决定“先声夺人”，还是选择“后发制人”，一定要根据不同的情况灵活处理。一般来说，如果你准备充分，知己知彼，就要争取先报价；如果你不是行家，而对方是，那你要沉住气采用后报价，从对方的报价中获取信息，及时调整自己的想法。

（二）先发制人，抢占谈判主动权

谈判双方中失去主动权的一方必然就要失去较多的利益。所以，在谈判中必须利用一切可以利用的手段和智慧掌握谈判主动权。谈判主动权是指在当时的条件下以最有利的条款和自己想要合作的客户尽快地签约，而不是僵硬地坚持原则。在任何谈判形势下，只要遵循以下三个原则，谈判的双方都可以拥有自己的主动权。

第一，谈判者都是有需求者。倘若买卖双方没有买与卖的真正需求，就不会坐在谈判桌前。有的人和别人谈判时，假装自己没有真正的需求以争取主动，这就需要用准确的判断力去识别真伪，通过分析“细节”探得对方的真正意图。

第二，谈判者都是有弱点者。人只要有需求，就有弱点，每一个弱点都有可能使谈判对方获得更多的利益。谈判中的一方一旦获悉对方的致命弱点，就将掌握绝对的主动权。所以，谈判中要通过各种渠道获悉对手的弱点。这些弱点可以是谈判者个人的，也可以是组织的。在所有的弱点中，对方的真正需求是最大的弱点。

第三，控制对方弱点，掌握主动权。控制住对方的弱点，就可以强硬地坚持自己的谈判立场和价格。另外，对方的弱点也可能是自己的弱点。这时，就要及时作出让步，争取主动，不然就有可能流失客户。

谈判主动权的把握也会因人而异，谈判对手的性格不同，努力的方向也不同。内向谨慎型性格的人会和你谈一些双方感兴趣的事情，他们很看重长期的合作并十分愿意同你交朋友。这类人士很难拒绝别人的要求，但不喜欢别人强迫他们作出决定。他们每一次的决定都是理性的，基本不存在疏漏。因此，当你面对内向谨慎型的对手时，要多谈一些谈判以外的事情，时刻充满诚意，让对方喜欢这种谈判方式。切记不要急于求成，要留出一定的时间让对方思考。内向谨慎型的对手相对更容易妥协与让步，只要你耐心地与他们交流，总会有一些事情会被你改变。

外向果断者对谈判的理解有一定的局限性。他们认为，所谓谈判就是用尽各种办法使对方输，自己赢得一切利益，他们从不相信双赢谈判的存在。他们喜欢谈判，更喜欢赢的感觉，在每次谈判后都会保持一段时间兴奋与激动的状态。在谈判中与外向果断者针锋相对显然是不明智的，那样只会把事情变得更糟。通常他们会在某个议题上争论不休，并且一定要分出胜负。价格是谈判的焦点，也许你的报价已经低于业内的平均水平，但他们绝不会就此罢手，还会努力地压低价格。当遇到这样的谈判对手时，建议在第一次报价时适当地调高价格，增加谈判空间，在正式谈判中作出多次让步，虽然从结果上并没有损失，但你让对方认为他们赢得了谈判。如果在每次谈判后对方都很有成就感，那么他们一定会期待与你下一次的谈判。

理性判断者在谈判的过程中会频繁使用电脑和计算器，这是他们多年来形成的习惯。他们对数字非常敏感，交易中所需的任何数据都会非常精确，绝不允许任何模糊的数字出现在谈判中，否则很有可能会强行中止谈判。同时，他们还会花费大量的精力和时间去收集相关信息，并加以深入分析，对未来的发展趋势做到了如指掌。他们喜欢掌控细节，对每一个环节都会反复推敲。如果你没有作充足的前期准备，建议不要贸然开始与他们谈判。与理性判断者谈判前，你要准备足够的资料和数据，对谈判的进度也要进行有效的规划。在谈判期间，他们会用大部分时间向你提问题，哪怕一个简单的事情也会刨根问底。他们只有在数据齐全的时候才会作出决定，绝不会被情绪或关系左右。他们的谈判风格一成不变，谈判方式过于僵硬，有时候会对某个问题过分固执，影响谈判的进展，这时需要你去引导对方共同创造价值。

（三）适当让步，凡事留有余地

在谈判中，作出适当让步有时会促进谈判的顺利开展。适当让步往往需要遵循配套方法，也就是将谈判的议题进行捆绑，或附带其他条件进行议题的谈判。简单地说，配套就是不作没有条件的让步。配套是一个很有效的利益保证技巧，而且灵活地运用“配套”会加速谈判的进程。举个例子：假如谈判中共有三个议题，我们可将第一点和第二点进行配套，即若对方在第一点上让步，我们便在第二点上让步。另一种情况是我们在第三点上让步，但对方必须答应第四点，这个第四点是在谈判中原来并没有提及的部分，这部分的内容可弥补我们在第三点上让步的损失。

（四）提问与答复的技巧

提问是一种探测对方的实力、动机、意向、需求及策略，从而做到知己知彼、有的放矢、掌握主动的手段。在谈判中提问可以引导对方的思路，控制谈判的方向。一般而言，提问要比讲述好，但要提有分量的问题并不容易。提问的技巧有以下三点：(1) 洽谈时用肯定句提问。(2) 询问对方时要从一般性的事情开始，然后再慢慢深入下去。(3) 先了解对方的需求层次，然后询问具体要求，注意提问的表达方法。

一个叉车推销员问顾客："你想减少厂内搬运材料的时间吗？"主管生产的经理对此肯定兴趣较浓，他会兴致勃勃地继续倾听推销员的谈话。如果推销员一开始就问："你是否有兴趣买叉车？"那就可能不会引起顾客的注意。

在谈判中，答复对方的提问是一个十分关键而又很不容易处理好的环节。在谈判中，正确的答案未必是最好的答复。答复从内容到形式的选择都不如提问那样有一定的自由度，相反却要承担一定的风险。因此，对待对方的提问一概"无可奉告"固然行不通，有问必答、和盘托出也会吃亏。答复的策略与技巧不在于回答得"对"与"错"，而在于该说什么，不该说什么。有经验的谈判者，一般懂得如何为答复作准备，该不该答复，何时答复，怎样答复，答复的范围、程度等。

三、谈判的成交阶段

（一）寻求互补利益，扩大合作基础

任何谈判的成功都必须是双方利益合理协调的结果，这种合理协调就是谈判双方之间的合理的利益互补。以联想与IBM的合作为例来说明这一情况。

对于IBM来说，联想对中国市场的覆盖面更广，如果和这样一家企业合作成功，那么对今后IBM的产品和服务在中国的推广是有很大帮助的。

通过这次合作,联想会把 IBM 先进的技术引进到其一些产品中,而联想在营运方面的效率则可以继续帮助 IBM 把成本管理得更好。对于联想来说,它得到的不仅是 IBM 先进的技术,还有其畅通的国际销售渠道,以及其强有力的品牌影响力和渗透力。通过与 IBM 的合作,联想将至少提前 20 年开始它的全球化战略,可以说,联想因为这次合作而获得了一次加入国际化竞争的绝佳机会。所以,无论是联想还是 IBM,都认为这次并购活动并不是一次简单的买卖,而是一个长期的战略联盟。在这个长期的战略联盟中,联想和 IBM 实现了充分的利益互补。

由此可见,谈判就是一种双方互相交换利益的活动。对商务谈判而言,这种交换的过程很多时候是一方需要"获得某种商品或服务",另一方需要"获得一定价款或酬金"。而这两种不同的利益需求,是可以通过双方的合作来实现的,这就是利益的互补性。利益差异 + 利益互补 = 谈判的基础。所以,人们总是说,商务谈判行为本身就是一个追求利益的过程。

既然如此,人们在进行谈判时就一定会为争取自身利益作出最大的努力。谈判者由于受不同企业文化的熏陶,可能会从不同的角度看待双方的谈判。但无论怎样,他们都会努力为自己争取更多的利益。于是,在谈判过程中经常出现这样的情况:文化冲突及其造成的伤害会导致谈判双方的猜疑和挑衅,这种猜疑和挑衅会使很多谈判者认为谈判只是一种零和游戏而已。当其中一方获得某种利益时,另一方就会失去这种利益;当其中一方在某一项目中获得较大的利益时,另一方就只能得到较小的利益,谈判双方因此而锱铢必较、针锋相对、互不相让。而比这更糟糕的是,在这场零和游戏中,不会产生任何附加价值,而且在一段相当长的时期内也不会达成任何协议。如果这样理解谈判,并且在实践中按着这种思路进行谈判的话,那么世界上形式各样的商务谈判根本就没有成功的可能,而且人们还会因为谈判而浪费大量的时间和精力。

其实,谈判就是有关各方为了实现自身的目的,在一项涉及各方利益的事务中进行磋商,并通过调整各自提出的条件,最终达成一致的过程。如果谈判只是一种你输我赢的零和游戏,那么双方的磋商就失去了意义。事实上,谈判双方之间的利益应该是互补的。当然,这并不是否认了谈判双方的利益分歧问题，谈判产生的前提之一就是双方存在着利益分歧，正因为存在分歧才需要展开谈判。这种利益分歧体现在双方各自提出的条件的差异上。谈判的目的就是要通过沟通协商，调整各自的条件来弥合这种分歧，达成一致。正是利益差异和利益互补构成了谈判的前提，而协调双方利益的过程就构成了谈判双方在谈判桌上的你攻我守或相互妥协。

(二) 把握最后期限，扩大已有利益

在谈判中，时间可以成为一种无形的压力。在时间的压力下，谈判者经常会作出他们本不愿意的让步，也经常会犯一些低级的错误。谈判者应有效地利用时间，把握住最后期限，扩大已有利益。

龙永图曾回顾了入世谈判中不为人知的一波三折的过程。在谈判的最后环节，中美双方只剩七个问题无法达成共识。在中美双方准备"后事"时，朱镕基总理"板着脸孔"对大家说："今天一定要签协议，不能让美国人跑了，我跟他们谈。"结果，朱总理在谈判桌上让与会同志捏了一把汗。当美国人抛出前三个问题时，总理都只有一个回答："我同意。"龙永图着急了，不断给朱总理递条子，写着"国务院没有授权"。没想到朱总理一拍桌子说："龙永图，你不要再递条子了。"后来，当美方抛出第四个问题时，朱总理说："后面四个问题你们让步吧，如果你们让步我们就签字。"后来，美方五分钟后同意了中方意见。龙永图说："事实证明，后面四个坚持没有放弃的问题，如汽车贸易等是我们的底线，这就是对优先次序的判断。"

在这个成功的谈判案例中，朱总理就巧妙地运用了古代兵法中"声东击西""欲擒故纵"等策略，并把握最后期限，巩固已有成果，为谈判的最后成功奠定基础。

(三) 学会放弃无谓的挣扎

鱼和熊掌不可兼得，正是对"学会选择，学会放弃"这句话的诠释。选择是成功者前进路上的航标，只有量力而行地作出选择，才会拥有更辉煌的成功。放弃是智者面对生活的明智取舍，只有懂得何时放弃的人，才会事事如鱼得水。

在人生路途中,有很多事要选择。犹太裔心理学家维克多·弗兰克说:在任何极端恶劣的环境里,人们还会拥有一种最后的自由,那就是选择自己态度的自由。时间是最无私的,它给每个人的一天都是二十四小时。在同样的时间内,你可以选择快乐,也可以选择不快乐,一念之间而已。①

谈判过程中的放弃与彼此让步,其前提都是谈判双方存在利益互补。如果谈判双方的各种利益不能保证相互补充时,那么谈判者就没有必要一味地作出不合理的妥协。妥协是为了获得某种互补利益,而不是为了妥协而妥协。

例如,当一个企业打算出售某种产品或服务时,而对方提供的价格不太合适,如果确定双方以后还有更多的合作机会,那么为了实现长期合作的目的,出售产品或服务的一方就可以适当作出妥协,促成这笔交易。如果在这个项目上,对方提供的价格极为不合理,而且双方又不存在建立长期合作关系的可能性,那么就应该放弃,或者至少在价格上不再作出妥协。

如果没有具体利益的刺激,就不会有谈判活动的产生;如果没有不同的利益取向,也就不会有谈判桌上的针锋相对;如果谈判双方的利益不能得到最有效的协调,那么谈判就会陷入僵局,以致无法实现谈判的目的。因此,只有存在相互合作和利益互补的关系,才有谈判双方相互妥协和让步的可能,从而才会为谈判的成功创造条件。如果谈判者认不清形势,不顾双方之间的利益互补而一味地妥协,结局就会是得不偿失。

在北京举办亚运会期间,日本一家公司的老板曾表示对北京某电视制作中心制作的一部纪录片感兴趣,提出先做一个试验项目。这家电视制作中心的负责人非常高兴,认为这是一个好机会,然而却忘了考察对方是否真正有与自己进行长期合作的意图。就这样,在日本公司的一再坚持之下,制作中心决定即使是赔钱也要把片子做好,希望以后能和这家日本公司进行长期合作。然而,最后的结果是,电视制作中心花费了大量的人力、财力、物力,却没能确立和对方长期合作的关系,因为那家日本公司根本就不准备进入中国市场。

① 参见唐汶编著:《学会选择,学会放弃》,九州出版社2007年版。

这就是忽视妥协的前提而盲目妥协的结果。在谈判过程中，当谈判者发现价格或其他因素与己方利益不能互补时，就要及时放弃，或者另辟蹊径，而不能放弃原则，一味妥协。

（四）抓住最后机会，反败为胜

马斯洛说：自我实现不仅是一种终极状态，而且是随时随地、点点滴滴地实现个人潜能的过程。[①] 因此，谈判需要志在必得的气势与坚忍不拔的精神。

谈判就像一场没有硝烟的战争。“狭路相逢勇者胜”，必胜的信念和坚定的自信心是那些久经沙场的高手谈判成功的精神支柱。必胜的信念会使你在强大的谈判对手面前不卑不亢，在气势上居高临下，让对手摸不透你的底细，致使对手心虚不已。对手的心虚不仅会暴露他们的弱点，更会让他们在较量中不自觉地处处被动。有学者还特别指出，“必胜的信念”并非狂妄自大，而应是符合职业道德的，具有高度理性的自信。这是每一个谈判人员取得成功的心理基础。

任何谈判都不可能一帆风顺，再有实力的谈判高手也会有处于劣势的时候。一个优秀的谈判人员需要有战胜困难的决心，不管客观条件如何，必须在现有的条件下努力争取，力求取得最满意的结果。一些经验告诉我们：困难在整个谈判过程中会随时出现，成为阻碍谈判取得成功的绊脚石，而坚忍不拔的精神则是帮我们拨开荆棘，扫清道路的有效武器。

谈判过程中，当对方直击我方的劣势时，要适时缓解由此造成的心理压力，保持冷静的心态，巧妙周旋，同时密切注意对手的举动，抓住其弱点，掌握时机，在其要害处重重一击，令对手方寸大乱，方可反败为胜。谈判是双方心理素质的较量，也是谈判技巧、专业知识与信息收集能力的较量。谈判过程充满了变数和陷阱，因此唯有准备充分，方能心中有数，胜券在握。

好的谈判者并不是一味固守立场，追求寸步不让，而是要与对方充分交流，从双方的最大利益出发，创造各种解决方案，用相对较小的让步来换得最大的利益，而对方也是遵循相同的原则来取得交换条件。在满足双方最大利益的基

① 参见〔美〕马斯洛：《自我实现的人》，许金声、刘锋译，三联书店 1987 年版。

础上，如果还存在达成协议的障碍，那么就不妨站在对方的立场上，替对方着想，帮助扫清达成协议的一切障碍。这样，最终的协议是不难达成的。

复习思考题

一、解答题

1. 如何因地制宜，创造良好的谈判氛围？

2. 谈判的磋商艺术有哪些？

3. 在谈判的最后阶段，如何能一鼓作气达成协议？

二、案例分析

这里给出两个案例：(1) 哈尔滨橡胶厂的谈判代表，通过真诚赞美湖北橡胶厂厂长，卖掉了搁置三年的设备。(2) 一位广告公司的业务员，由于赞美制鞋厂第八代旧产品款式新颖而推销失败。

(1) 通过第一个案例，我们能得出什么谈判技巧？

(2) 通过分析上述两个案例的不同结果，请总结在具体运用谈判技巧时，应注意哪些问题？

第五章　谈判的谋略

一、谈判前的准备工作

早在春秋时期,著名军事家孙子就提出:“知己知彼,百战不殆。”在近代的战争中,间谍发挥了重要的作用。在当今信息化时代,信息所起的作用更是毋庸置疑的。

著名的《信息时代宣言》中曾说:人类经历了百万年蒙昧,数万年游牧,几千年农耕,几百年工商;如今,亲眼目睹,一场汹涌澎湃的信息化世纪风暴,正席卷着世界的每个角落;从东到西,从南到北,从阿美利加到欧罗巴,从亚细亚,到澳新大陆,从阿拉伯到阿非利加……不分种族,不分肤色,不分信仰,不分语言,不分地域,不分国度,信息化已成为不可逆转的历史进程!

谈判是一门社交艺术,在与对手进行谈判之前,需要作好充分的准备,其中最重要的就是广集信息,做到知己知彼。具体来说,有如下几个方面:

(一)有效搜集信息,占据主动地位

我们的生活中到处充斥着各种各样的信息,来自报纸、杂志、电视、广播、因特网等。特别是随着信息传递技术的发达,国际组织、企业及个人互联网络的设置,为获得信息提供了更为便捷的路径。下面先让我们来看一个小故事:

第二次世界大战期间,一位名叫伯尔托尔德·雅各布的作家出版了一本有关希特勒军队组织情况的书。在这本书中,他描述了德军的组织结构,参谋部的人员配置,部队指挥官的名字,甚至涉及最新成立的装甲师步兵小队,并列举了268名指挥官的名字。这些都属于德军的军事机密资料。这本书的出版引起了希特勒的极度恐慌,他下令逮捕了雅各布。

在盖世太保的审讯室，德军情报顾问瓦尔特·尼克拉上校对雅各布进行了严刑逼供。而雅各布的回答却大大出乎盖世太保的意料。

雅各布告诉盖世太保，这些所谓的"军事机密"均出自公开的新闻媒体。书中所提及的第17师指挥官哈济将军驻扎纽伦堡，出自一份纽伦堡的报纸上的一个布告，上面说新近调驻纽伦堡的第17师的指挥官哈济将军将要出席葬礼。而在另一份乌尔姆的报纸中，他读到了一则新闻。这则新闻报道了菲洛夫上校的女儿和史太梅尔曼少校举行订婚仪式的消息。该报道提到了菲洛夫是第25师团第36联队的指挥官，而史太梅尔曼少校的身份是通讯军官。审问至此已真相大白。

原来，雅各布并不是间谍，他只是留心了新闻报道，巧妙地取得了间谍才能取得的资料。

试想一下，如果雅各布真的是间谍，或是把自己收集的情报卖给希特勒的敌人，那么这对希特勒的军队来说无疑是极大的不利。对方只要随意地找人了解一下作战的是什么人，就完全可以达到知彼的目的。

谈判人员所要收集的资料主要有：

第一，与谈判有关的环境因素：政治形势、法律制度、宗教信仰、商业规划、财政金融状况、社会习俗、气候、基础设施及后勤供应系统等。

第二，有关谈判对手的情况：该企业的发展历史、组织特征、产品技术特点、市场占有率、供需能力、资信情况、合作欲望、谈判人员等。

第三，竞争者的情况：包括市场上同类产品的供求状况、相关或替代产品的供求状况、技术发展趋势、竞争厂家的生产能力及其产品的价格水平。

第四，己方的情况：自己产品的规格、性能、品种、用途、质量、数量、经营手段及核心竞争力等。

除了收集背景资料外，我们也可以从其他地方收集到实用信息。连续12年平均每天销售6辆汽车的推销员乔·吉拉德总结出一条定律：每个人的背后都站着大约250个人，亲戚、朋友。多和对手身边的人接触，比如对手的朋友、秘书、司机、和他谈过话的人，有时能得到一些其他地方没法得到的关键信息。

下面让我们来看一个成功的案例：

2001年，美国布鲁金斯学会把刻有“最伟大推销员”的一只金靴赠给了一位名叫乔治·赫伯特的推销员，他把一把斧子推销给了小布什总统。他给小布什总统写了这样一封信：有一次，我有幸参观您的农场，发现那里长着许多矢菊树，有些已经死掉，木质已经变得松软。我想您一定需要一把小斧头。但是从您现在的体质看，小斧头显然太轻，因此您需要一把不甚锋利的老斧头。现在我这儿正好有一把这样的斧头，它是我祖父留给我的，很适合砍伐枯树……

在这里，乔治把握住了两点非常重要的信息：第一，在参观总统的农场的过程中发现了枯树；第二，从平时的媒体报道中分析总统现在的体质。从而得以很顺利地把斧子卖给了总统。

当然，信息有时候也未必都正确。这就要求谈判人员在对收集的信息进行处理时下一些工夫，分辨出有用信息和不确切的信息，以便在谈判中能更好地利用。

（二）充分了解对手，分析对手的弱点

在谈判中，充分了解对手很重要，可以帮助我们分析对手的弱点，判断自身优势与劣势，从而制定出合适的应对策略。

日本某家株式会社拥有的农业加工机械是我国几家工厂急需的设备。为了进口这些设备，中方某公司代表准备与日本方面在上海进行谈判。日本方面首先提出1000万日元的报价。中方主要谈判代表知道对方的报价大大超出了产品的实际价格，便回复说：“根据我们对同类产品的了解，贵公司的报价只能是一种参考，很难作为谈判的基础。”日方代表似乎没料到我方会马上判断出其价格的不合理，有些措手不及，便答非所问地介绍产品的性能及质量，说明自己的产品如何好，质量如何高，等等。

其实中方对这类产品的性能、成本以及国际市场上的销售行情早就了如指掌。中方代表故意问道：“不知贵国生产此种产品的公司有几家？贵公司的产品优于其他公司的依据是什么？”这两句话听似请教，实际上是暗示对方生产厂家并非只有你一家，不是非买你一家的东西不可。

日方代表对中国代表的问题感到非常吃惊，他们不便回答，也不能回答。于是，日方主谈借故离开谈判桌，另一代表也装着找什么东西，低下头不说话。为了摆脱困境，日方主谈回到谈判桌前，假装询问他的助手："这个报价是什么时候定的啊？"其助手当即醒悟过来，灵机一动说："噢，是以前的。"于是日方主谈对中方代表笑笑，忙作解释。

当双方休会后重又回到谈判桌前的时候，日方忙说，经过与有关方面领导核实，同意削价 100 万日元。中方根据手中掌握的信息，并且以对方不经请示就可擅自降价 10% 的举动作为依据，提出给价 750 万日元。这一价格遭到日方坚决反对，谈判陷入僵局。

为了打开谈判局面，使日方接受中方的报价，中方代表郑重指出："这次引进设备，我们从几个厂家中选择了贵公司，这已经说明我们的诚意了。你们说价格太低，其实不然。此价虽比贵公司销往别国的价格低一点，但由于中日之间的运费很低，所以贵方总的利润并没有减少。更为重要的是，现在还有其他国家的几个公司正等待着我方的邀请，希望和我们签订销售协议。"说完，中方代表将其他外商给中方的电传拿给日方代表看。日方代表震惊于中方所掌握的翔实信息，并被中方坦诚的谈判态度所打动，终于不再挑剔，握手成交。

在这里，我们所说的"对手"其实包括和自己合作的另一方，以及和自己或对方竞争的其他单位。在收集信息的时候要注意收集所有相关信息，再从信息中分析对手。在上面这场谈判中，中方代表之所以能获得如此大的成功，主要是他们事先掌握了对手以及对手的对手，也就是中方的其他替代方案的详尽信息。

中方代表不仅在谈判前对引进产品的性能、成本、在国际市场上的销售行情了如指掌，而且综合从地理因素考虑，为中方的报价提供依据，使自己的报价合情合理。在谈判的一开始，中方就利用自己掌握的信息，对对手的报价进行质疑，给对方以强势的感觉，从而向对方施加无形的压力。

收集信息不仅仅是在谈判前要做的事，在谈判中更是要时时注意综合收集对手的信息，从对手的反应中读取有用信息。中方就是以对方不经请示就可擅自降价10%的信息作为依据，提出有利于己方的报价750万日元，并且最终以这个价格达成协议。

另外，我们也可以站在日方的角度，学到在谈判中应该注意的几点：

第一，提出报价后就不要首先对自己的报价进行修改，特别是没有任何条件地去主动降价。这会使对方觉得降价空间还有很大。在真正需要作出一些让步的时候，可以要求对方也同样作出哪怕是一点点的让步。比如在这个案例中，日方可以试试以中方出运费作为降价的条件。

第二，谈判者对自己和对手都要有一个充分的了解。显然日方在这次谈判中做得不够。日方没办法回答中方提出的"贵公司的产品优于其他公司的依据是什么"，如果对自己的产品有一个很客观全面的了解的话，这个问题很容易回答。

第三，千万别低估自己。既然中方请日方去谈判，也就说明中方是在考虑各方面的因素之后作出的决定。可见日方一定有些什么是吸引着中方的。

第四，要相信对方也有压力。虽然中方列举了很多可替代方案——和其他外商合作的可能，但如果中方放弃和日方合作的话，一定也存在着许多压力。比如时间压力，前面说过这些设备是中国几家工厂急需的，如果不尽快谈妥，一定会给中方的生产带来损失。另外，和其他外商合作，中方也承担着未知的风险。谁都不敢保证和其他的外商合作能够顺利进行。

在加文·肯尼迪的著作《万事皆可谈判》中，也有这样一个故事：[①]

> 阿伯丁(Aberdeen)的一个旧车交易商要出售一辆1962年的美洲豹汽车，标价1850英镑。杰克(一名经济学教授，同时又是一名律师，爱好收藏旧型号美洲豹汽车)看到广告，进去瞧了瞧，并与车主仔细谈了一下。经过谈论，杰克开价1250英镑，交易商不接受。
>
> 谈判陷入了僵局，他们转而聊些无关紧要的事。交易商明显知道自己不可能得到1850英镑，但他不能确定杰克的想法。在他们谈话时，另一辆美洲豹开了进来，是交易商的儿子开的，比广告中的那辆新一点，性能要好很多，明显是被精心养护的。交易商的儿子说这辆车是他的，并不出售。

① 参见〔英〕加文·肯尼迪：《万事皆可谈判》，兰天译，中国人民大学出版社2006年版。

交易商反驳道,车是属于公司的,他想卖就卖。杰克看到了机会,说自己愿意出1000英镑买下这辆较新的汽车。交易商犹豫了片刻,问杰克采取什么样的支付方式。"现金!"杰克直截了当地回答。经过激烈的交锋,最后的成交价定在了1100英镑。交易商的儿子很不情愿地离开了爱车,杰克匆忙地将车开走了。

后来,杰克的朋友问他能以更低的价格买到更好的车的秘密。杰克说,他本来想再谈谈原来的那辆车,但是交易商如此下决心让他儿子明白到底谁说了算,让杰克看到了机会,结果交易以接近杰克的开价成交。

显而易见,杰克从交易商和他儿子的相处中敏锐地察觉出了交易商当时可利用的心理:让自己的孩子知道在这里谁说了算。杰克分析出了他的弱点并且很好地加以利用,从而以很低的价格买到了自己理想的产品。

这些故事告诉我们,收集对手的信息是每一位谈判人员在谈判之前所必须做的事。即使是看起来微不足道的信息,也可能会对谈判的进展起重要作用。对信息的收集与分析越是充分,其可行性研究工作越是准确,也就更有可能对后面的谈判起到至关重要的作用。

这一技巧不仅适用于商业谈判,在政治领域也得到了广泛认同。1954年柏林四国外长会议召开之前,美国国务院曾专门研究过苏联外交部长维·米·莫洛托夫开会的习惯。1954年,美国国务卿詹姆斯·范斯在出席莫斯科会议之前,甚至研究了列宁的著作,特别是他关于谈判签约的论文。肯尼迪总统在到维也纳与赫鲁晓夫会谈之前,研究了对方的所有演说词和发表过的谈话,甚至连早餐习惯和音乐爱好也不放过。所有这一切工作,都为后来的谈判打下了坚实的基础。

(三)进一步了解自己,发挥自身优势

也许你会说:了解自己?有必要吗?难道我还不了解自己?是的,你除了了解个体的自己之外,还需要进一步了解与对手比较的自己,这样才能清晰地知道自己的长处与不足,并进一步扩大自身优势。

所以我们说,成功从了解自己开始。

日本保险业泰斗原一平在27岁时进入日本明治保险公司，开始了他的推销生涯。当时，他穷得连午饭都吃不起，晚上则露宿街头。

有一天，他向吉田和尚推销保险。等他详细说明了之后，老和尚平静地说："听完你的介绍，却丝毫引不起我投保的意愿。"老和尚注视原一平良久，接着说："人与人之间，像这样相对而坐的时候，一定要具备一种强烈吸引对方的魅力。如果你做不到这一点，将来就没什么前途可言了。"

原一平哑口无言，冷汗直流。老和尚又说："年轻人，先努力改造自己吧！"

"改造自己？"

"是的，要改造自己就必须先认识自己。你知不知道自己是一个什么样的人呢？"

"不知道。"

老和尚又说："你在替别人考虑保险之前，必须先考虑自己，认识自己。"

"考虑自己？认识自己？"

"是的！赤裸裸地注视自己，毫无保留地彻底反省，然后才能认识自己。"

吉田和尚的一席话，就像当头一棒，把原一平惊醒了。从此，原一平开始努力认识自己，改善自己，终于成为一代推销大师。

想要顺利地说服对方，不彻底地了解自己是不行的。就像吉田和尚说的，如果一个人没有一种强烈吸引对方的魅力，就没什么前途可言。谈判也一样，如果不去发掘自己产品或服务的核心竞争力，如果不对自己的产品有个彻底的了解，甚至连自己都说服不了，又何谈去说服别人？又如何在谈判中使自己处于有利地位？

同样的道理还可以应用在前面所说的中日两方对买卖设备的谈判中。中方正是对自己的优势有了一个全面的了解，让对方知道自己并不是非和他们合作不可，还有很多的外商等着和自己合作，从而向对方施加压力，为最终的谈判成功作努力。

在对自己的了解中，要对自己产品的规格、性能、品种、用途、质量、数量、经营手段及核心竞争力等有一个充分的认识。除此之外，对于自己产品或服务的不足之处也同样要有一个清晰的了解。在谈判中应尽量使对方的注意力聚焦在己方产品好的方面。当然，适当地告诉对方自己产品的不足之处也是一种策略，能让对方觉得你很诚实而相信你，乐意和你合作。

江西省某工艺雕刻厂原是一家濒临倒闭的小厂，经过几年的努力，发展到年产值两百多万元的规模，产品打入日本市场，战胜了其他国家在日本经营多年的厂家，被誉为“天下第一雕刻”。有一年，日本三家株式会社的老板同一天先后到该厂订货。其中，一家资本雄厚的大商社要求原价包销该厂的佛坛产品。这应该说是好消息。但该厂负责人想到，这几家原来都是经销韩国、我国台湾地区产品的商社，为什么不约而同到本厂来订货？他们查阅了日本市场的资料，得出的结论是：本厂的产品木材质量上乘、技艺高超是吸引外商订货的主要原因。于是，该厂采用了“待价而沽”“欲擒故纵”的谈判策略，先不理那家大商社，而是积极抓住两家小商社求货心切的心理，把佛坛的梁、榴、柱，分别与其他国家的产品作比较。在此基础上，该厂将产品当成金条一样争价钱、论成色，使其价格达到理想的水平。首先与小商社拍板成交，造成那家大商社产生失去货源的危机感。那家大商社不但更急于订货，而且想垄断货源，于是大批订货，以致订货数量超过该厂现有生产能力的好几倍。

这个案例看起来很简单，仔细分析起来却颇有深意。这家厂商深知，只有对自己有了一个充分的了解，才能真正在交易中更好地扩大自己的利益。这个厂在接到日本大商社的订单的时候，并没有盲目地狂喜，而是先对自己的优势作了一番审查，发现自己的产品确实在质量、技艺方面优于其他同类产品，才不紧不慢地展开作战，从而使自己获得了更大的利润。

另外，在谈判之前的准备中，我们往往过于注重分析对手的情况，或是过于强调自身的优势，结果在对手忽然抛出一个我方自身的问题时一下子乱了阵脚。这将对我方造成很大不利，令对手觉得我方没有诚意或是缺乏经验，甚至导致谈判的失败。

(四)分析敌我形势,巧妙制定应对措施

弗拉基米尔·安德烈耶维奇·法沃尔斯基是现代苏联艺术家和写生画家,被誉为“苏联人民艺术家”,他的作品的特点是含义隽永,形象鲜明。

每当法沃尔斯基给一本书画完插图后,总是在其中一幅画的角上不伦不类地画上一只狗。毫无疑问,美编一定要他把狗去掉。而法沃尔斯基却固执己见,与编辑争论不休,非要保留这只狗。当争论达到白热化的时候,法沃尔斯基就作出让步,把画上的狗去掉。到了这个地步,一般来说,美术编辑的愤怒就烟消云散了,绝不会再提出什么别的要求,因为编辑的自尊心得到了极大的维护,也就心满意足了——编辑室的任务无非是修改一下作品。但更满意的则是法沃尔斯基本人,他的巧计“得逞”了——画作将以他拟定的形式出版。如果不是那只可爱的小狗,不知道编辑还会要求作怎样的改动呢。

在这个故事中,画家运用自己的聪明才智成功地转移了编辑的注意力。画只小狗,把编辑的视线成功地转移到小狗身上,问题的焦点也就成了小狗。只要把小狗去掉了,编辑的任务就完成了,也就不会再对画作作出一些其他的修改要求了,最终得以完全按照画家的本意来出版他的画。

谈判的时候也是一样,在了解、分析对手的基础上,制定相应的处理措施是非常有必要的。不同的人会有不同的谈判风格,且每个人的接受能力也会因为国籍不同而有所区别。

1. 因国籍而异

对于不同国籍的谈判对手,我们需要有不同的对待方式。

同欧洲人谈判的首要原则是:先取得对手的信任,然后才能打开谈判之门。欧洲人的法律观念和守法意识非常强,在他们进行谈判的时候,有一个必不可少的参与人——律师。欧洲是一个崇尚礼节的地方,规定的各种礼仪是绝对不能违背的,这个传统保留至今。欧洲人的另外一个特点是,等级观念非常森严,意识保守。

时间观念在法国是一个非常特殊的原则。在这个问题上,法国人通常是严

于律己宽以待人的。法国是世界上最讲究穿着的国家。所以,当你面见法国人时,最好衣着正规,而且衣服的质量不能在对手面前相形见绌。在同法国人做生意的时候,还要注意不要操之过急,因为法国人的认同感不是很强烈,要建立友好合作的关系,需要作出长时间的努力。

意大利人看起来非常情绪化,他们热情而浪漫,但也有时变化无常。在谈判的时候,他们喜欢用手势来表达自己的心情,常常是肩膀、胳膊和手随着说话声音的节拍动来动去。如果他们很生气,他们的表情会近乎疯狂。意大利人的时间观念不是太强。所以,在和他们进行谈判时,最好在每次赴约前先打电话进行确认,看事前约好的谈判是否能够准时举行。

相较而言,德国人办事比较严谨,他们在谈判之前,会做充分的准备工作,对对手的所有情况都要作详细研究。在与德国人谈判时,如果你在事前准备不充分,往往会引起他们的反感,认为你对此项合作没有诚意。德国人的逻辑思维能力很强,考虑问题比较系统而全面,但是缺乏必要的灵活性,在交易中往往不容易让步。一旦他报出了价,就很少有讨价还价的余地。这是令对手非常头痛的事情。在签订合同以前,德国人比较注重合同中的细节问题,经过确认后方才签订,但一经签约,就不轻易反悔,并且严格按合同办事。

美国人的谈判文化充分反映了其特有的性格特点。他们性格开朗、直率并且充满了自信。基于美国人个性中的自信和果断,他们在走向谈判桌的时候,总是兴致勃勃,对于自己的言语明确而肯定。当然,他们最关心的莫过于谈判结果所获得的物质利益。一言以蔽之,美国人在谈判中,态度热忱而有礼,在业务上兢兢业业,富有讨价还价的能力,对"整批交易"非常感兴趣。

与阿拉伯人进行谈判最重要的一点是对其宗教习俗的尊重。对于他们与众不同的风俗和习惯,应尽量表现出理解和尊重。阿拉伯人具有好客的传统。他们在谈判的时候不太注重时间观念。因此,在与他们进行谈判的时候,不能过于计较谈判时间的长短,而应该努力地取得他们的信任,首先建立朋友关系,然后再进行谈判。妇女与女权问题是谈判桌上最忌讳的话题,这是由于阿拉伯人的风俗所致。

日本人在进行谈判的时候,常常表现出极强的事业心和积极进取的精神。在谈判工作中,他们一丝不苟,准备工作做得十分充分,对每一次的谈判时间和谈判内容，都要进行计划。在商务谈判中，他们喜欢使用“蘑菇”战术，尽量拖延时间，使得对手暴露其真实的目的。所以，在和日本人的谈判中，千万不要急于求成，钻进对方的圈套。日本人的团队精神非常强烈，在谈判过程中讲究谈判小组成员之间的密切配合与协调。在谈判过程中，日本人比较喜欢先交往后商谈，而且喜欢和年长者进行交往，因为在他们看来，年长者具有权威性，说出的话能够一诺千金。

2. 因性格而异

对于不同性格的谈判对手，我们也需要采取不同的应对方式。以推销员在推销产品时遇到不同性格的顾客为例，作如下阐述：

（1）对待沉默型的人。这类顾客金口难开，沉默寡言，性格内向。在同他们谈生意的时候，他们总是瞻前顾后，缺乏主见。有时即使胸有成竹，也不愿意贸然说出。但这类顾客往往态度很好，很客气，即使推销员唠唠叨叨，也决不采取拒绝的态度，始终满面笑容，彬彬有礼，只是话语很少。推销员此时一定要让他先开口说话。例如，可以提出对方乐意回答的问题，或对方关心的话题等。和这种人打交道一定要有耐心，提出一个问题之后，即使对方没有立即回答，也要礼貌地等待，等对方开了口，再说下一个问题。

（2）对待冷淡型的人。对于推销员的来访，这种人可能就连一般的寒暄语都没有，脸上似乎显出“你来干什么？”的神色。上门拜访时，他们会闭门不见，若按门铃会受到“你不必再来”的冷遇。如果走进他们的办公室，他们同样也会冷语相待。对待这类顾客，你一定要热情，无论他们的态度多么令人失望，作为推销员，你一定不要泄气，要主动地、真诚地和他们打交道。

（3）对待慎重型的人。这类顾客生性谨慎，在决定购买之前，对商品的各方面会作仔细的询问，等到彻底了解并合意时才下最后的决心。而在他下决心之前，又往往会与亲朋好友商量。对于这样的顾客，推销员应该不厌其烦地耐心解答他们提出的问题。说话时态度要谦虚恭敬，既不能高谈阔论，也不能敷衍了事，而应该以朴实示人，话语虽然简单，但言必中肯，给人以敦厚的印象。另外，应尽量避免在接触中节外生枝。

（4）对待自傲自大型的人。摆架子的人无非是虚荣心在作怪，要别人承认他的存在和地位。这种人在生意中经常反驳推销员的意见，同时吹嘘自己。对于这种人，要顺水推舟，首先让他吹嘘个够。推销员不但要洗耳恭听，还要不时附和几句。对于他提出的意见不要作正面抨击，待他讲够了的时候，再巧妙地将他转变为听众，反转他的优越感，让他来附和你。

(5) 对待博学型的人。如果遇到有真才实学的人，你不妨从理论上讲起，引经据典，使谈话富于哲理，言辞应含蓄文雅，既不以饱学者自居，又给人留下谦虚好学的印象。你甚至可以把你要解决的问题，作为一项请求提出，请他指点迷津，把他当作良师益友，就会获得他的支持。

(6) 对待见异思迁的人。这类顾客心情舒畅时非常热情，甚至会使你感到受宠若惊；但他们忧郁时，就会冷若冰霜，出尔反尔，给人一种难以捉摸的感觉。对待他们最重要的是给予理解，把握他们的心理。

总之，对待不同性格的人，要采取不同的说话方式。因人而异，恰到好处，才能成功。

二、谈判中的积极应对

在战争中，若能不动一兵一卒就攻下一座城是最理想的。谈判中也一样，如果己方付出最小的代价就能获得最大的利益，当然最理想。但不管能不能得到这个最理想的结果，和战争一样，谈判中也应该运用一些计谋来取得最终的胜利。

（一）旁敲侧击，套出底牌

过早暴露底线是极其不理智的，这会使对手对自己的步骤了如指掌，而使自己处于被动的地位。每一个谈判者都有一个最初的报价，就像买衣服的时候老板会出一个价，同时也会叫你出一个价一样，我们称之为初始报价。初始报价是出价人的最理想的成交价，而通常都不会是最终的价格，因为同时每个人手中都握有一个底线。所谓底线也就是为达成谈判所能给出的最优的条件。在保证自己的底线不被对方获知的情况下，谈判者还应想方设法去探询对方的底线，以使自己的利益尽可能地扩大。要知道，在谈判中争取到的每一分钱都是净利，是不需要付出什么就能得到的利益。

对于底线来说,还有一样东西是至关重要的,那就是时间。因为谈判的每一方都有自己的时间压力,双方大多时候都规定自己要在什么时候完成谈判。

有一个非常经典的例子:

有一次,一个美国财团的领导前往日本谈判,他带了一大堆分析日本人精神及心理的书上路。

在日本下飞机后,他受到了两个彬彬有礼的对手公司职员的接待。他们把他送上豪华轿车,让他一个人坐在宽敞的后座。美国人问:"为什么不一起坐?"

"您是重要人物,我们不应妨碍您休息。"日本人毕恭毕敬地回答。

一种满足感悄悄在美国人心中升起。

"先生,您会说日语吗?"日本人问。

"哦,不会,但我带了本字典,希望可以学学。"

"您是否必须准时乘机回国呢?我们可以安排车送您到机场。"

美国人完全没有戒心,心想他们想得真周到,就把回程机票掏出来让他们看——准备逗留十四天。

到此,我想大家一定可以预见结局了。

是的,日本人安排美国人玩了近半个月,到美国人要走的时候,日本的负责人才出来和他见面。最后,合约中当然基本上都是日本人开出的条件了。据这位美国财团的领导说:这次交易是日本人继偷袭珍珠港后的又一次重大胜利。

现在让我们来仔细分析一下这则案例:美国人带了一大堆书试图了解日本人,以在谈判中做到"知彼",可没想到反让日本人摆了一道。有点讽刺对不对?日本人很好地抓住了美国人自我感觉良好的特点,对他给予大量的关心以迎合其心理,让他的自尊心得到满足。日本人很轻易地就探得了美国人在时间上的底线。然后很好地运用了时间底线,等到美国人快要离开的时候才开始谈判,从而给美国人以很大的时间压力。日本人这招实在很聪明,几乎没什么付出就获取了最大的利益。

所以,我们在谈判的时候,除了要想方设法地探得对方的时间安排外,还要注意不要让自己的期限被对方探得。

探得对方期限的方法有很多。如果对方是从外地过来谈判的话，可以像例子中的日本人一样，对他的归程表示关心，从对方的口中探得，比如可以说打算在他离开的时候为他开个告别晚会。也可以用曲折一点的方法，到对方住的饭店打听一下对方预定了几天的服务。如果是和本地的企业谈判，可以调查一下企业的现况，对己方所提供的货物、服务或金钱是不是急需等。

当然，如果是你到外地谈判的话，就要注意不要让对方有机会知道你的期限，以防使自己陷入被动状态。

（二）欲擒故纵，诱敌深入

在兵书《三十六计》中有这样的一计：欲擒故纵。它的内容是：

> 逼则反兵，走则减势，紧随勿迫。累其气力，消其斗志，散而后擒，兵不血刃。需，有孚，光。

这段话说的是，敌人在被逼得无路可走的时候就会反扑，放一条生路让他逃走，就可以削减他的斗志。紧紧地跟在他后面，消耗他的体力，瓦解他的斗志，待敌人溃不成军时再捕捉他，就可以不流血而取得胜利。

在谈判中也是一样，很多时候不能对对手紧紧逼近，要适当地放松一下，再从别处着手找出路。

让我们来看一则小故事——《在“我不懂”的背后》：

> 三位日本人代表日本航空公司和美国的一家公司进行谈判。会谈从早上8点钟开始，持续了两个半小时。美方代表借己方占有充分的资料，想来个先声夺人。他们一会儿用图表解说，一会儿又用电脑计算，以大屏幕显示各种资料来反驳日方提出的报价。而在整个过程中，日方代表只是静静地坐在一边，只字不语。终于，美方负责人关掉了机器，重新扭亮了会议室的灯，充满自信地问日方代表：“阁下意下如何？”
>
> 一位日方代表面带微笑，彬彬有礼地说：“我们看不懂。”美方代表的脸色忽然变得惨白：“你说的看不懂是什么意思？有什么地方不懂？”
>
> 另一位日方代表非常斯文地发话了：“都不懂。”美方发言人带着心脏

病随时要发作的样子问道:“从哪里开始不懂的?”

第三位日方代表以同样的表情慢慢答道:“从你将会议室的灯关闭之后开始的。”

美方代表松开了领带,斜靠在墙角,喘着气缓缓问道:“你们希望怎么做?”日方代表异口同声地答道:“请您再重复一遍!”

此时,美方代表完全丧失了信心。谁有耐心将混乱而又持续长达两小时的资料重新再复述一遍?美方终于不惜代价,迅速和日本人成交。日方代表装聋作哑,顺利地达到了自己的谈判目的。

我们说,一鼓作气,再而衰,三而竭。在这里,日方代表的一句“我不懂”对于美方代表来说着实是一大打击。他们准备充分,侃侃而谈两个小时的结果是换来一句“我不懂”,不免在心理上产生一种郁闷、无奈的挫败感。日方代表的这一招对于瓦解美方代表的斗志来说,无疑是高招。这个时候只要日方提出的条件不是过分得离谱,估计美方都情愿答应。

谈判中信息的交流是双方的。在你收集对手的信息的时候,对手也在收集你的信息,所以你也可以适当地传一些假信息或次要信息,同时也要提防对方对你传递假信息。

一位印刷商得知另一家公司要购买他的一台旧印刷机,感到十分高兴。经过反复核算,他决定以250万美元的价格出售这台机器,并准备了充足的理由说服对手。谈判的时候到了,坐在谈判桌上,印刷商在心中一再叮嘱自己,要沉住气。果然,买主首先沉不住气了,他滔滔不绝地对机器进行挑剔。然而,面对买主的一再压价,印刷商始终一言不发,直率地报以微笑,使得买主误认为印刷商已经找到了新的顾客。终于,买主按捺不住了,在心理上败下阵来,咬着牙说道:“这样吧,我出350万美元,除此之外,一个子儿也不能多给了。”350万美元,比印刷商原来的估价要高出许多,这是他始料未及的,当然就顺利成交了。

很多谈判高手都很善于运用“沉默”的战术,让对方无法探知自己的想法,以对其造成心理压力而先放弃防卫。这也是诱敌深入之法。

（三）出其不意，攻其不备

常言道，不打无准备之仗。如果我们能在谈判中运用好这一点，往往能使得对方无招架之力，取得谈判的胜利。

某房地产商人手头有一幢大楼要出租。这一消息一传出，立即引起了甲、乙两家实力雄厚的大公司的浓厚兴趣。大家都想租到地段良好、环境优美、装修考究的大楼。

两家公司的负责人事先都给这位商人打了招呼，而且甲公司愿意租下全部的十层，价格要比乙公司的出价高出1/3。商人想了想，对他的律师说："帮我打电话给甲、乙两家公司，就说我们只能下次合作了。"两个公司的负责人都强烈地要求见房地产商人。三个人在屋子里闷坐了几个小时，最后两位公司负责人相互妥协，达成一致——他们各自以甲公司原来的出价租下大楼的一半。商人一下子净赚了一倍。

他的律师知道后，瞪着双眼问："我的天啊！你是怎么说服这两个人的？他们的出价还是原来的高价，却只租到一半的房子！太不可思议了！"商人笑笑说："我什么都没做，我只是告诉他们'不，我不能把房子租给你们中的任何一个，这让我为难'，剩下的就是他们在帮我谈判了。"

大家也觉得不可思议是不是？商人竟然让大楼的价值一下子攀升一倍，而且自己不费吹灰之力。这位聪明的商人自始至终的目的就是把大楼出租出去，可是他在两个客户面前出人意料地说不想得罪任何人，从而让自己置身局外，把谈判的任务交到两位客户手中。

这招实在高，但也不是谁都能用，是商人在清楚地了解自己的优势和对方极其渴望租到大楼的情况下作出的一个策略。

有时候，出人意表也能收到很好的效果。

在比利时某画廊曾发生过这样一件事：一位美国商人看中了印度画商带来的三幅画，标价均为2500美元。美国商人不愿出此价钱，双方各执己见，谈判陷入僵局。

终于，那位印度画商被惹火了，怒气冲冲地跑出去，当着美国人的面把其中的一幅画烧掉了。美国商人看到这么好的画被烧掉,十分心痛,赶忙问印度画商剩下的两幅愿意卖多少钱,回答还是 2500 美元。美国商人思来想去,拒绝了这个报价。这位印度画商心一横,又烧掉了其中一幅画。美国人只好乞求他千万别再烧掉最后那幅画。当再次询问这位印度画商愿以多少价钱出售时,卖主说:“最后这幅画只能是三幅画的总价钱。”最终,这位印度画商手中的最后一幅画以 7500 美元的价格拍板成交。

是不是觉得很不可思议?原本卖 2500 美元的画竟然一下子就可以卖到 7500 美元。但如果你注意到“美国人十分心痛”“乞求”这样的字眼,再想想那句中国俗语“物以稀为贵”,也就不觉得奇怪了。想必印度画商在烧画之前就已经洞察了美国商人对那几幅画的偏爱,才敢大胆地冒险烧画。再说,三幅画中两幅被烧,也就意味着所剩的那幅就是独一无二的了,它的价值在顷刻间翻倍也就不足为怪。

某国的一个城市管委会招标拆毁一个陈旧的赌场,并清理场地。几家拆卸公司投了标,其中几家公司的标价从 10000—25000 英镑不等,而另一家公司的标价是 1 英镑。最后,这家标价 1 英镑的公司中标(在检查这不是不幸的打字错误后)。

为什么他们做这么大的工程只收取 1 英镑?

因为,他们通过检测得知,那个建筑有 500 吨的铁梁和铁管,还有成百吨的其他金属,这些废料的价值超过了 700000 英镑。

为什么这家公司会成功?因为它出人意表的 1 英镑报价,也就等于免费帮你干活一样。这样的事谁不喜欢?当然了,天下根本没有免费的午餐,是他们看到了废品本身的价值。

为什么别的公司会没有看到?那只是看问题的角度不同而已。他们看到了拆毁赌场所要付出的时间、人力、物力,从这些方面综合考虑所需的费用。而那家出价 1 英镑的公司进行了更细致的评价,得到了更有利于自己的结论。

美国自由女神像翻新的时候,工程结束后的废品没人愿意去清理,而一个犹太人愿意免费去清理。他找人把废品进行分类,把铜拿来做成小的自由女神像,把木板做成底座,就地销售。这些东西被当作纪念品,很快销售一空,让这个犹太人大赚了一笔。

如果我们能够在谈判之前充分地研究谈判内容,从某个看似不起眼的角度出发,往往就很容易打开局面,出人意料地赢得胜利。

(四) 攻守结合,克敌制胜

所谓攻,就是在谈判中尽可能多地满足自己的要求,向对方提出比你想要得到的更多的要求。著名外交家亨利·基辛格曾说过这样一句话:会谈能够产生预期的效果,很大程度上取决于夸大自己的需求。

提出比自己想要的更多的要求,可以为自己提供更大的谈判空间,可以避免双方因各自要求太简单化又互不相让而导致谈判过早陷入僵局。同时,在谈判的过程中,可以让对方觉得是因为自己的作用导致你降低了要求,从而产生成就感,也就是赢的感觉。

所谓守,就是不轻易答应对方提出的任何要求,同时努力守住自己的要求。

谈判中,谈判双方总是存在着各种各样的分歧。要想更好地消除分歧,让对方尽量朝着自己的方向走,事先拟定一个谈判的议程是非常重要的。拟定议程的时候要注意:

一方面,根据自己的情况扬长避短,保证自己的优势得到充分发挥。如果你们公司给你的谈判时间只有一个星期的话,那么就要尽可能早地将重点议题提出来谈,不要等到最后一天再匆匆忙忙地谈。

另一方面,自己要是运筹帷幄的人。要掌控谈判,不能让对方牵着鼻子走。学学孔明,让对方沿着自己的思路走。有些人会制造一些假象来迷惑你,而且善于转移话题,一定要多加注意。

在谈判中,攻或守都是一种策略,若能做到攻守结合,适度发挥,则无往而不利。

三、谈判中僵局的处理

僵局就是在谈判中双方产生了某些冲突,而使得谈判无法继续下去。这里有个很重要的概念——冲突，在任何谈判中遇到的问题都大多可归结于它。

《兰登书屋大辞典》中对“冲突”有这样一部分解释：动作、感情或者效果上的不协调；在原则上和利益上的对抗、碰撞、不兼容或者干涉；另一个不同的想法、意见或行动。

在谈判中，由于谈判双方所代表的利益方不同，他们的立场、观点和所要追寻的利益就会有冲突，而这些冲突很可能会使谈判陷入僵局。冲突是不可避免的，但冲突不一定是坏事。在谈判中，冲突的起因可能很单一，如价格不满意；也有可能不止一个，如甲到乙公司订购一批汽车零部件，甲希望能买到质量高、价格不高的产品，而乙希望甲多买一些，价格上又不想让步，同时乙可能对甲冷淡的态度不满，而甲对乙公司的接待也不满意。不管怎么样，作为一个谈判人员，要做的就是找出并确定冲突的各种起因，说服对方，求同存异，达成共识。

在谈判中，针对同一问题的解决方法通常有两种：你的方案和对方的方案。如果你知道自己的方案，而不知道对方的方案，那么不要随意地去修改你的方案，要先知道对方的想法。具体来说，有以下几个方面：

（一）察言观色，动之以情

控制谈判局面的关键是抓住要害。谈判双方都是为了追寻各自的需要和利益，这种需要或利益就是要害之所在。若能认清、认准要害，紧紧抓住，也就掌握了主动权。

不管在什么情况下，都要冷静，保持清醒的头脑。发生争执时不要激动，谁先忍不住急躁起来，谁就可能在谈判中失败。在谈判中，应做到心情平静如水，喜怒不形于色。

当对方咄咄逼人，步步进攻时，如果你采取针锋相对的策略，可能会破坏谈判的氛围。弄不好，你会没有退路而不好下台。一般来说，不如避其锋芒，先退一步，稳住阵脚，静观其变。当对方的“火力”都已暴露，你趁机反攻，会更容易奏效。

当双方为各自的利益发生分歧时，要设法找到双方的共同利益，寻找达成一致的途径。如果分歧太大，也要尽可能避开冲突。

谈判还需要耐心与恒心。当谈判陷入僵局时，不管对方是冷是热，你要始终“稳坐钓鱼台”,不轻易作出大的让步。这很容易使对方产生急躁情绪。当对方开始动摇时,你趁机反击,则可大获全胜。谈判是一种意志力的较量,成败在很大程度上取决于较量中谁先退却。

鱼贩子在集市卖鱼的时候,如果是早晨,他可以这样叫卖:“快来快来啊,新鲜活鱼,四元一斤。”他所强调的是鱼的“新鲜”,而避开了鱼价的昂贵。在下午的时候,他可以这样叫卖:“快来快来啊,便宜卖,三元一斤。”他所强调的是鱼价的“便宜”,而避开了鱼的是否新鲜。

所谓请将不如激将,激将更能奏效。曾经在一个服装店发生过这样一件事:

一位顾客在买西装的时候,借口西装的颜色不合自己的心意而不停地讨价还价,在店主作了八折优惠之后他还是挑剔不止。于是店主说:“你不会是因为身上的钱没有带够而故意吹毛求疵吧?”一句话激怒了顾客,他马上从皮夹中摸出数张大钞,按原价买走了那套西装。

通常情况下,没有可行性的谈判有三种情况:

第一,不具备客观条件。有些谈判由于客观上不具备履约条件,或虽具备客观条件但不可能达到目的,随着谈判的深入,这个问题就越发明显,从而直接导致谈判的破裂。

第二,不具备谈判的协定空间。在谈判中,协定空间并不是一开始就非常明朗的,它需要经过双方的逐步探索。在经过激烈的争论之后,谈判双方可能会发现,他们提出的条件根本没有达成一致的可能性,谈判陷入僵局并最终破裂是在所难免的。

第三,没有商谈的价值。这种情况的出现,常常是由于事前的盲目和冲动,在没有作好调查和可行性研究的前提下,匆匆举行谈判。双方在一番唇枪舌剑之后,精疲力竭地发现他们所进行的谈判实属耗时费神,毫无价值,于是“悬崖勒马”,果断地停止谈判。

(二)避开锋芒,以柔克刚

避开锋芒,以柔克刚,就是说面对强大的对手时,不要与他硬碰硬。就像传说中的打虎方法一样，不要和老虎硬拼，等它冲向你的时候，迅速地闪开，等它进攻了很多次，已经精疲力竭的时候，再来对付它。

> 威廉·麦金莱刚担任美国总统的时候，他指派某人做税务部长，引起了许多议员的反对。他们派出代表前往晋谒，要求麦金莱对此任命作解释。为首的一个身材矮小的国会议员，脾气非常暴躁，说话粗鲁无礼。他开口就把总统大骂了一顿。麦金莱平静地听他发泄，最后，当这位议员声嘶力竭之时，他才温和地说："你讲完了，怒气也该平息了吧？照理你是没有权力这样责问我的，不过我还是愿意详细地给你解释……"这句话说得那位议员羞愧万分，但总统不等他表示歉意，就和颜悦色地对他说："其实也不能怪你，因为我想任何不明真相的人，都会大怒。"接着，他便一一解释了任用那人的理由。
>
> 其实不等麦金莱解释，那位议员已被他折服。他心里非常懊恼，自觉不该用如此恶劣的态度来责备这样一位宽容大度的总统。因此，当他回去向同事们讲起这件事时，他说："我记不清总统的全部解释，但只有一点我要说明，那就是——总统的决定是正确的。"

这就是"忍气吞声"的妙用。宽宏大量，不随对方的情绪而喜怒，实际上已使自己处于超然的地位，另外，也极可能启发双方的良性互动。曾经听过这样一个故事：

> 一男一女在街上吵架，引来一大堆人围观。只见那个女人不停地骂，什么脏话都讲出来了，整整骂了两个小时。而那个男人则一言不发，只是搬了根凳子坐着，微笑地听着女人大骂。终于，女人停下来了，男人还拿了瓶水给她，说："大妹子，嗓子喊哑了吧？来，润润喉。"

无论谁遇到这种人都会佩服他吧。

解决问题的方法从来都不是唯一的。在遇到僵局的情况下，要善于多方面、多角度思忖，也可以重新客观地评估一下形势、达成交易的可能性和己方的利益。人大多时候都没办法看到己方所存在的问题，这在谈判中也应该引起注意。在选择解决问题的方法时要注意两点：第一，你有多少空间去谈；第二，要考虑对方可能有的替代方案。

（三）互相体谅，求同存异

一家电器开关装置供应商被要求向中东的一家建筑商报价。他们开出的价格遭到了对方的强烈反对，对方断然拒绝接受订单上面的所有价格。愤怒的卖方谈判者最终提出了这个问题："为什么你们如此坚决地要求降低价格？"

"因为你们去年在价格上给了我们10%的折扣。"

"但那是我们为了与你们将来继续合作给出的一次性的引导折扣。"

"那么，即使现在这份合同是当时的'未来合作'的一部分，但就我而言，我仍然有权要求被'引导'到更低的价格。"

相互体谅并不是叫你慷慨大方、无条件地对对方作出让步，就像案例中的供应商。在谈判中，任何"善意"的让步都该避免，一方的善意让步并不会换来对方的善意，只会使对方觉得能得到更多的让步，使对方更强硬。在作出任何让步的同时，也要从对方身上取得相应的让步，比如供应商当初在让步的时候就应该要求今后的合作以什么价格来进行。又或者说，供应商本不该自己主动作出让步。

博彩业在美国的繁荣发展使得新泽西州也想在流向拉斯维加斯的财富中分得一份。他们邀请了一些专业人士来本州经营博彩业。于是一些本地人把这当成天赐的发财机会。有一家房主更是异想天开。他的两层砖房占了一块地，而这块地刚好在阁楼集团（Penthouse Group）想建赌场的地方。他要价250万美元，并且绝不降价。最后，阁楼集团放弃了谈判，在房子产权界限的四周建起了赌场，高七层，从三面围住了这个业主的房子，除了临街的一面。

所谓谈判，是要双方都有机会进行协商，如果一方太过强硬的话，就会使谈判无法再继续下去。所以，在谈判中要看清形势，调查一下对方除了自己还有多少选择，多少替代方案。更应了解自己所在的位置，不要得不偿失。谈判有时候要求各方都放弃一些较小的利益，以创造更大的互利价值，利用各自拥有的资源，与别人交换不同的资源。

（四）内部分化，软化对手

在南非的一个生产和销售农业机具的大型企业集团中，销售公司和生产公司之间出现了冲突。生产公司是应销售公司的需求而建立起来的。由于销售公司决定了产品的出路，它就强迫生产公司不断提供额外的而且产品设计必须符合销售商所服务的那个市场某些特殊需要的产品，这对生产公司是非常不利的。结果，生产公司的亏损越来越大，两家公司的冲突终于搬上了台面。

销售公司代表理直气壮地说道："你们这些产品的全部业务都是从我们这里得到的，我们理应得到特殊优惠。如果没有我们的销售，你们公司早就关门大吉了。所以，你们有责任供应我们所需要的东西，而且应该提高生产效率，来配合我们的销售步调。"

而生产公司则处于一种无可奈何的被动地位，因为公司全然无利可图，多年以来一直被销售公司紧紧控制。如果销售公司对它的产品排斥或拒收，那么生产公司就将面临破产的危险。

显然，听任事态恶化的话，对整个集团的发展是非常不利的，必须采取措施解决两家公司的矛盾。于是，董事长请来一个顾问，让他全权负责处理这个问题。顾问深入到两家公司，去了解双方的情况。他没有直接作评论，而是避实击虚，对两家公司的负责人进行了提问。在问话的过程中，他发现销售公司负责人的回答离题甚远，只要有可能，他就尽量避开这位顾问。于是，顾问得出了结论：对于谋求问题的解决，销售公司负责人的态度是不坦率的。在谈判进入尾声的时候，顾问分别问双方负责人：是否愿意考虑某种解决方案？答案很清楚，生产公司愿意接纳，而销售公司则按兵不动。

在进行了深入调查之后，顾问对这一矛盾的解决已经心中有数了。董事会采纳顾问的意见，作出决定，在六周内关闭生产公司。这个决定让销售公司的负责人感到一下子走投无路，因为他完全清楚生产公司的产品对他来说是何等重要，一旦关闭，销售公司就成了无本之木，无源之水，同样面临倒闭的危险。于是他主动找生产公司的负责人，二者重新调整获利分配，解决了矛盾。两家公司一起向董事会提出了合作的申请，再次联手谋求共同利益。

由此可见，内部协调在整体发展中具有十分重要的意义。我们可以在谈判中有步骤地采取内部分化手段，逐步软化对手，从而取得谈判的主动权。

四、谈判结果的"双赢"

在前面讲到谈判的准备的时候，我们说过，在谈判之前要明确自己的目标。做一张表，列出哪些东西是你必须要得到的，哪些东西迫不得已时可以舍去但最好得到，哪些东西是可以舍去的，哪些东西为了达成协议可以舍去。

成功的谈判是双向的，最终是为了双赢。在这里我们将具体讨论一些取舍的技巧。

（一）主次分明，抓住重点

在以上所列表中，"你必须要得到的"就是谈判中最关键的东西。在谈判中，一定要坚定自己的立场，想尽一切办法得到这部分利益。

由于房地产市场的变幻莫测，一家大型房地产开发公司，需要高度依赖有关其财务状况的信息，这在每天开始营业的最初一个小时里尤为重要。如果资金在前一夜里有所减少，他们需要在当天洽谈生意之前知道这个情况。然而出现这样一个问题：该公司的会计们发现，每天上午打给当地银行的电话越来越难接通。就这样，银行出纳员和公司的会计之间出现了矛盾。

双方的关系不断恶化，以致该公司面临着不得不把账户转移到其他银行的压力，因为他们认为这家银行办事不力、拖延、缺乏信用。为此，该公司安排了一场与银行间的会谈。会计们利用一个周末的时间准备了银行在过去一个月里所有"失误"的证明文件，并详细列出了电话延迟给该公司造成的经济损失。

在会议开始前，公司的总经理完全拒绝了会计们提供的解决方案，并把那份厚厚的报告扔进了废纸篓。相反,他询问哪种方案能满足他们的基本要求。在当前,这家银行还是一家新起步的银行。因此,他建议会计们不要再徒劳地给银行打电话,而应该要求对方每天上午9:05用专线把电话打过来。这样还能为公司节省电话费。如此一来,房地产公司不仅能及时得到自己所需要的信息,还节约了开支,而银行的出纳也可以有条不紊地工作,适时地给房地产公司打电话就可以了。

这位总经理无疑是个聪明的人。他看到他们公司与银行之间的主要矛盾不应该是在银行所犯的错误上,而是如何解决这个问题。对于房地产公司来说,解决这个问题,满足自己的要求才是最重要的。

如果他们当初真得对会计们的报告作讨论的话,双方势必发生激烈的争吵。房地产公司会抱怨银行的拖延给自己造成了多大的不便,而银行显然会反驳自己多么的繁忙,电话打不进来并不是自己的错。最终的结果可能是双方的合作关系破裂。而关系破裂的结果无非是银行失去一家重要的客户,而房地产公司还要重新寻找银行来为他们服务,另外他们也不能保证在其他的银行不会遇到同样的问题。这位总经理的解决方法无疑是给双方都带来了好处,使双方都得到了满意的结果。

所以,在谈判中,要分清楚什么才是主要的问题,解决主要的问题才是谈判取得成功的保证。

(二)巧布迷阵,提防阴谋

美国开凿巴拿马运河的初期谈判中,谈判的一方是美国,另一方是法国巴拿马运河公司。谈判的焦点是这家法国公司虽然已开凿失败,但它在巴拿马运河却拥有一笔数量可观的资产,其中包括3万英亩土地、医院等。法国人估价1亿多美元,他们开价1.4亿美元,而美国人的开价为仅仅2000万美元,二者相距甚远。经过双方磋商,分别让步到1亿美元和3000万美元,但谈判到此就停了下来。

美国人的战略是声称另找一块地方挖运河,他们选中了尼加拉瓜,美国众议院宣布考虑支援开凿尼加拉瓜运河。精明的法国人摸透了对方想要一条运河来沟通两大洋的迫切心理,而且也料到了美国会用尼加拉瓜运河来与巴拿马运河竞争,于是也耍了一个花招,暗示他们亦同时在与英国人和俄国人谈判,以争取英俄的贷款继续运河的开凿。

双方相持不下。

不久,法国人获得了一份美国有关委员会给总统的秘密报告,报告中虽然肯定了巴拿马运河的优越性,但也提出购买的费用过高,不如实施尼加拉瓜方案。这份情报让法国人的信心动摇了,他们忧心忡忡地另作评估。正所谓"福无双至,祸不单行"。不久,法国公司内部又爆发了一场危机,巴黎公司的总经理因故辞职不干,股东大会乱作一团。他们吵嚷道:"卖给美国人吧,什么价钱都可以接受!"于是一夜之间,法国的报价骤跌至4000万美元,落入了美国人实际可接受的范围。

从以上谈判案例我们不难看出,谈判者谋略的出发点在于巧布迷阵,借以给对手指示某种虚假的动向或暗示的信息,使之具有一定的诱惑力。其目的就在于搜索到对方更多有价值的信息,从而掌握谈判的主动权,达到"请君入瓮"的目的。我们发现,美国人和法国巴拿马运河公司都坚守自己的报价,然后巧布迷阵,给对手制造自己有另外更好的选择的假象,试图动摇对方,以让对方再作出让步。显然美国人做得更加精明一点,让法国人"获得"了一份"机密文件"。人们对于自己千辛万苦,比如通过派间谍、收买之类的手段获得的信息都容易深信不疑。美国人正是运用了这一点才大获全胜的。

同时,这个例子还给我们一个教训,在谈判的时候,谈判者的心智非常重要。巴黎公司因总经理辞职不干就乱作一团,很多股东就纷纷要求降价,起了内讧,显然是很不明智的。作为一个谈判者,也要多多注意和组织内部协调好,取得所在组织的全力支持与信任。

同时,在谈判中还要提防别人的阴谋。例如:

1. 略施小惠

一个买卖房地产的公司在"赌城"拉斯维加斯召开招募业务员暨推广销售会,对前来与会者均先赠送价值仅10美元的小礼品。公司负责人坦言:这是看准了许多人都爱贪小便宜而又不愿意无功受禄的心理。

2. 情绪骚扰

英国人在殖民时期用英语向当地人喊叫,他并不在乎有几个人能够听懂。任意地大声叫喊,高嗓门怒骂,会使人畏缩害怕,不战而降。此为情绪骚扰。

3. 盘问

1974年,美国哥伦比亚广播公司放映了一部电视剧,名为《受害者的呼声》。主要情节是:一位遭受强奸的妇女为了控告侵犯她的人,经历了警方的细细盘问,这种精神上的二次强暴折磨比受强奸还要痛苦得多。随后,强奸受害者向警方报案的数量大大减少。盘问确实能给对方造成极大的心理压力。

4. 诡辩

卖肉老板硬要给顾客配上一块骨头,理由是:"没有骨头哪来的肉?"诸如此类的诡辩常见于谈判。当然,你可以反击:"我买骨头吧,你给我配块肉,没有肉要骨头干什么?"

5. 威胁

房东要把违约的房客赶出去,房客冷静地告诉他:如果自己被赶出,房子的内部陈设会被破坏得一塌糊涂。这是典型的"人质"战略。

6. "统计数字"陷阱

一位统计科学家保存有非常完备的资料档案,并总能挑选出对他最为有利的数据。譬如说,"飞机比汽车安全,因为飞机每飞行1亿公里死一个人,而汽车每行驶5000万公里死一个人"。但反过来也可以这样说:汽车比飞机更安全,因为飞机每飞行20万小时死1个人,汽车每行驶200小时死1个人。

7. 虚价实买

有个人想以3000元卖掉一艘船,闻声而来的一名买主与他口头约定以2850元成交。于是卖主便回绝了其他的买主。不料数日后,这位买主声称此船至多值2500元,卖则接受,不卖则拉倒。此时,对于卖主来说,另找买主既费时又费事,只好以2500元成交。

8. 人际关系倾向

人们常常尽量避免与他人的关系破裂,害怕自己被陷于孤立,也害怕自己的声誉受到影响。谈判陷入僵局时,当局者迷,可利用此心理反客为主,诱使对方签订对其不利的合同,因为他宁愿相信歪曲的事实也不愿失去朋友,或者宁愿有一个坏合同也比谈判破裂更容易向上司交差。

（三）一张一弛，能屈能伸

在里根总统和卡特总统交接时期，伊朗绑架了美国人质。这时候里根还没有上任，他已开始和卡特玩“红脸白脸”战术。他在电视上放出信息，提示伊朗当局：你们知道卡特是个好好先生，如果你们不解决这个问题的话，等我上任了，恐怕你们就会很难处理。他运用卡特比较好说话这种形象，来强化自己的强硬形象。因为里根演了很多英雄电影，会让很多人想起：里根来了，那个牛仔，可能不是动刀就是动枪了。

扮白脸的那个总是倾向于说“不”，坚持自己的观点，似乎很难作出让步的样子，这也就是守，不让对方有机会轻易地赢得有利条件。而红脸总是充当老好人的角色，像卡特总统，他们至少表面上总是一贯坚持和平原则，好像什么都可以协商，还会适时地帮对手劝劝自己的伙伴。整个谈判中就是他在协调双方。其实他这也是在进攻，以温和的策略来攻城略地。

反过来，如果你自己在谈判中遇到这种情况，注意不用慌，稳定情绪，好好应对就可以了。在谈判中，既要尽可能多地守住自己的利益，又要不断进攻，争取获得更大的利益。

（四）资源优化，取己所需

1967年，在中东地区爆发了一场为期六天的短暂战争，以色列以迅雷不及掩耳之势占领了埃及的大片领土。漫长的谈判开始了。作为谈判斡旋者的美国人建议将被占领领土一分为二，以色列和埃及各一半。这当然是双方都难以接受的提议，因为表面上尽管双方都作出了妥协，但都没有达到自己的目标。

后来，斡旋的中间人询问埃及人：你们为什么非要拿回那块贫瘠的土地？那块被占领土既没有石油及其他矿藏资源，也没有大片耕地，甚至很少有人居住，看起来并无价值。埃及人解释说，这块土地对他们而言具有巨大的政治意义，而且数千年来一直属于埃及的领土。倘若政府同意割让,就会引起巨大的社会不满和动乱。中间人又向以色列人问类似的问题。以色列人解释说,由于埃及人在该地区陈列了大批坦克,时刻威胁着以色列的安全,因此才举兵入侵,把该地区作为战争的缓冲区域。

最后,双方很快达成了协议:埃及人收回被占领土,但是同意将该地区划为非军事区域。双方都达到了各自的目标,取得了双赢的结果。

谈判就是将资源优化配置的一个过程,谈判双方的手中都握有对方想要拥有的资源。可是一开始人们并不知道对方真正想从自己手中得到什么。你认为的未必就是对方认为的,有时你认为的冲突,说不定正是你们的利益共同点。所以,任何事情不要轻易地下结论,仔细认真地沟通,让双方都能取己所需。

在弗雷德·简特所著的《利害冲突:化解冲突的智慧》中有这样一个故事:[①]

我有位朋友以写作为生,在20世纪60年代初为平装图书馆(Paperback Library),也就是华纳出版社的前身写过几本书。当时的发行人是荷·斯蒂曼,此人是平装图书馆的传奇人物。

荷·斯蒂曼曾经邀请我朋友一起探讨创作一部连载小说的想法,这个点子是我朋友提议的。斯蒂曼邀请他共进午餐。"我觉得在这些书上我们可以合作,"斯蒂曼说,"你需要我们怎么预付你稿酬?"在前面几本书的合作中,斯蒂曼大概向我的朋友预付了1500—2000美元。如果斯蒂曼想按照惯例付钱的话,他就不会再多此一问了,所以我朋友要价2500美元。"我觉得可以再多付你一点,"荷·斯蒂曼说,"3000美元怎么样?"

我朋友是这么回忆的:从来没有人指责荷·斯蒂曼,说他在谈判中不声不响或者慢吞吞。他绝对不是那种要把你彻底榨干的人,他也清楚知道他想要的东西应该值多少钱。他明白3000元的预付稿酬可以比2500元让我在书上下更多工夫,他相信我会写得更好,因为我收了更多的预付金。

朋友继续回忆道:当然,我可以拿了钱去度假,回来后赶出一本书来交差。但是斯蒂曼对我有信心,因为我们以前合作过,他了解我的工作风格。他主动多付的20%预付款,对全书质量的提高绝对不止20%。

① 参见〔美〕弗雷德·简特:《利害冲突:化解冲突的智慧》,马黎、李唐山译,中国人民大学出版社2006年版。

把这个案例放在本章的结尾是想告诉大家,谈判中有时也要考虑让对方获利,给对方一定的信任,往往也能收到很好的效果。这同时也是资源的优化配置,作家得到了自己需要的更多的订金,而荷·斯蒂曼则会得到自己想要的质量更高的作品,最终结果也就达到了我们所追求的双赢。当然这种做法不是对所有人都适用的,要用在自己有一定了解的人身上。如果对方是之前完全没有交往、无法信任的人,我们还可以用其他方法来实现资源优化配置。

谈判应当是双赢的,为了以后更好地合作,应该让双方都有所收获。收获可以是精神上的,也可以是实际的利益。当然,作为公司的代表,最重要的是更多的为企业获取利益,但即使你已经获得了很多好处,也同样要注意不能在对手面前沾沾自喜,要想方设法让对方觉得是他获得了更多的好处,让他在精神上有所收获。

复习思考题

一、解答题

1. 谈判前应收集的资料包括哪些?

2. 如何全面地了解自己?

3. 在谈判过程中如何提防对方的阴谋?

二、案例分析

我国是世界上最大的铁矿石进口国,每年购买的铁矿石占世界当年铁矿石总产量的39%左右,所以铁矿石的价格对我国来说事关重大。澳洲的铁矿石不仅品质好,而且价格绝对比国产铁矿石便宜得多。为此,我国加入了一年一度的铁矿石价格谈判中。

新日本制铁公司联合韩国浦项钢铁公司与必和必拓公司谈判,要求减价35%。德国蒂森克虏伯钢铁公司代表欧洲和巴西淡水河谷公司谈判,要求减价36%。中国与力拓矿业公司谈判,要求减价40%以上,理由是中国是世界上最大的铁矿石进口国(理由合理)。但力拓不接受这一条件。

1. 你认为力拓不接受中国的条件的原因是什么?

2. 在这场谈判中,中国应该如何运用自身的条件取得先机?

第六章　有“礼”的谈判

我国是四大文明古国之一，自古就以“礼仪之邦”著称于世。五千年的历史长河中，形成了博大精深的灿烂文化，并有着完善的礼仪体系。我国历史上第一位礼仪专家孔子就认为：“不学礼，无以立。”一个人只有学习礼仪，才能在社会上立足。

随着全球经济一体化的不断深入，商业竞争日趋激烈，如何在谈判中突出这个“礼”字，是谈判成功与否的重要因素。所谓“礼”者，敬人也，也就是在谈判中尊重人的一种道德要求。礼仪是谈判活动中至关重要的方面。严格地说，谈判礼仪就是在谈判过程中应该遵守的交往艺术，它是无声的“世界语言”，是衡量谈判者个人素质与形象的重要标准。

一、有“礼”的着装

> 如果你穿错了衣服，没有人告诉你。
>
> 如果你不懂得搭配，没有人告诉你。
>
> 如果你的头发不整，没有人告诉你。
>
> 如果你的鼻毛出来了，没有人告诉你。
>
> 但是，人人都会看在眼里，记在心里，这些小节正在诋毁你。
>
> ——英格丽·褒曼

在谈判的最初阶段，服饰往往是最能引起对方注意的。

行为学家迈克尔·阿盖尔曾作过一个试验，他本人以不同的装扮出现于同一地点，受到的对待却截然不同：当身着西装的他以绅士模样出现时，无论是向他问路还是问时间的陌生人，大多彬彬有礼，这些人看似属于上流阶层，颇有教养。而当他扮成无业游民时，接近他的人以流浪汉居多。这个简单的试验证明，仪表虽是一种无声的语言，在一定意义上反映出一个人的修养、性格等特征，在人们初次交往时能给人以鲜明的印象。谈判礼仪中，更是如此。

知名企业管理咨询师汪中求曾说过：“大礼不辞小让，细节决定成败。”在谈判活动中的着装，要注意与自身的年龄、体型、职业和所处的场合（包括国家、地区、谈判场所与谈判议题等）相适宜，并注意服装的色彩及整体搭配的协调，给人以美的感受。每个人的个人形象不仅代表其所在企业的形象及企业的规范化程度，也反映了个人的修养和见识，因此谈判人员的着装必须与其所在企业的形象、所从事的具体工作相称，做到男女有别、场合有别。

下面具体介绍男士和女士的着装礼仪、正式场合的着装礼仪与非正式场合的着装礼仪。

（一）男士着装礼仪

1. 西装

相对于女士服装来说，男士服装在颜色和款式方面较为单一。现在最受男士欢迎的正式服装是西装。

西装是一种国际性服装，它起源于欧洲，目前是世界上最流行的一种服装样式，也是谈判人士在正式场合的首选服装。一套合体的西装，可以使着装者显得风度翩翩而魅力十足，谈判过程中也能使人信心倍增。

正式场合应着同色的深色套装。西装有两件套、三件套之分，两件套西装在正式场合不能脱下上衣。西装里面最好不穿毛背心或毛衣。如果天气较冷，可在衬衣里面穿低领的保暖内衣，或穿一件“V”字领的薄毛衫，应特别注意不要将里面的保暖内衣或毛衣的领口露出来。

2. 衬衫

正装衬衫主要以高支精纺的纯棉、纯毛面料为主，而不宜选择真丝或纯麻面料。衬衫大小要合身，不能有污垢，要熨烫平整，领子要挺括。不论是单穿还是套外衣穿，都要将衬衫下摆扎进裤腰里。衬衫衣袖要露出西装袖口 2 厘米左右，领子要高出西装领子 1—1.5 厘米，以显示衣着的层次。

在色彩上，正装衬衫必须为单一色彩。白色衬衫是最佳选择，其他诸如蓝色、灰色、绿色、黑色也可以考虑。白色衬衫干净、清新、可塑性强，搭配不同层次灰度的领带,再配合灰黑色系的西装,绝对经典;与圆点图案领带一起,搭配藏青色或黑色西服,可塑造出严谨又不失温和的商务形象;而配上金色系领带或丝巾,则彰显出高贵气质。蓝色衬衫给人以清爽、沉静、干练的感觉,浅蓝色衬衫配上深蓝色系的条纹领带,是极有说服力的商务形象;与银色系领带搭配,显得年轻、冷峻、有时尚感;与金色系领带搭配,在对比色中取得和谐,华丽感倍增。灰色衬衫整洁、柔和、雅致,搭配方块图纹的领带,在简单中就能创造丰富的穿着表情,给人以平易近人、优雅的感觉。

3. 领带

领带是西装的灵魂,一条打得漂亮的领带,在穿西装的人身上会发挥画龙点睛的作用。要注意领带与西装颜色、款式的搭配。领带的长度要适当,以达皮带处为宜。系领带时衬衣的第一颗扣子一定要扣好(如果穿西装不系领带,第一颗扣子宜解开)。如果佩戴领带夹,一般应夹在衬衣的第三、第四颗纽扣之间,领带夹要饱满有形。领带有单色与多色之分,在谈判活动中,蓝色、灰色、棕色、黑色等单色领带给人沉着冷静、思维清晰的印象,都是十分理想的选择。在正式场合中,尽量少打浅色或艳色领带,切勿使自己佩戴的领带多于三种颜色。

关于领带的趣事:

最原始的领带出现于17世纪的欧洲,当时克罗地亚的骑兵脖子上都系着一条五颜六色的布带,用以御寒。巴黎一些追逐时髦的人士觉得这种打扮新异、帅气,争相效仿,在衬衣上系条彩色围巾。

1650年的一天,法国的一位大臣上朝言事,脖子上系了一条白绸巾,打了一个漂亮的三角结。路易十四见后大加赞赏,并下令凡尔赛的上流人士都要效仿,一时系领带打结的人骤增。现在领带的系法很多,式样也越来越丰富了。

领带可以说是男士穿西装时最重要的饰物。因此人们才说:"男人的领带,总是不可缺少。"在欧美各国,领带则与手表和装饰袖扣并列,成为"成年男子的三大饰物"。

4. 衣袋

为使西装在穿着时保持挺括,西装的口袋里尽量少装或不装东西,上衣口袋只做装饰用，不可放置钢笔等物品，否则会影响西装的美观。有些物品，如名片等可放在上衣内侧衣袋里。裤子两侧的口袋也只能放纸巾、钥匙包或钱包，但注意体积不要太大，以求裤形的美观。

5. 纽扣

西装有单排扣和双排扣之分。单排两粒扣的西装上衣，讲究“扣上不扣下”，即只扣上面的一粒纽扣。单排三粒扣则扣中间的一粒，或扣上面的两粒。单排扣的西装有时也可以不扣。双排扣的西装上衣要把纽扣全部系上，以示庄重。穿西装背心，不论是与西装配套还是单独穿，都要系上纽扣。单排扣的背心，最下面的纽扣也可以不扣。现在的西装裤都是使用拉链，要提醒自己把拉链拉好。

6. 鞋袜

与西装配套的鞋子是皮鞋，皮鞋的颜色宜选深色。黑色的皮鞋可以和任何颜色的西装相配。穿西装时不能穿旅游鞋、布鞋或露脚趾的凉鞋。穿皮鞋时要注意拭擦光亮，皮鞋要经常通风，保持无气味。

穿西装、皮鞋时要搭配深色的袜子，并且最好是黑色的。不能穿白色或色彩鲜艳的袜子。袜子要经常换洗，以防止有异味。

7. 公文包

公文包被称为谈判男士的“移动办公桌”，是其外出之际不可离身之物。公文包的面料以真皮为宜，并以牛皮、羊皮为最佳。公文包的色彩以深色、单色为好，浅色、多色的公文包均不适用于谈判人士。在通常情况下，黑色、棕色的公文包是最正统的选择。若从色彩搭配的角度，公文包的色彩若与皮鞋的色彩一致的话，是十分完美而和谐的。

总之，男士穿着不求华丽、鲜艳，不宜有过多的色彩变化。不论着何种服装，都应该注意保持干净、整洁。

（二）女士着装礼仪

“男穿牌子，女穿样子”，相对于偏于稳重、单调的男士着装，女士在穿着上有更大的随意性和多变性。

在谈判场合，女士以穿着典雅大方的西式套装或套裙为宜，身着旗袍则显得与环境、氛围不和谐。裙装的长度不宜过短，以长及膝盖为宜，否则有失端庄。太露或太透的衣服最好不要在社交场合穿着，以免给人轻佻之感。在谈判中要给人以端庄、内敛的印象，下述四大禁忌，不可不察。

(1) 穿着黑色皮裙

在谈判场合不能穿着黑色皮裙，否则会让人啼笑皆非。因为在国外，只有街头女郎才如此装扮。所以，与外国人打交道时，尤其是出访欧美国家时，绝对要避免穿着黑色皮裙。

(2) 裙、袜、鞋不搭配

鞋子应为高跟皮鞋，最好是牛皮鞋，大小应合脚。颜色以黑色最为正统。此外，与套裙色彩一致的皮鞋亦可选择。袜子一般为尼龙丝袜或羊毛高筒袜。颜色宜为单色，有肉色、黑色、浅灰、浅棕等几种常规选择。切勿将健美裤、九分裤等裤装当成长筒袜来穿。

(3) 光脚

光脚不仅显得不够正式，而且会使自己的某些瑕疵见笑于人。同时，在国际交往中，穿着裙装，尤其是穿着套裙时不穿袜子，往往还会被人视为故意卖弄风骚，有展示性感之嫌。

(4) 三截腿

所谓三截腿，是指穿半截裙子的时候穿半截袜子，袜子和裙子中间露一段腿肚子，结果导致裙子一截、袜子一截、腿肚子一截。这种穿法容易使腿显得又粗又短，术语叫"恶性分割"，在国外往往会被视为没有教养的妇女的基本特征。

同时，帽子与手套在女性衣着中也占有举足轻重的地位。首先，女士戴帽子就颇为讲究。在谈判等正式场合中，无论是室内还是室外，女士不必刻意取下帽子。与他人握手时，女士也可以不脱帽行礼。至于手套，行礼时最好不要戴，但如果是纱质装饰手套，倘若不脱下，对方一般也不会太介意。

此外，值得一提的是，女士着装还应该有四个讲究，即整洁平整，色彩技巧，配套齐全，饰物点缀。

(1) 整洁平整

服装并非一定要高档华贵，但须保持清洁，并熨烫平整，穿起来就能大方得体，显得精神焕发。整洁并不完全为了自己，更是尊重他人的需要，这是保持良好谈判仪态的第一要务。

（2）色彩技巧

不同色彩会给人不同的感受，如深色或冷色调的服装让人产生视觉上的收缩感，显得庄重严肃；而浅色或暖色调的服装会有扩张感，使人显得轻松活泼。因此，可以根据不同的谈判需要，进行不同的选择和搭配。

（3）配套齐全

除了衣服之外，鞋、袜、手套等的搭配也要多加注意。如袜子以透明、近似肤色或与服装颜色协调为好，带有大花纹的袜子不能登大雅之堂。正式、庄重的场合不宜穿凉鞋或靴子。黑色皮鞋是适用最广的，可以和任何服装相配。

（4）饰物点缀

巧妙地佩戴饰品能够起到画龙点睛的作用，给女士们的着装加分。但是佩戴的饰品不宜过多，否则会分散对方的注意力。佩戴饰品时，应尽量选择同一色系。佩戴首饰最关键的就是要与你的整体服饰搭配统一起来，体现和谐之美。

迄今为止，没有任何一种女装在塑造职业女性形象方面，能像套裙一样成功。对于职业女性来说，穿好套裙，形象立刻会光鲜百倍。总之，穿衣是“形象工程”的大事。西方的服装设计大师认为：“服装不能造出完人，但是第一印象的80%来自于着装。”

（三）正式场合的着装礼仪

谈判人员要根据不同场合进行着装。

英国女王伊丽莎白二世访问中国时，走出机舱门第一次亮相，穿的是正黄色西服套裙，戴正黄色帽子。这位女王本人喜欢红色和天蓝色，很少穿黄衣服。但在中国几千年的历史上，黄色是皇帝的专用色。女王来中国访问穿正黄色，既表示尊重中国的传统习俗，又显示了她作为一国君主的高贵身份。

在正式场合，谈判人士应从以下三个方面注重自身的着装礼仪。

第一，在谈判桌上，人的服饰在传播信息、与对手沟通方面作用巨大。就比如在一个很正式的场合，作为谈判方，穿着不合时宜的服装必然会使对方产生反感。另外，在谈判前，男士还应剃须，并注意自己的头发是否整齐，以及身上的气味是否正常，以一副崭新、精神饱满的面貌出现在谈判对手面前。女士则不能着装过于暴露，也最好不要佩戴过多的首饰，给对方以"穿金戴银""无礼"的感觉。

第二，服装的巧妙运用还表现在不同的阶段上。在谈判初期，谈判双方可能更多地追求各自的尊严与地位，从而显示自己的实力，所以，可以选择一些严肃庄重的服饰；在中期，可能更多地追求"随和"，从而表明自己的豁达，以鼓励对手接近，此时的服装应相对柔和一些，可以选择一些颜色比较明亮的服装，给别人以亲和感；在后期，有可能合二为一，或两者交替，以最佳的姿态去争取谈判的成功。

第三，不同的谈判场合，着装也会有所不同。对于比较轻松的谈判场合，着装应该自然明快；而对于一些比较严肃的场合，或者是谈比较敏感的谈判话题时，比如说索赔，着装要庄重严肃。

另外，我们还要知道如何区分场合，这样才能"对症下药"。从着装的 TOP 原则来看，TOP 是三个英语单词的缩写，它们分别代表时间（time）、场合（occasion）和地点（place），即着装应该与当时的时间、所处的场合和地点相协调。

1. 时间原则

不同时段的着装规则对女士尤其重要。男士有一套质地上乘的深色西装或中山装足以包打天下，而女士的着装则要随时间而变换。白天参加谈判时，女士应穿着正式套装，以体现专业性；晚上出席鸡尾酒会等场所，就须多加一些修饰，如换一双高跟鞋，戴上有光泽的佩饰，围一条漂亮的丝巾。另外，服装的选择还要适合季节气候特点，有条件的话还可以考虑时尚潮流等。

2. 场合原则

衣着要与场合相协调。与顾客会谈、参加正式会议等，衣着应庄重考究；听音乐会或看芭蕾舞，则应按惯例着正装；出席正式宴会时，男士应穿西装、中山装或唐装，女士则应穿中国的传统旗袍或西方的长裙晚礼服；而在朋友聚会、郊游等场合，着装应轻便舒适。试想一下，如果大家都穿便装，你却穿礼服，就有欠轻松；同样的，如果以便装出席正式宴会，不仅是对客户的不尊重，也会令自己颇觉尴尬。

此外，在正式谈判场合，着装方面还要注意以下几点：首先，男士的鞋子、腰带、公文包的颜色要一致，而且首选黑色。其次，女士发型要时尚得体。女士的发型是否时尚得体，反映了其社会地位、经济能力以及个人品位。男士对女士的第一印象就是发型。再次，女士化妆要清新自然。在社交场合，女士不化妆就是不尊重自己，不尊重别人。与此同时，还要强调“会”化妆，如果不会化妆，容易“画虎不成反类犬”。最后，男士腰上不要挂任何物品。

3. 地点原则

在自己家里接待客户，可以穿着舒适但整洁的休闲服；如果是去公司拜访客户，穿职业套装会显得更专业；外出谈判时要顾及当地的传统和风俗习惯，如去教堂或寺庙等场所，不能穿过露或过短的服装。

（四）非正式场合的着装礼仪

相较于正式场合，在非正式场合，如酒吧、咖啡厅、宾馆、娱乐场所等地方谈判时，穿着可较为随便自由，但不能过于随意。要根据场合的不同而变换着装，这样才会体现出你是否善于着装礼仪。商务休闲装是一种游走于正装和休闲装之间的、适应各种场合的新款服饰。它既能充分展现男人的精干而不失洒脱，同时也使女人在自信、端正中更显妩媚。

在非常轻松自如的环境中，或在希望人们能畅怀交谈、共同分享快乐的环境中，对穿着和举止的要求就相对较少，而更多地要有个人的风格。如在咖啡厅，男士可选择色调明朗、款式休闲的西服，衬衫可任意搭配，也可不穿衬衫，改穿T恤衫，领带也可自由搭配。

非正式场合的谈判虽对着装礼仪没有过多的要求，随意、舒适即可，但还是要用心准备。不要穿看上去夸张的服装和做出令人分心的装扮，如围着一条长披肩，或经常需要用手梳弄你总是垂到脸上的头发等，这样会分散听众们的注意力。也不能给人造作、喧宾夺主等感觉，而影响了谈判的效果。

俗话说：“人靠衣裳马靠鞍。”不合时宜的着装会给人造成一种感觉，那就是：这个人层次、品位肯定不高。如果是这样，那你离失败就不远了。

玛格丽特小姐经过五年的奋斗,终于如愿以偿成为一家大公司下属公司的公关部经理。她能力出众,干劲十足,几乎每一次谈生意都马到成功,因此深受公司老板的赏识。正当她踌躇满志的时候,却突然接到公司的一纸解聘书。

事情是这样的。不久前,来了一个实力雄厚的大客商,集团总部给公司下令,要不惜一切代价争取到这个客户。为此,公司上下作了充分而细致的准备,志在必得。而当玛格丽特小姐在谈判桌前露面的时候,让人不禁大吃一惊。她穿了超低领的紧身针织上衣,配上紧身弹性超薄衣,一时成了全场的焦点。谈判开始时,客商已然色迷迷地看着她,对谈判内容似乎毫无兴趣,反而不停地向玛格丽特小姐问这问那,纯粹变成了朋友间的私下谈话。

突然,钟声敲起,客商如梦初醒,连忙站起来抱歉地对玛格丽特说,因为要赶11:40的飞机,他必须先走了。公司花费了巨大人力、物力,结果却竹篮打水一场空。集团总裁气得暴跳如雷,当即下令:解雇玛格丽特。

于是,当玛格丽特小姐还陶醉在充满浪漫色彩的谈话和对自己服装的骄傲之中时,突然她已成为一名失业者。

二、有“礼”的接待

商务中的接待是否有“礼”,事关谈判的氛围。利益对抗剧烈的双方,可能因为一方接待得周到得当,增进双方的感情,从而化解双方矛盾,促进谈判的成功;利益较为协调的双方,也完全可能因为接待不热情、不得当,导致双方情绪对立,谈判氛围恶化,使谈判双方无功而返。因此,做到有“礼”的接待,对于谈判来说十分重要。

(一)乘车接待礼仪

1. 座次安排问题

一般来说,座次礼仪规则可概括为“四个为尊,三个为上”。“四个为尊”是客人为尊、长者为尊、领导为尊、女士为尊，此四类人应为上座；“三个为上”是方便为上、安全为上、尊重为上，以这三个原则安排座次，其中“尊重为上”原则最重要。

接待谈判客户的车辆一般是单位的专车，有专职司机。假如是双排座轿车，上座是后排右座，也就是司机的对角线位置。然后是司机后位，后排中间位，最后是副驾驶位。因为后排比前排安全，右侧上下车方便（我国交通规则是靠右行驶），完全遵循了方便为上、安全为上的原则。

一位品学兼优、精明强干的女大学生被一家正在招聘的外资企业看中了。当那位外资企业的外方总经理亲自驾车送她时，这位女大学生却坐在了轿车的后排座位，这通常被理解为有意怠慢亲自驾车的主人。这样一来，其结果便可想而知了。

你可能会说，如果以安全论，车上最安全的位置当数后排左座，即司机后面的位置，却因何未被视为上座？是否意味着方便优先，安全次之呢？也不尽然。在一些政务或外交礼仪中，确是把后排左座视为尊位的。因为这时车上坐的都是重要外宾或前来谈判的客户，在这种情况下安全性就被提升到更重要的位置了。

所谓尊重为上，就是在遵守礼仪规则的同时，还要尊重客人的生活习惯和认知水平。比如说有时候客人在并非出于谦让的情况下坐错了位次，即坐在了下位，而这种错误又不影响别的客人，我们就应当将错就错，尊重他的选择，而不必告诉对方他坐错位置了。这就是商务礼仪中通常说的“客人坐的位置即为上”的道理。

女士坐车时不要一只脚先踏进车里，也不要爬进车里，必须先站在座位边上，把身体降低，坐到位子上后，将双腿一起收进车里，双膝一定要保持合并的姿势。下车时记着拿回自己的物件，包括果皮等，不要把别人的车当垃圾箱。

一般在谈判时多为正式场合，所以尽量避免用吉普车、面包车接待客户，以公务车、商务车为佳。假如条件限制，没有公务车和商务车，也可以用其他车接待。面包车内的位次是中间为上，前后两端为下。即第二排（紧挨司机后面的一排）的位置为上，第三排次之，最后一排和第一排（副驾驶）居末。在同一排的两(三)个座位中,又以里面(左面)的座位为尊。也就是说,司机后面的座位(二排左座)是全车中的首席。

本来几句话就能讲明白的车内位次问题,却用了这么多的笔墨,其实就是想以坐车为例,让大家明白谈判礼仪的基本规则。只要真正掌握了这些规则,在任何谈判场合都不至于手足无措了。

2. 上下车方面的礼仪

一般情况下,让客户先上车,最后下车。在客户上车时,主动为客户打开车门的同时,礼节性地以左手固定车门,右手护住车门的上沿(左侧上车相反),防止客户碰到头部。确认领导和客人的身体安全进车后,轻轻关上车门。下车时,自己先下车,以便在客户下车时为其提供必要的服务或帮助。当然,如果很多人坐在一辆车上,那么谁方便先下车谁就先下。

如果是一起去出席某个跟谈判相关的重要活动,到达时我方已经准备了十分隆重的欢迎仪式,这个时候一定要等客户下车后我们再下车。如果是与客户一起坐面包车的话,客户边上的人可以为客户打开车门后再避到车的后排去,为客户下车让出通道即可。若是坐轿车,则不必为客户开车门了。这种情况下,欢迎的人群中自然会有人为客户开车门。

总之,只要我们能够遵循“方便客户、突出(突出就是尊重)客户”的原则,再结合当时的实际情况,对上下车的顺序就不难作出正确的判断了。

3. 坐车时应注意的几个问题

(1) 掌握抵达时间。接待人员应当准确掌握对方抵达的时间,提前到达机场、车站或码头,以示对对方的尊重。只能由我们去等待客人,绝不能让客人在那里等候我们。

(2) 选择适当的位置。与客户同车时,最好同客户并排坐,同时可以在车子行驶期间与客户进行进一步交流。这样除了可以帮客户消磨时间外,并排坐通常还有保护和尊重领导的含义。

(3) 在车上不要睡觉。长时间行车时,特别是在午后或酒后乘车时,特别容易犯困,但这种时候尽可能不要打瞌睡。原因有三:一是打瞌睡是对同车客户的不尊重。如果同车的客户没有睡觉,而我们却睡着了,显然是不礼貌的。即使客户有疲态休息了,我们还有为客户保驾护航的责任。二是不利于安全行车。如果乘车的人都睡觉了,司机也容易犯困,而司机一旦打瞌睡则是十分危险的。所以,无论从保护客户还是从保护自己的角度出发,我们在乘车时都不要睡觉。三是有损自身形象。在车上睡觉时,一般睡姿都不太雅观,而有些人在睡觉时还会有一些不良习惯,如呓语、打鼾等。损害自己的形象是小事,失去了谈判机会就后悔莫及了。

(4)谈话要适当。与同车客户交谈时一定要适度。如果此时客户的心情或精神状态都比较好,我们可以主动地选择一些比较轻松的话题与其交谈,这样不仅可以使乘车的时间“变短”,还可以拉近你与客户之间的距离。如果客户已经很疲惫,则不应过多地打扰,简单地聊上两句,就应及时提醒客户休息。如果此时客户心情很糟糕的话,我们可以选择一些客户容易感兴趣的话题,转移他的注意力。但这需要一定的技巧,如果你自忖无把握将他的注意力转移开,则干脆保持沉默。如果客户此时正在思考问题,千万不要打扰他。如果还有其他随行客户同车且一起聊天时,插话时要掌握好时机,话应少而精。

(二)前台接待礼仪

前台人员是客户了解公司的窗口,其言行举止与综合素质,将是公司形象的直观写照。前台接待礼仪看似微不足道,实则十分重要。前台接待礼仪可以分为日常接待礼仪和不速之客的接待礼仪。首先我们从日常接待礼仪说起。日常接待礼仪又可分为迎接礼仪和接待礼仪。

1. 迎接礼仪

(1)应立即招呼来访客人。应该认识到,大部分来访客人对公司来说都是重要的,要表示出热情友好和愿意提供服务的态度。如果客人来访时你正在打字,应立即停止,即使是在打电话,也要对来客点头示意,但不一定要起立迎接,也不必与来客握手。

(2)主动热情问候客人。打招呼时,应轻轻点头并面带微笑。如果是已经认识的客人,称呼要显得比较亲切。

(3)陌生客人的接待。陌生客人来访时,务必问清其姓名及公司名称。

2. 接待礼仪

接待客人要注意以下几点:

(1) 客人要找的负责人不在时,要明确告诉对方负责人到何处去了,以及何时回来。请客人留下电话、地址,明确是由客人再次来公司,还是我方负责人到对方公司去。

(2) 客人到来时,我方负责人由于种种原因不能马上接见,要向客人说明等待理由与等待时间。若客人愿意等待,应该向客人提供饮料、杂志。

(3) 接待人员带领客人到达目的地,应该有正确的引导方法和引导姿势。

在走廊的引导方法:接待人员应走在客人二三步之前,配合客人步调,让客人走在内侧。

在楼梯上的引导方法:当引导客人上楼时,应该让客人走在前面,接待人员走在后面。下楼时,应该由接待人员走在前面,客人在后面。上下楼梯时,接待人员应该注意客人的安全。

在电梯里的引导方法:引导客人乘坐电梯时,接待人员先进入电梯,等客人进入后关闭电梯门;到达时,接待人员按"开"的钮,让客人先走出电梯。

在客厅里的引导方法:当客人走入客厅,接待人员用手指示,请客人坐下。看到客人坐下后,才能行点头礼后离开。如客人错坐下座,应请客人改坐上座(一般靠近门的一方为下座)。

(4) 诚心诚意地奉茶。我们习惯以茶水招待客人。在招待尊贵客人时,茶具要特别讲究。倒茶有许多规矩,递茶也有许多讲究。

3. 不速之客的接待礼仪

有的客人未预约来访时,作为接待人员,不要直接回答他要找的人在或不在。而要告诉对方:"让我看看他是否在。"同时婉转地询问对方来意:"请问您找他有什么事?"如果对方没有通报姓名,则必须问明,尽量从客人的回答中,充分判断能否让他与同事见面。如果客人要找的人是公司的领导,就更应该谨慎处理。

(三) 办公室接待礼仪

办公室接待在谈判中也是关键环节。接待工作既是琐碎的,又是严谨的。这就要求接待人员在接待过程中,要心细如发,综合考虑问题,把工作做得面面俱到、细致入微、有条不紊。假如某一个环节没考虑周全,很容易使人以为你们不热情、不重视，以致影响全局。

当客户来访时，你应该主动从座位上站起来，引领客户进入会客厅或者公共接待区，并为其送上饮料。如果是在自己的座位上交谈，应该注意声音不要过大，以免影响周围同事。

与客户握手要坚定有力，这能体现你的信心和热情，但不宜太用力，且时间不宜过长，几秒钟即可。如果你的手脏或者很凉或者有水、汗，不宜与人握手，只要主动向对方说明不握手的原因就可以了。女士应该主动与对方握手，握手时不要戴手套。

> 有一个经理人说：“我不想和那个客户做生意，他是我见过的握手最无力的人，手冰冷冷的。我们每握一次手，我对他的信赖就降低一分，因为握手软弱无力的人缺乏活力，缺乏真诚。”

接下来，在递送名片时应用双手拇指和食指执名片两角，让文字正面朝向对方。接名片时要用双手，并认真看一遍上面的内容。如果接下来与对方谈话，不要将名片收起来，应该放在桌子上，并保证不被其他东西压住，这会使对方感觉你很重视他。参加会议时，应该在会前或会后交换名片，不要在会中擅自与别人交换名片。

在双方谈判中，如果觉得有必要，也可带领客户参观公司的工作环境。与纸上策划方案相比较，它们更能体现公司的商业信誉、产品质量和营销理念等，能让谈判更加顺利地进行。

此外，办公室中，除了面对面的接待以外，还有接听电话这一项重要的工作。在接听电话时，你所代表的是公司而不是个人，所以不仅要言语文明、音调适中，更要让对方能感受到你的微笑。同时，也不要忘记对每一个重要的电话都要作详细的电话记录，包括来电话的时间、来电话的人及其公司名称、通话内容等，这样才能为将来开展业务奠定良好的基础。

要掌握电话接听技巧。电话铃声响过三声之后接起电话。大多数人习惯用右手拿起电话听筒。但是，在与客户进行电话沟通过程中往往需要作必要的文字记录，在写字的时候一般会将话筒夹在肩膀上面，这样电话很容易掉下来发出刺耳的声音，给客户带来不适。为了避免这种现象，应用左手拿听筒，右手写字或操纵电脑，这样就可以轻松自如地达到与客户沟通的目的。说话时必须正对着话筒，发音准确，不能大吼，也不能喃喃细语，而应该用你正常的声音，并尽量用热情友好的语气。还应该调整好你的表情，你的微笑可以通过电话传递。另外，要使用礼貌用语，如"谢谢您""请问有什么可以帮忙的吗?""不用谢"。

接听电话过程中应该始终保持正确的姿势。一般情况下，当人的身体下沉，丹田受到压迫时，容易导致丹田的声音无法发出。大部分人讲话所使用的是胸腔，这样容易口干舌燥。如果运用丹田的声音，不但可以使声音具有磁性，而且不会伤害喉咙。保持端坐的姿势，尤其不要趴在桌面边缘，这样可以使声音自然、流畅、动听。

电话接听完毕之前，不要忘记复诵一遍来电的要点，防止因记录错误或者偏差而造成误会。例如，应该对会面时间、地点、联系电话、区域号码等各方面的信息进行核对，尽可能地避免错误。最后的道谢也是基本的礼仪。客户是公司的衣食父母，公司的成长和盈利的增加都与客户密切相关。因此，公司员工对客户应该心存感激，向他们道谢和祝福。

不管是制造行业，还是服务行业，在打电话和接电话过程中都应该牢记让客户先收线。因为一旦你先挂上电话，对方一定会听到"咔嗒"的声音，这会让客户感到很不舒服。

当你正在通电话，又碰上客人来访时，原则上应先招待来访客人。此时应尽快向通话对方致歉，得到许可后挂断电话。不过，电话内容很重要而不能马上挂断时，应告知来访的客人稍等，然后继续通话。

泰国某政府机构为该国一项庞大的建筑工程向美国工程公司招标。经过筛选，最后剩下四家候选公司。该政府机构派遣代表团去美国与各家公司商谈。代表团到达芝加哥时，那家工程公司的工作人员由于忙乱出了差错，没有仔细复核飞机到达时间，未去机场迎接泰国人。泰国代表团尽管初来乍到，不熟悉芝加哥，还是自己找到了商业中心的一家旅馆。他们打电话给那位局促不安的美国经理，在听了他的道歉之后，泰国人同意第二天上午十一点钟在经理办公室见面。第二天，美国经理按时到达办公室等候,直到下午三四点钟才接到客人的电话。泰国人说:“我们一直在旅馆等候,始终没有人前来接我们。我们对你们的接待实在不习惯。我们已经订了下午的机票飞赴下一个目的地,再见吧!”

(四) 会议接待礼仪

在商务谈判活动中,为了协商、研讨某一事项,经常需要召开各种各样的会议。因此,如何将会议接待工作组织得既有条理又有效率,是摆在每一位会议组织者面前的问题。

1. 会前准备工作

首先是会议的筹备工作,要根据会议规模确定接待规格。

其次是及时发放会议通知和会议日程。会议通知必须写明召集人的姓名或组织、单位名称,会议的时间、地点、会议主题以及会议参加者、会务费、应带的材料、联系方式等内容。通知后面要注意附回执,这样可以确定受邀请的人是否参加会议,准备参加会议的人是否有其他要求等。对于外地的会议参加者,还要附上到达会议地点和住宿宾馆的路线图。这个路线图可以避免外地人问路的许多麻烦。

会议日程是在会期以内每一天的具体安排,是人们了解会议情况的重要依据。它的形式既可以是文字的,也可以是表格的。它可以随会议通知一起发放。

最后是选择会场。选择会场,要根据参加会议的人数和会议的内容来综合考虑。最好是达到以下标准:

(1) 大小要适中

会场太大,人数太少,空下的座位太多,松松散散,给与会者一种不景气的感觉;会场太小,人数过多,挤在一起,不仅显得小气,而且也根本无法把会开好。所以,英国前首相丘吉尔曾说:“绝对不用太大的房间,而只要一个大小正好的房间。”

(2) 地点要合理

临时召集的会议,一两个小时就散的,可以把会场定在与会人员较集中的地方。超过一天的会议,应尽量把地点定得离与会者住所较近一些,免得与会者来回奔波。

(3) 附属设施要齐全

会务人员一定要对会场的照明、通风、卫生、服务、电话、扩音、录音等设施进行检查,不能因为"上次会议是从这里开的,没出什么问题",就草率地认为"这回也会同样顺利"。否则,可能会出现意外的状况,造成损失。

(4) 要有停车场

在现代社会,"一双草鞋、一把伞"赶来开会的人已经不多了。轿车、摩托车都要有停放处,会才能开得成。

(5) 会场的布置很重要

会场的布置包括会场四周的装饰和座席的配置。一般大型的会议,根据会议内容,在场内悬挂横幅,门口张贴欢迎和庆祝标语。可在会场内摆放适当的盆景、盆花;为使会场更加庄严,主席台上可悬挂国旗、党旗或悬挂国徽、会徽。桌面上如需摆放茶杯、饮料,应摆放美观、统一。

座席的配置要适合会议的风格和气氛,讲究礼宾次序。主要有以下几种配置方法:

① 圆桌型。即使用圆桌或椭圆形桌子,这种布置使与会者同领导一起围桌而坐,从而消除不平等的感觉。另外,与会者能清楚地看到其他人的面容,因而有利于互相交换意见。这种形式适于10—20人左右的会议。座次安排应注意让来宾或上级领导与企业领导及陪同面对面坐,来宾的最高领导应坐在朝南或朝门的正中位置,企业最高领导与来宾最高领导相对而坐。同级别的人员对角线相对而坐。

② 口字型。即使用长形方桌,这种形式比圆桌型更适用于人数较多的会议。

③ 教室型。这是采用得最多的一种形式,它适用于以传达情况、指示为目的的会议。这时与会者人数比较多,而且与会者之间不需要讨论、交流意见。这种形式下主席台与听众席相对而坐。主席台的座次按人员的职务、社会地位排列,以正中间的席位为上,其余按左为下右为上的原则依次排列。

(6) 会议资料的准备

会务组应该准备有关会议议题的必要资料。这些资料在整理后放在文件夹中发放给与会者,方便与会者阅读和作好发言准备。

2. 会前的接待礼仪

会议准备工作完毕后,客户应邀前来参加会议。会前的接待礼仪包括以下两点:

(1) 会前检查。这是对在准备工作阶段考虑不周或未落实的地方进行的补救。比如检查音像、文件、锦旗等是否准备齐全。

(2) 提前进入接待岗位。接待人员应该在与会者到来之前提前进入各自的岗位,并进入工作状态。一般的接待工作分以下几个岗位:

① 签到。设一张签字台,配上 1—2 名工作人员。如果要求接待档次比较高,可以派礼仪小姐承担。签字台备有毛笔、钢笔和签到本。向客人递钢笔时,应脱下笔套,笔尖对着自己,双手递上。如果是毛笔,则应蘸好墨汁后再递上。签到本应精致些,以便保存。如需要发放资料,应礼貌地双手递上。接待人员应经常向会议组织者汇报到会人数。

② 引座。签到后,会议接待人员应有礼貌地将与会者引入会场就座。对重要领导应先引入休息室,由企业领导亲自作陪,会议开始前几分钟再到主席台就座。

③ 接待。与会者坐下后,接待人员应递茶水,或递上毛巾、水果,热情向与会者解答各种问题,提供尽可能周到的服务。

3. 会中的接待礼仪

会议中的接待礼仪其中一项是服务礼仪。会议进行中的服务要做到稳重、大方、敏捷、及时。

茶水服务人员注意观察每一位与会者的杯子,以便及时为其添茶水。倒水时动作要轻盈、快捷、规范。杯盖的内口不能接触桌面,手指不能印在杯口上,不能发出杯子和杯盖碰撞的声音。一般是左手拿开杯盖,右手持水壶,将茶水准确地倒入杯里,不能让茶水溅到桌面上或与会者身上。杯子放在与会者桌上的右前方。如果操作不慎,出了差错,应不动声色地尽快处理,不能惊动其他人。

其他服务按会议拟定的程序进行,应紧凑,不要出现冷场的现象。这就要求各个工作人员“严阵以待”,做好各项准备工作。如,会议进行第一项:全体起立、奏国歌。这时音响应立即播放出国歌。又如,大会宣布颁发荣誉证书,组织人员应迅速将受奖人员排好队,礼仪小姐把领导从座席上引出来,另有礼仪小姐将证书一一递上,由领导颁发给受奖者。为使会场上的活动有条不紊,必要时应将有关人员组织起来进行模拟训练,避免会场上出现混乱。

如果与会者有电话或有人要相告特别重要的事,服务人员应走到他身边,轻声转告他。如果要通知主席台上的领导,最好用字条传递通知,避免无关人员在台上频繁走动和耳语,分散与会者的注意力。

另外,也应作好会后服务的准备,做到有始有终。会议进行之中,就应为会后服务作好准备。例如,会后要照相,就应提前将场地、椅子等布置好,让摄影师作好准备。另外,会后的用车也应在会议结束前妥善安排。会议结束后,全部接待人员应分工明确地做好善后处理工作。

4. 会后的接待礼仪

会议结束后,有时还会安排一些活动,如联欢会、会餐、参观、照相等。这些工作很繁琐,应有一位领导统一指挥和协调,而且这位领导要有很强的组织能力才能胜任。同时,其他接待人员要积极配合,各负其责,做好自己分担的工作,以保证活动计划的顺利实施。

三、有“礼”的交谈

被美国商界赞誉为“全世界最佳谈判能手”的荷伯·科恩说:世界是一张巨大的谈判桌,每个人都有可能成为谈判者。无论年龄长幼、地位高低、职业贵贱、性别差异,只要你在这个地球上生活,你就有可能参与谈判,有时你去买东西,也会讨价还价,生活当中这样的谈判举不胜举。

美国的一项研究表明,一个人的谈判工作如果不能取得进展,80%不是因为缺乏技能或知识,而是因为缺乏有效的交际沟通技巧。交谈,是表达思想及情感的重要方式,是人际交往的主要手段。可以说,在纷繁复杂的礼仪形式中,交谈礼仪对成功谈判起着至关重要的作用。

有一次，一个贵妇打扮的女人牵着一条狗登上公共汽车，她问售票员：“我可以给狗买一张票，让它也和人一样坐个座位吗？”售票员说：“可以，不过它也必须像人一样，把双脚放在地上。”

在上面的事例中，售票员就很好地运用了语言的艺术，既没有得罪这位贵妇，也巧妙地扑灭了这位贵妇的嚣张气焰。交谈人人都会，但有“礼”的交谈不见得人人都掌握。

在我国的历史长河中，成功的外交谈判事例可谓数不胜数。但是我们也清晰地记得《南京条约》《马关条约》等因为谈判失败而签订的不平等条约。因此，在谈判中交谈的效果并不都是相同的。有句话说得好：“酒逢知己千杯少，话不投机半句多。”人与人之间进行一次成功的谈判，不仅能使双方获得知识、信息的收益，而且感情上也会收获良多，令双方都感到这是一种莫大的享受；而参与一场枯燥无味、死气沉沉的谈判，除了浪费双方的时间之外，还会使双方有一种受折磨的感觉，有可能最终谈判也没有结果。一个人善于谈判，就能广交朋友，给人带来友爱，为社会增添和谐，就能享受到社会特有的友情与温暖。在现实生活中，我们经常看到不少人因谈判中的语言不得体，伤害了亲友，甚至结怨结仇，操刀动斧，酿成无法挽回的人生悲剧。

英国大文豪萧伯纳曾经说过：“你我是朋友，各拿一个苹果，彼此交换，交换后仍各有一个苹果；倘若你有一种思想，我也有一种思想，而朋友相互交流思想，那么，我们每个人就有两种思想了。”可见，广泛地与人交谈可以交流信息，深化思想，增强认识能力和处理问题、解决问题的能力。因此，在我们平日的生活中不要疏忽了交谈的作用。掌握交谈的礼仪要求，提高交谈的语言艺术，对于在谈判中占据主导地位，提高以后的工作水平和工作效率，具有极其重要的作用。

（一）交谈的态度

美国著名哲学家威廉·詹姆斯曾说过：“我们这一代最伟大的发现，是人类可以通过改变态度而改变生命。”[①]事实上的确如此，态度可以决定很多方面，甚

① 转引自刘津主编：《像赢家一样思考》，中国发展出版社 2001 年版。

至从某种意义上来说,谈判中的态度就决定了谈判是否能成功。因此,当我们在商务谈判中遇到难以解决的问题时,应该保持乐观积极的心态,并且始终相信自己有能力可以通过改变态度来改变我们在谈判中的处境。

在谈判中,交谈的态度可以理解为在谈判之前作好十足的准备。当今世界上通行的"哈佛谈判法"就告诉人们,在商务谈判中,真正需要下工夫的既不是在谈判桌上扯皮,也不是在双方的立场争执中耗时耗力,更不是请吃、观光等,而是在谈判之前就千方百计地为自己的报价寻求"客观依据"。

1972年2月,美国总统尼克松访华,中美双方将要展开一场具有重大历史意义的国际谈判。为了营造一种融洽和谐的谈判环境和气氛,我国方面在周恩来总理的亲自领导下,对谈判过程中的各个环节都作了精心而周密的准备和安排,甚至对宴会上要演奏的中美两国民间乐曲都进行了精心的挑选。在欢迎尼克松一行的国宴上,当军乐队熟练地奏起周总理亲自选定的《美丽的亚美利加》时,尼克松总统简直惊呆了。他绝对没有想到能在中国的北京听到如此熟悉的乐曲,而且这正是他平生最喜爱的并且指定在他的就职典礼上演奏的家乡乐曲。

上面这则案例中,一个小小的精心安排,却充分展现了周总理对此次谈判的重视态度,也使得这次谈判一直在融洽和谐的气氛当中进行。

社会惯例、成交典范、市场的平均价格等都可以是我们准备的内容。在这一点上,日本的一些著名企业,如三井、三菱、丸红、兼松等公司就做得非常好。这些公司在进行一次谈判之前,就非常注重交谈中的态度与礼仪,并且希望可以营造良好的交谈氛围。它们的商务洽谈室几乎都配有电脑,以便在谈判中随时提供有关信息。事实上,也只有平时注重市场信息的采集,做到胸中时时有行情,谈判桌上才能得心应手。

作好十足的准备之后,你的自信心往往就在与对方交谈的态度中显现出来了,可见态度就在这时候发挥作用了。

世界最大零售商沃尔玛公司把顾客视为真正的老板,只要顾客距离员工三米以内,员工必须向顾客微笑,行注目礼,打招呼,并尽可能叫出顾客的名字。沃尔玛认为:"无论是某集团公司的总裁,还是一个普通的修鞋匠,只要他走进我们的商店，他就是我们的老板。因为是他们提供了我们薪水，是他们造就了我们商店的成功。顾客随时可以解雇我们每一个，只要他到其他地方购物就行了。”

真诚和热情是谈判的基础。只有坦诚相见、谦虚谨慎、尊重他人的谈话，才能使人感到亲切融洽。若是虚情假意、敷衍搪塞，满口的“外交辞令”，往往会给人一种盛气凌人、妄自尊大或油腔滑调的感觉，导致双方产生隔阂，无法顺利进行谈判。

在真诚与热情的基础上，我们还应该做到以下两点，以更好地把握交谈时的态度。

第一，应该做到谨慎专注。

试想如果在谈判的时候，对方没有一个人在听你讲，你还有兴致讲下去吗？即使你可以一直谈下去，但一个人总不能唱起一出戏吧。因此，谈判时保持专注的神态既是对对方的一种肯定，也是对谈判能够顺利进行所贡献的一份力量。倾听对方谈话要目视对方，全神贯注，眼神自然、柔和，但是总是盯着对方也是不礼貌的。中国人向来被认为很保守，在人际交往中比较含蓄、委婉，这导致我们的眼神容易在注视对方与不注视对方之间交替，但记住千万不要左顾右盼、东张西望，这样很容易让对方认为你心不在焉。

第二，应该礼让对方。

在与他人进行谈判时，不要以自我为中心，要有大局意识，保持平和的态度。一场谈判很难一直保持和谐的气氛，因此在谈判陷入僵局时，高明的谈判者并不会和对方争得面红耳赤，而是会继续保持友好的态度，作一定的让步，让对方的心理可以平衡一点，但是往往在让步的过程中已经采取了“小动作”。

谈判是一个互动的过程，不能只顾自己说而不让对方有发言的机会，也不能只听对方说，自己一声不吭，这样就很难在满足你的利益的前提下满足对方的利益。在向对方提条件的同时也要给对方提条件的机会，因为一次成功的谈判是双方没有一个输者。

（二）交谈的语言

马克·吐温曾经说过：仅凭一句赞美的话就可以活上两个月。语言的魅力可见一斑。美国前总统尼克松在他的《领袖们》一书中这样写道:“我见过的所有杰出的领导人都非常善于面对面地交谈。我认为这绝非偶然。领导艺术在于使人信服,如果一个领导人谈话枯燥乏味,不能给人留下深刻的印象,就不能说服别人,因此就当不了领导。”[①]因此,双方谈判切磋时,如何把握交谈语言的有“礼”,对于谈判成功非常重要。下面是笔者自己所遇到的一则案例。

> 有一次,我到邮局去寄挂号信,人很多,我排着队。我发现那位负责挂号信的职员对自己的工作已经很不耐烦——称信件、卖邮票、找零钱、写发票。我想:可能是他今天碰上了什么不愉快的事情,也可能是一年又一年干着单调重复的工作,早就烦了。
>
> 因此,我对自己说:我要使这位仁兄喜欢我。显然,要使他喜欢我,我必须说一些令他高兴的话。所以我就问自己:他有什么值得我欣赏的呢?稍加用心,我立即就在他身上看到了我非常欣赏的一点。
>
> 因此,当他在称我的信件的时候,我很热情地说:“我真的很希望有您这种头发。”他抬起头,有点惊讶,但很快面带微笑。“嘿,不像以前那么好看了。”他谦虚地说。
>
> 我继续说:“虽然你的头发失去了一点原有的光泽,但仍然很好看。”听了我的话,他高兴极了,对待工作也一下子显得积极起来。我们愉快地谈了一会儿,我寄完信临走时,他竟兴奋地对我说:“很多人都称赞过我的头发。”
>
> 我敢打赌,这位仁兄当天接下来的时间里一定工作得很愉快;我敢打赌,他回家以后,一定会跟他的太太提到这件事;我敢打赌,他一定会对着镜子说:“这的确是一头美丽的头发。”

从上面的事例中可以看出,我们在社会交际中要善于运用赞美的语言。相关理论研究和实践证明,交谈中过于夸张的语言会让对方感到尴尬,失实或者不恰当的语言则使人显得虚伪。同样,在谈判中,只有真诚的话语才能得到别人的信任。若缺乏真诚的动机,容易使人反感,往往导致交流的不畅和失败。

---

① 〔美〕理查德·尼克松:《领袖们》,施燕华等译,海南出版社 2008 年版。

第一，谈判的语言尽量做到亲切朴实。

正如社会学家埃米利·波斯特在《西方礼仪集萃》中所言：“公关礼仪表面上有无数清规戒律，其本质在于，使人类充满生机活力，使人人变得平易近人。”[①]可见在谈判中平易近人、务实有多重要。也许你会说应该在一开始就表现出强势，但是事实上这要看和你谈判的那个人采取什么策略。不错，你是想让谈判在你的主导下进行，但是千万别忘了，有些人可是稳中求进的，到时候你被对方摆了一道都不知道。谈判中的语言应当通俗活泼，亲切谦和，犹如家常话。不要端架子，摆派头，以上压下，以大欺小，官气十足，倚老卖老，盛气凌人，随便教训、指责别人。此外，如果满嘴的专业术语和子曰诗云，堆砌辞藻，卖弄学识，则只会让人闻之生厌，不知所云。

第二，谈判的语言一定要简洁明了。

交谈时务必要使用明确的语言。这里的“明确”，应当包含两层意思。

(1) 要求发音标准，吐字清晰。

(2) 要求所说之话含义明确，不可以有歧义、模棱两可，以免产生误会。

在交谈时，应力求言简意赅，简单明白，少讲废话。不要没话找话，节外生枝，不着边际，让人听起来不明不白。要言不烦，是交谈中不应忘记的重要一点。万一用词不够准确，产生纠纷不说，还可能令自己遭受经济损失。

第三，在交谈的时候一定要多用礼貌用语。

一些礼貌用语，例如“谢谢”“麻烦了”“不客气”之类的话语要常挂在嘴边。我们要学会发掘对方的优点，进行赞美，这样的话他会很乐意与你多交谈。也许有时候多吹捧几句，对方也就答应你的条件了，往往语言的魅力就在这时候体现出来了。但是赞美要适度，要有具体的内容，绝不能曲意逢迎。

第四，可以根据环境适当幽默一下。

适当地运用幽默的语言，能使谈判进程更加顺利，有时还可以成功化解谈判中的瓶颈问题。

一家商场与供货商就产品质量问题展开了激烈的谈判。供货商拒绝承认其产品在质量上的问题，拒不承担应对用户所负的赔偿责任，反而厚

---

① 〔美〕埃米利·波斯特：《西方礼仪集萃》，齐宗华等译，三联书店 1991 年版。

着脸皮大吹特吹其产品所具有的优良性能。商场的主管经理没有正面予以反驳,而是笑着对供货商说:“老兄,什么时候开发新产品的啊?”

“新产品?什么新产品?这不就是一直卖给你们的产品吗?”

“不会吧,你一定是记错了。”说着,经理扬了扬手中质检部门的检验证明。“我们卖的产品不但质量有问题,而且也不具备你所说的性能,怎么会是你介绍的产品呢?老兄,别开玩笑了。”说完,他哈哈大笑。供货商无言以对,只能尴尬赔笑。

经理幽默而机智的一番话,让供货商不由地感到惭愧,同时也感激经理的嘴下留情,得理让人。于是,供货商积极地配合商场,把问题成功地解决了。

谈判桌上,有时由于双方语言的不合,气氛会突然变得尴尬、沉闷,这时灵活运用幽默的语言,往往能够化解僵局。

一位女士怒气冲冲地闯进一家食品店,向营业员喝道:“为什么我儿子每次在你这儿买果酱都缺斤少两?”

营业员并没有慌张,仔细想了想,猜中了其中的原因。于是,他礼貌地回答:“夫人,你为什么不称称你那可爱的小宝宝,看他是否长重了?”

这位母亲一愣,继而恍然大悟,怒气全消,不好意思地对营业员说:“哎,对不起,误会了。”

谈判是为了实现合作,并通过合作来满足自己的需要,因此在谈判过程中没有必要抓住一些枝节性小问题不放,而应着眼于全局,富有策略性。否则就会显得你很无“礼”,从而失去了谈判优势。当谈判出现问题时,运用好有“礼”的谈判语言无疑是最佳选择。

有声语言只是人类语言的一部分,人类还有丰富的肢体语言。在谈判中,谈判人员的肢体语言往往传达了一种极为重要的礼仪信息。对此,我们应该注意以下几点:

(1) 不要在与人谈判的时候东张西望,那是对别人的不尊重。

(2) 不要在与人谈判的时候做一些有损自己形象的小动作,例如跷二郎腿,更不要将跷起的脚尖冲着他人。

（3）避免打哈欠或伸懒腰。

（4）不要用手挖耳洞、鼻孔。

（5）不要跺脚或摆弄手指。

（6）在友好的气氛中，不要模仿他人的消极手势和姿态。

（7）避免与对方坐得过近或过远。

（8）不要揉眼睛、搔头或过分昂头。

（9）讲话时，嘴里不要含食物。

另外，谈判人员还可以依据对手的某些肢体语言，调整自己的交际策略。例如，看到对方将一只脚别在另一条腿的某个部位，这是害羞、忸怩或胆怯心理的流露。在和做出这种姿态的人谈条件时，往往需要采取一种热情、友好的谈判态度，确保双方的谈判可以顺利进行下去。

（三）交谈的内容

交谈时首先要确保交谈的内容得体。所谓得体，就是说话要适时、适情、适机，一切以适度、恰当为原则。对于这一点，吕叔湘先生是这样表述的：“此时此地对此人说此事，这样的说法最好；对另外的人，在另外的场合，说的还是这件事，这样的说法就不一定最好，就该用另一种说法。”①要确保谈判内容得体，主要可以从以下几个方面入手。

1. 要注意强调对方的价值

交谈时应将对方当成交流内容的中心，将其视为主角。选择交谈内容时应尽量避免触及对方的隐私，例如个人收入、年龄等。因此，交谈时要注意观察，如果对方很回避当前交流的内容，就应该立即将话题转移；如果对方的谈话触及自己的隐私，应敷衍搪塞过去，不要生气，因为对方可能是无意的。

另外，要注意附和别人时的表达方式。“前些日子，我到博物馆去参观书画展，真是琳琅满目，美不胜收啊！”如果当对方讲完了以上的话，你回应说“噢，是这样啊”，那就不太高明了。事实上你该多提一些问题，引导他继续讲下去，如：噢，是吗，参观的人多吗？是国画还是水彩画？有没有什么你特别喜欢的作品？

① 转引自廖惠珠：《拒绝游牧：流浪教师的修辞策略》，台北秀威资讯科技股份有限公司 2008 年版。

这样的话,对方希望被关注的心理也得到了满足,你也成功地进行了一次礼仪公关。总之,附和对方的话会使对方有讲话的冲动,你们之间的对话当然会越来越精彩了。

2. 尽量将双方的谈话内容引入谈判议题之中

投其所好,引起对方的交谈兴趣之后,将话题引入谈判议题才是关键。一个优秀的谈判高手会在双方交流中不知不觉地将谈判完成,这是谈判的最高境界。

3. 忌搬弄是非,非议别人

正所谓"祸从口出",不要搬弄是非,捉弄别人,使别人下不了台,这样做不只对自己不好,而且对双方的关系来说也是坏事。

4. 承认自己的弱点

如果想让人觉得你很容易亲近,最好的方法就是以一个平常人的面目出现,让对方知道你也是有缺点或弱点的凡人。把自己的弱点告诉他人等于表达了你对他的信任,反过来对方也会觉得你是值得信赖的人。

交谈中自吹自擂,说个没完,语言刻薄,逢人诉苦,不言不语都是不受欢迎的。谈判时要有礼有节,尽心倾听,有问必答,不要轻易打断别人的谈话或随便走开,更不能面带倦容,打哈欠,看手表。与女性谈判要得体、谦让,争论要有节制,不要随意开玩笑。当然,这些绝非一朝一夕或仅靠理论支撑就能做到。这需要我们在不断的实践中吸取教训,总结经验,在不断的积累中学会把握"得体"的尺度,才能在谈判中做到游刃有余。

(四)交谈的方式

任何谈判都是有其内在的策略性的。换句话说,谈判是讲究方式的。若想使谈判升华为一种语言艺术,就必须重视并学会运用恰当的、有"礼"的谈判方式。

北京某区一位党委书记在与外商谈判时,发现对方对自己的身份持有强烈的戒备心理。这种状态阻碍了谈判的进行。于是,这位党委书记当机立断,站起来对对方说道:"我是党委书记,但也懂经济,搞经济,并且拥有决策权。我们摊子小，并且实力不强，但人实在，愿意真诚与贵方合作。咱们谈得成也好，谈不成也好，至少你这个外来的‘洋’先生可以交上我这样的‘土’朋友。”寥寥几句肺腑之言，打消了对方的疑惑，使谈判顺利地开展下去。

具体来说，在实践中要学会灵活运用不同的谈判方式。

第一，要因人而异，随机应变。

讲得通俗点就是“到什么山上唱什么歌”。谈判的时候并不能保证对方和你有同样的风俗与喜好，要学会随机应变，这样才是高明之举。

第二，必要的时候可以抓住对方某个理亏之处。

巴西一家公司到美国去采购成套设备。巴西谈判小组成员因为上街购物耽误了时间。当他们到达谈判地点时，比预定时间晚了45分钟。美方代表对此极为不满，花了很长时间来指责巴西代表不遵守时间、没有信用，并抱怨如果对方老这样下去的话，以后很多工作很难合作，浪费时间就是浪费资源、浪费金钱……对此，巴西代表团感到理亏，只好不停向美方道歉。谈判开始以后，美方代表似乎还对巴西代表团来迟一事耿耿于怀，一时间弄得巴西代表团手足无措，说话处处被动，无心与美方讨价还价，对美方提出的许多要求也没有静下心来认真考虑，匆匆忙忙就签订了合同。

等到合同签订以后，巴西代表团平静下来，头脑不再发热时，才发现自己吃了大亏，但已经晚了。

提到这个案例一方面是告诉大家可以利用对方理亏之处进行谈判，另一方面还想告诫各位，如果有机会代表公司或者组织去谈判，千万别迟到。一旦迟到，被对方抓到“把柄”，很容易头脑发蒙，思考问题也不周全。

第三，与人保持适当的距离。

从礼仪上说，交谈时与对方距离过远，会使对方认为你不愿向他表示友好和亲切，这显然就失礼了。然而，如果在较近的距离和人交谈，稍有不慎就会把口水溅在别人脸上，这是最令人讨厌的。有些人因为有凑近和别人交谈的习惯，又怕自己的唾沫溅到别人，于是先用手掩住自己的口，这样做形同“交头接耳”，样子难看又不够大气。从谈判礼仪的角度讲，一般保持一两人的距离最为适合。这样做，既让对方感到亲切，同时又保持一定的“社交距离”。

第四，遇到谈判瓶颈时，有必要“红脸白脸”同唱一台戏。

美国富翁霍华德·休斯有一次为了大量采购飞机，与飞机制造商的代表进行谈判。休斯要求在合约上写明他所提出的34项要求，其中11项要求是没有退让余地的，且这11项对谈判对手是保密的。对方不同意，双方各不相让，谈判中冲突激烈，竟发展到把休斯赶出了谈判会场。

后来，休斯派了他的私人代表出来继续同对方谈判。他告诉这位代表，只要争取到34项中那没有退让余地的11项条款他就心满意足了。这位代表经过一番谈判后，争取到其中包括休斯说的那11项在内的30项条款。

休斯惊奇地问这位代表，怎样取得如此辉煌的胜利的。代表回答说：“那简单得很，每当我同对方谈判遇到瓶颈时，我就问对方‘你到底是希望同我解决这个问题，还是留着和休斯一起解决？’结果，对方每次都接受了我的要求。”

另外，我们可以采用以下几种谈判中的交谈方式。

1. 面对面交谈

所谓面对面交谈，是指谈判双方（或多方）面对面地直接就谈判议题进行协商、沟通。面对面交谈是历史最悠久、应用最广泛的一种谈判方式。时至今日，它仍旧是最重要和最常见的谈判方式。

采用面对面的交谈方式，谈判双方（或多方）可以直接对话，这不仅是语言的直接交流，而且谈判各方均能直接观察到对方的表情和仪态。这便是面对面交谈的优势所在。

2. 电话交谈

电话交谈，是指谈判人员借助电话进行信息沟通、协商，寻求达成交易的一种谈判方式。它是一种间接的、口头的谈判方式。随着电话通信的广泛采用和日益普及，人们也越来越多地利用电话沟通信息，洽谈商务等。

电话交谈方式和面对面交谈方式都属于口头谈判，只不过一个是远距离、不见面的磋商，而另一个是近距离、面对面的洽谈。有时候电话谈判会录音，双方在电话交谈中达成的口头协议也会构成有法律约束力的口头合同。

3. 函电交谈

函电交谈，是指通过电邮、传真等方式进行磋商，寻求达成交易的一种书面谈判方式。函电交谈与电话交谈都是远距离、不见面进行磋商，只不过函电交谈是用文字表达，而电话交谈则是用口头语言来表达。

4. 网上交谈

网上交谈是伴随着电子商务的兴起而发展起来的，借助于互联网进行的一种新型的谈判方式。现在，对于大多数进口商而言，如果需要从国外进口产品，首先要做的是在国际互联网的电子商务网站上发布求购信息。然后，各个生产商通过电子商务平台与进口商进行交谈、报价。越来越多的进口商已不屑于参加各种经贸洽谈会，因为那样做的交易成本太高。

四、有"礼"的宴请

餐桌文化的盛行使谈判和宴请得以紧密结合。在中国，"饭局"已然成为谈判的一种主要途径。同样，在东方其他国家和西方大部分国家，谈判过程中"饮茶""喝咖啡"也极为常见，餐桌上谈判也是一种主要的谈判形式。故，有"礼"的宴请，必将会为谈判增添有利的条件。

在日常生活里，人们经常会碰到这样的情景：几位衣着考究的商界人士，正坐在某一家餐馆里进行会晤。他们的神态严肃而认真，并且津津有味地边吃边谈。稍加注意的话，就会发现，此时此刻他们的的确确是"醉翁之意不在酒"，因为他们对于交谈的兴致似乎要远远高出对于进餐的兴致。

（一）餐桌之礼

餐桌礼仪，指的是人们在餐桌上所必须认真遵守的行为规范。餐桌上的行为举止、言语谈论，都将会给他人留下深刻印象，因而在就餐之前谈判已经开始。餐桌上得体的举止和智慧的言谈对于促进谈判顺利进行大有裨益。餐桌上的礼仪以点菜礼仪尤为重要。

1. 餐前礼仪

大部分宴请或聚餐，其主要目的在于交际，有些即是为了进行商务谈判。因此，在用餐前可以进行适当的交际活动。谈判中的第一印象十分重要，会见之初言谈举止要尽可能创造出友好、轻松的气氛。作自我介绍时要自然大方，不可露傲慢之态。被介绍到的人应起立或点头微笑示意，并礼貌回应。倾听对方谈话时的姿态也对谈判气氛起着很大影响，应两眼注视对方，目光停留于对方双眼与前额的三角区域，这样使对方感到被关注，觉得你诚恳、严肃。切忌双臂在胸前交叉，那样会显得傲慢无礼。

询问对方要客气，多用"请"。接递物时，要双手接递。人员介绍完毕，不急于切入正题，可选择双方共同感兴趣的话题进行交谈，稍作寒暄，以沟通感情，创造融洽气氛。在用餐前，闲来无事，切不可随意玩弄餐具，如对餐具进行敲打、摆弄、移位等。也不可随意摇动身体，引起桌椅晃动，从而影响他人的情绪。

2. 点菜礼仪

谈判人士间的会餐，是指在商务交往中具有业务关系的合作伙伴，为进行接触、保持联系、交换信息或洽谈生意，而假借用餐的形式所进行的一种商务聚会。

从商务礼仪的角度看，正规的工作餐既不同于正式的宴会，也不同于亲友们的会餐。在菜肴的选择上，与宴会、会餐相比，此类会餐仅求吃饱，而不刻意要求吃好。因此，工作餐上上桌的菜肴大可不必过于丰盛，应以简单为要。只要菜肴清淡可口，并且大体上够吃，就算是基本"达标"了。

根据常规，会餐的菜肴安排应当由东道主负责。东道主若要表现得称职，在具体安排菜肴、饮料时，最好还是先同其他人，特别是主宾，进行一下协商。最重要的是要主动回避对方的饮食禁忌。

假使担心客人过于拘束，不愿将自己的饮食习惯如实相告的话，主人最好不要包办，为大家统一点菜。此时的可行之法是：由每位用餐者各点一道菜，或者统一选择套餐，由大家各点各的。

出于卫生方面的考虑，会餐最好采取"分餐制"的就餐方式。不习惯的话，代之以"公筷制"亦可。

一般情况下，在营业性餐馆举行会餐时，可酌情安排一些该餐馆拿手的"特

色菜”,没有必要非上山珍海味不可。以下作几点简单介绍:

(1) 考虑特色

点本地特色菜肴,比如西安的羊肉泡馍,湖南的毛家红烧肉,上海的红烧狮子头,北京的涮羊肉。宴请外地客人时,上这些特色菜,恐怕要比千篇一律的生猛海鲜更受好评。点本餐馆的特色菜,也是一种表现主人细心和表达对客人尊重的好办法。

(2) 考虑健康

健康搭配菜色,丰富营养,对于有病在身的客人应多予照顾。如:肝炎病人忌吃羊肉和甲鱼,高血压、高胆固醇患者要少喝鸡汤。

(3) 考虑禁忌

国内的佛教徒不吃荤腥食品。穆斯林通常不吃猪肉,不喝酒。英美国家的人通常不吃宠物和稀有动物。

(二) 宴客之礼

朋友间的聚会可能对礼仪要求不多,但在商务宴请中,各项宴客的礼仪已经成了影响谈判成败的重要因素。

无论在西方还是在我国,宴会都是职场社交活动中较常见的形式之一。在东方,中国人自古“民以食为天”,传统问候以吃饭为主;在西方,英语 companion (伙伴)一词源自拉丁语 companio,意即“共享面包的人”。在宴请场合,能交流思想,探讨问题,更能结交好友,增进感情。了解一些宴客之礼,对于谈判人士,无疑益处多多。

宴客时应注意以下三个问题:

1. 适量原则

适量原则是指,在宴客活动中,不论是对活动的规模、参与人数、用餐档次,还是宴客的具体次数,都要量力而行,从实际的需要出发,进行力所能及的安排。虚荣好强、炫耀攀比、铺张浪费只会适得其反。

我国东北某企业与一家美国大公司商谈合作问题,这家企业花了大量的工夫做了前期准备工作。在一切准备就绪后,该企业邀请美国公司派代表来考察。前来考察的美国公司老板在这家企业领导的陪同下,参观了企业的生产车间、技术中心等,对中方的设备、技术水平以及工人的操作能力等,都表示了相当程度的认可。

中方企业非常高兴,设宴招待美方老板。宴会选在十分豪华的大酒楼举行,有二十多位企业中高层领导及市政府官员前来作陪。美方老板以为中方还有其他客人及活动,当通知只为招待他一人后,感到不可理解,当即表示与中方的合作要进一步考虑。

美国老板回国之后,发来一份传真,拒绝与这家中国企业合作。美方认为中方吃一顿饭都如此浪费,要是把大笔资金投进去,说不定会怎样挥霍呢。于是,一笔巨额业务就这样付诸东流了。

2. 入乡随俗

由于国情、地域、民族、文化背景的不同,在宴客时,实际上也存在着“十里不同风,百里不同俗”的讲究。对这一客观现实要有正确的认识,不要自高自大,唯我独尊,忽视对方的感受,简单否定其他不同于己的做法。必要时,必须坚持入乡随俗,与绝大多数人的习惯做法保持一致。只有这样,才能有助于谈判氛围的融洽。当然,如果为了给客户营造“宾至如归”的感觉,也可根据客户的乡俗安排宴客。

3. 切勿刻意追求创新

有位朋友带一位来访的客户去日本料理店用餐,结果熬过了一个异常艰难的夜晚:因为在日本料理店是跪着用餐的,而那位朋友的客户常年饱受关节炎的折磨,谈判自然无法顺利进行下去了。

宴会策划者费尽心思,结果却适得其反。创意能够给客人以新鲜感,但是过度追求创新,给客人带来实际困难,实在不是明智之举。所以,在不能保证客人能适应新创意、新方式的前提下,有时候中规中矩、保守些是没有害处的。

事实上,以上的要求都是建立在对客户尊重的基础上的。基于这个前提,宴会筹划者会设身处地地为客户着想,客户一定能够从中体会到对自己的尊重。如果没有这个前提,即使掌握再多的谈判技巧,也只是形式上的客套而已。

（三）东方国家的宴请礼仪

中华饮食文化源远流长，饮食礼仪自然成为饮食文化的一个重要组成部分。中国的宴请礼仪源远流长，经过几千年的演进，终于形成今天大家普遍接受的一套饮食进餐礼仪。作为东方国家的代表，以下着重介绍中国的宴请礼仪。

1. 席位的排列

在中餐礼仪中，席位是一项十分重要的内容，关系到来宾的身份和主人给予对方的礼遇，因此应受到重视。餐桌上的座位排列往往也能体现出谈判双方在局势上的状况。餐桌上的座次排列主要有以下几种：

（1）“右高左低”：当两人并排就座时，通常以右座为上。这主要是因为中餐上菜时多以顺时针为上菜方向，右座者通常优先受到照顾。

（2）“中座为尊”：三人就座用餐时，居中者的位次往往高于其两侧就座之人。

（3）“面门为上”：依照礼仪惯例，以面对正门者为上，背对正门者为下。

（4）“临墙为宜”：在餐馆中，为防止过往侍者和食客的干扰，通常我们把靠墙之位视为上座。

2. 餐具礼仪

与西餐相比较，中餐的一大特色就是餐具有所不同。本书主要介绍一下平时经常出现的各类餐具的使用。学会餐具之礼，有助于谈判人员在宴请场合更加从容而自信。

（1）筷子：筷子是中餐最主要的餐具。筷子通常必须成双使用。要严格界定筷子的职能，筷子只是用来夹取食物的，用来剔牙、挠痒或是夹取食物之外的东西都是失礼的。

（2）勺子：勺子的主要作用是舀取食物。有时，用筷子取食时，也可以用勺子来辅助，但是尽量不要单用勺子去取菜。用勺子取食物时，不要舀取过满，免得溢出来弄脏餐桌或自己的衣服。在舀取食物后，可以在原处“暂停”片刻，汤汁不会再往下流时，再移回来享用。暂时不用勺子时，应把它放在自己的碟子上，不要直接放在餐桌上，或是让它在食物中“立正”。用勺子取食物后，要立即食用或放在自己的碟子里，不要再把它倒回原处。如果取用的食物太烫，不可用勺子舀来舀去，也不要用嘴对着吹，可以先放到自己的碗里，等凉了再吃。

(3) 盘子：盘子在餐桌上一般要保持原位，而且不要堆放在一起。稍小点的盘子就是碟子，主要用来盛放食物，在使用方面和碗略同。需要着重介绍的，是一种用途比较特殊的被称为“食碟”的盘子。食碟的主要作用是用来暂放从公用的菜盘里取来享用的菜肴。用食碟时，一次不要取放过多的菜肴，看起来既杂乱不堪，又让人觉你贪婪。不吃的残渣、骨、刺不要吐在地上、桌上，而应轻轻放在食碟前端，放的时候不能直接从嘴里吐在食碟上，要用筷子夹放到碟子边上。如果食碟放满了，可让服务员更换新碟。

(4) 水杯：水杯主要用来盛放白开水、汽水、果汁、可乐等软饮料，不要用来盛酒，也不要倒扣水杯。另外，喝进嘴里的东西不能再吐回水杯。

(5) 湿毛巾：中餐用餐前，比较讲究的话，会为每位用餐者上一块湿毛巾，它只能用来擦手。擦手后，应该放回盘子里，由服务员拿走。有时候，在正式宴会结束前，会再上一块湿毛巾，它只能用来擦嘴，不能擦脸、抹汗。

(6) 牙签：尽量不要当众剔牙。非剔不可时，用另一只手掩住口部。剔出来的东西，不要当众观赏或再次入口，也不要随手乱弹，随口乱吐。剔牙后，不要长时间叼着牙签，更不要用来扎取食物。

3. 用餐礼仪

任何国家，都有自己的传统饮食习惯和风俗，中餐也不例外。比方说，过年时餐桌上少不了鱼，表示“年年有余”；和渔家、海员一起吃鱼的时候，忌讳把鱼翻身，因为那有“翻船”的意思。

中国乃礼仪之邦，小小的“吃相”问题，有时也会造成重大的社会影响。

> 战国时期，赵国和秦国打仗，赵国找不到人才了，只好召来老将廉颇。特使郭开被秦国收买，回禀赵王说：廉颇倒是挺能吃的，一斗米，十斤肉，可就是一饭三遗矢(即一顿饭的工夫上了三次厕所)。这彻底毁了廉颇的吃相，让人以为他已年老无用，那谁还敢用他啊。

进餐伊始，服务员送上的第一块湿毛巾是擦手的，记住，它不是用来擦脸的。上龙虾、鸡、水果时，会送上一只小小水盅，其中飘着柠檬片或玫瑰花瓣，它不是饮料，而是洗手用的。洗手时，可两手轮流沾湿指头，轻轻涮洗，然后用小毛巾擦干。

用餐时要注意文明礼貌。对客户不要反复劝菜，可向对方介绍所点菜的特点，吃不吃由他。有人喜欢向他人劝菜，甚至为对方夹菜。外宾没这个习惯，你要是一再客气，没准人家会反感：“说过不吃了，你非逼我干什么？”反过来，参加外宾举行的宴会，也不要指望主人会反复给你让菜。你要是非等别人给自己布菜，那就只能饿肚子。

谈判双方入席后，不应立即动手取食，而应待主人举杯示意开始时，客人才能开始；客人不能抢在主人前面。夹菜要文明，应等菜肴转到自己面前时，再动筷子，不要抢在邻座前面，一次夹菜也不宜过多。要细嚼慢咽，这不仅有利于消化，也是餐桌上的礼仪要求。绝不能把大块食物往嘴里塞，狼吞虎咽，这样会给人留下贪婪的印象。不要挑食，只盯住自己喜欢的菜吃，或者急忙把喜欢的菜堆在自己的盘子里。用餐的动作要优雅，夹菜时不要碰到邻座，不要把盘里的菜拨到桌上，注意不要把汤碗泼翻。吃饭时不要发出响声，如喝汤时“咕噜咕噜”，吃菜时嘴里“吧唧”作响，都是粗俗的表现。不要一边吃东西，一边和人聊天。嘴里的骨头和鱼刺不要吐在桌子上，可以餐巾掩口，用筷子取出来放在碟子里。掉在桌子上的菜，不要再吃。进餐过程中不要玩弄碗筷，或用筷子指向别人。不要用手去嘴里乱抠。用牙签剔牙时，应用手或餐巾掩住嘴。不要让餐具发出任何声响。

用餐结束后，可以用餐巾、餐巾纸或服务员送来的小毛巾擦擦嘴，但不宜擦脸或头颈；餐后不要打饱嗝；在主人还没示意结束时，客人不能先离席。

（四）西方国家的宴请礼仪

西方人的宴客之道，大致可区分为两大类：严谨正统、讲究礼仪的欧洲派，和热情随性的美国派。比如，美国人通常把主菜和沙拉一起送上桌来，而法国人要等主菜吃完以后才上沙拉，其讲究程度可见一斑。

作为“舶来品”，西方国家的宴请礼仪正越来越受到中国人的认可。随着中国与世界的接轨，国家之间互通有无，国人与外商的接触日益频繁。不少人在吃西餐谈判时，都会担心因“失礼”而失去谈判机会。

有一次，李鸿章出使德国，应德国“铁血宰相”俾斯麦之邀前往赴宴。由于不懂得西餐礼仪，在餐桌上，他把一碗吃水果后用来洗手的水端起来喝。俾斯麦还算善解人意，为了不让这位东方客人尴尬，也只好陪他把洗手的水端起来一饮而尽。见此情形，其他文武大臣无奈忍笑奉陪。

在选择宴请地点时，一定要避免选择有罗曼蒂克情调的餐馆，最好在适宜商务会谈的餐馆订位。接下来开始谈论西方宴请礼仪。

1. 餐前礼仪

用餐时最好从左侧入座。就座时，身体要端正，手肘不要放在桌面上，不可跷足，与餐桌的距离以便于使用餐具为佳。餐台上已摆好的餐具不要随意摆弄。将餐巾对折轻轻放在膝上。

2. 餐具礼仪

西餐餐具的种类和数量，因西餐宴会的正式（formal）程度而定。越正式的餐会，刀叉盘碟摆得越多。使用刀叉进餐时，从外侧往内侧依次取用，要左手持叉，右手持刀；切东西时左手拿叉按住食物，右手执刀将其切成小块，用叉子送入口中。使用刀时，刀刃不可向外。进餐中放下刀叉时，应摆成“八”字形，分别放在餐盘边上。刀刃朝向自己，表示还要继续吃。吃完主菜，把刀和叉平行地斜放在主菜盘（main plate）上，是向侍者表示可以把主菜餐盘拿走了。

有一次赴西餐宴会，一位女孩子坐在笔者的对面。她大概为了显示自己斯文秀气，把刀叉给拿错了。当时除了左右手边摆着刀叉之外，每人的左前方还有一把刀，像铲子似的，它是用来抹黄油的。那个女孩不懂行，结果拿了那把黄油刀去切牛排。我们都快吃完了，她还没开始呢。她急了，最后狂剁，一不小心把肉给弄到别人脖子上去了。

3. 用餐礼仪

正餐通常从汤开始。最大的一把匙就是汤匙，它就在你右边的盘子旁边。不要错用放在桌子中间的那把匙子，因为那可能是取蔬菜和果酱用的。

喝汤时还要注意以下几点：

（1）舀汤时，汤匙由内向外舀，每次约八九分满即可，以免滴落四处。

（2）西餐汤无论多烫，都不可用嘴吹凉，可用汤匙加以搅拌散热，待凉后再喝。

(3) 用汤匙将汤送入嘴里喝下，绝对不可发出声响，把汤吸入，这在欧美人看来是极不礼貌的行为(注意，吃日本菜时，喝汤却是声音越大越好)，也绝不可以将汤碗捧起来喝。暂停喝汤时，将汤匙放在汤盘(碗)内。汤快喝完时，一手将汤碗或汤盘由内向外倾斜，另一手持汤匙由内向外舀汤喝。

(4) 喝完汤，将汤匙放在靠外侧的餐盘内。

如果吃面包，也有一定的礼仪讲究。面包一般掰成小块送入口中，不要拿着整块面包去咬。抹黄油和果酱时也要先将面包掰成小块再抹。吃面包可蘸调味汁，吃到连调味汁都不剩，是对厨师的礼貌。

喝咖啡时，如愿意添加牛奶或糖，添加后要用小勺搅拌均匀，然后将小勺放在咖啡的垫碟上。喝咖啡时应右手拿杯把，左手端垫碟，直接用嘴喝，不要用小勺一勺一勺地舀着喝。吃水果时，不要拿着整个水果去咬，应先用水果刀切成四瓣，再用刀去掉皮、核，用叉子叉着吃。

在一流餐厅里，诸如倒酒、整理餐具、捡起掉在地上的刀叉等，都应让侍者去做。在国外，进餐时侍者会来问：“How is everything?”如果没有问题，可用“Good”来表达满意。

另外，席间要轻声谈些轻松愉快的话题，尽量避免一声不响地闷着头吃饭，那样会很奇怪。旁若无人地大声喧哗，也是极失礼的行为。音量要降低到保证对方能听见即可，别影响到邻桌。

在西方，饭后极少使用牙签。因此，如果你与外国人一道就餐，要暂时放弃这个习惯。在餐桌上不要夸夸其谈，要用手捂住嘴去答话，尽量少说客套话。切记不要让你的客人看见或者猜到账单的金额。绝不要议论价格和对账单提出质疑，最好的办法是吃完饭后你最后起身以便结账。如果要向请你吃饭的主人道谢，应在餐厅外而不要在付账时进行。

4. 西方宴请礼仪国别差异

(1) 美国

美国人性格外向，热情直爽，不拘小节，他们的宴请礼仪存在着许多与众不同之处。美国是一个时间观念很强的国家，各种活动都按预定的时间开始，迟到是不礼貌的行为。同美国人预约谈判很简单，打个电话，对方会很高兴地同意尽快安排时间见面。美国人也有礼尚往来的习惯,但他们忌讳在宴请时接受过重的礼物,一来美国人不看重礼品本身的价值,二来法律禁止送礼过重。从家乡带去的工艺品、艺术品、名酒等是美国人喜欢的礼物。除节假日外,应邀到美国人家中作客,甚至吃饭,一般不必送礼。

美国人宴请吃饭,属商务交往性质的多安排在饭店、俱乐部进行,由所在公司支付费用,关系密切的亲朋好友才邀请到家中赴宴。美国人的食物因地区、民族不同而种类繁多、口味各异,汉堡包、“热狗”、馅饼、炸面圈以及肯德基炸鸡等都是风靡世界的食品。美国人的宴请经济实惠,不摆阔气,不拘泥于形式。通常是一张长桌子上摆着一大盘沙拉、一大盘烤鸡或烤肉、各种凉菜、一盘炒饭、一盘面包片以及甜食、水果、冷饮、酒类等。宾主围桌而坐,主人说一声“请”,每个人端起一个盘子,取食自己所喜欢的食物,吃完后随意添加,边吃边谈,无拘无束,谈判气氛轻松活跃。

(2) 加拿大

加拿大人的宴请多采用自助餐的形式,主人将饭菜、盘子、刀叉放在一张长桌上,每个人自己动手选取自己所喜欢的食物,边吃边谈。

此外,加拿大人喜欢喝冰水,无论档次高低的宴席,加冰块的水总占有一席之地。

(3) 德国

德国人重视礼节,受到用餐邀请后应准时到场。衣着要整齐,举止要大方得体。交谈时不要将双手插入口袋,这是不礼貌的行为。应邀去私人住宅用晚餐或是聚会,应带上鲜花等礼物。习惯上,就餐前应说“Guten appetit”(好胃口)。如果有人向你举杯,你应该在随后的就餐时间内回敬答礼。就餐期间,双手要放在桌面上,直到最后一位客人用餐完毕,上过咖啡和白兰地后,才能吸烟。客人要在晚餐或聚会接近尾声时,主动提出告辞,不要逗留太久。

德国人喜欢送礼,以表达友情,但赠送的礼品是直接送给个人而不是给公司,尤其对职位高的德国人,送礼时应予以特别关照。

(4) 法国

法国人的商业款待多数在饭店进行,只有关系十分密切的朋友才邀请到家中做客。在餐桌上,除非东道主提及,一般应避免讨论业务。法国人讲究饮食礼节，就餐时保持双手（不是双肘）放在桌上，一定要赞美精美的食物。法国饭店往往菜价昂贵，要避免点菜单上最贵的菜肴。吸烟要得到允许，不要在公共场所吸烟。受到款待后，应在次日打电话或写便条表示感谢。

（5）英国

英国人的大部分宴请在酒店和餐馆中进行，若配偶不在场，可在餐桌上谈论生意。社交场合不可大声说话或举止过于随便。英国人招待客人的时间比较长，先喝果汁、苏打水，接着换成白葡萄酒、红葡萄酒，然后是雪茄烟，再加上一轮白兰地酒，总共要花上三个小时。一旦接受英国人的邀约，就必须排除万难参加宴会。受到款待之后，一定要写信表示谢意，否则会被认为不懂礼貌。赠送礼品是必要的交往礼节，所送礼品最好标有公司名称，以免有贿赂对方之嫌。或赠送鲜花、巧克力之类的小礼品。

在谈论时要避免涉及政治、宗教和私人问题，也不要对英国皇室加以评论。可以多谈论英国丰富的文化遗产、动物等。

（6）俄罗斯

俄罗斯人典型的晚间款待是观赏马戏表演、音乐会，或在酒店进餐。几乎没有人会邀请外国客商去其私宅拜访。

俄罗斯人的地位意识较强，称呼他们时要适当地加上些头衔。谈论话题可选择俄罗斯人引以为豪的建筑、文学、戏剧、芭蕾等。

第七章　谈判中的禁忌

一、古今谈判禁忌之演变

无论是春秋战国时期的名人儒士游说于各国之间，汉末诸葛亮“舌战群儒”助孙刘联盟，还是我国为实现祖国统一、为加入世界贸易组织而进行的谈判，纵观古今中外，谈判广泛存在于人们的生活、工作、学习等各个领域。

谈判讲究策略和技巧，好的谈判策略和技巧能有效促进谈判的顺利进行，但是如果仅仅依靠策略和技巧而忽视谈判禁忌，则很容易前功尽弃。在漫长的谈判发展史中，因为忽视谈判禁忌而导致谈判失败的例子比比皆是。

（一）古代谈判禁忌知多少

古代谈判活动的增多，使得谈判礼仪越来越丰富。由于不同民族、不同群体间的文化习俗不同，形成了不同的谈判礼仪规范。尊重对方的礼仪规范，避免触及对方的禁忌，成为谈判过程中备受关注的一个方面。

古代谈判禁忌主要包括以下几个方面。

1. 忌侮辱对方的民族或者国家

历代以来，人们十分注重民族和国家尊严，如果要达到谈判目的，就应该尊重对方的民族和国家，不然只能适得其反。

战国时候，秦国最强，常常进攻别的国家。一次秦王约赵王在渑池举行首脑会晤。赵王和大臣们商议说：“去吧，怕有危险；不去吧，又显得太胆怯。”蔺相如认为，对秦王不能示弱，还是去为好。赵王决定动身，让蔺相如随行。大将军廉颇带着军队送他们到边界上，作好了抵御秦兵的准备。到了渑池，秦王要赵王鼓瑟。赵王不好推辞，鼓了一段。秦王就叫人记录下来，说在渑池会上，赵王为秦王鼓瑟。蔺相如看秦王这样侮辱赵王，生气极了。他走到秦王面前，说："请您为赵王击缶。"秦王拒绝了。蔺相如再要求，秦王还是拒绝。蔺相如说："您跟我现在只有五步远。您不答应，我就跟您拼了！"秦王被逼得没办法，只好敲了一下缶。蔺相如也叫人记录下来，说在渑池会上，秦王为赵王击缶。

秦王没占到便宜，他知道廉颇已经在边境上作好了准备，不敢拿赵王怎么样，只好让他们回去。

2. 避讳君王的名讳和朝廷政治问题

这种情况下一般采用同义替换诡辩术。同义替换诡辩术就是根据谈判需要，选用不同的语言表达形式，来取得谈判胜利的技巧。

相传清朝乾隆年间，杭州南屏山净慈寺有个叫诋毁的和尚。此人聪明机灵，却心直口快，喜欢议论天下大事，且想讲便讲，想骂便骂。乾隆皇帝对此人早有所闻，为了找借口惩治他，便化装成秀才来到净慈寺。乾隆随手在地上捡起一块劈开的毛竹片，指着青的一面问诋毁："老师父，这个叫什么呀？"按照一般的说法，应叫"蔑青"。但诋毁似乎意识到了什么，于是灵机一动，答道："这是竹皮。"乾隆原以为诋毁和尚会答"蔑青"（与"灭清"同音），便可以攻击朝廷的罪名立即处罚他，怎料却被他巧妙地绕过去了。于是乾隆又指着竹片黄的一面问："老师父，这个又是什么呢？""这个嘛……"诋毁心里明白了，若回答"篾黄"，则正中乾隆的计策，因"蔑黄"和"灭皇"同音。于是诋毁答道："我们管它叫竹肉。"乾隆这一招又失败了。诋毁和尚机智地采用不常用的"竹皮""竹肉"等词语代替了常用的"蔑青""蔑黄"等犯忌触讳的词语，躲过了一场无妄之灾。

3. 忌拿对方的缺陷开玩笑

一场成功的谈判首先应该是在双方地位平等、互相尊重的前提下进行的。如果一方不尊重另一方的话，就会引起对方的抵触心理，尤其是取笑对方的缺陷的话，往往会导致谈判的失败。齐国晏婴出使楚国就是很好的例子。楚灵王因他身材矮小，就在大门旁另辟小门"迎接"。他拒不进入，并说："出使狗国，方入狗门，今臣出使楚国，不应从此门入"。由此可见互相尊重在谈判过程中的重要性。

4. 用餐禁忌

谈判中用餐不同于自己在家中一样随便。用餐前，忌用筷子敲空碗，因为通常认为只有乞丐讨食时才敲空碗；用餐前或者用餐的过程中，忌将筷子长短不齐地放在桌子上。这种做法是大不吉利的，通常我们管它叫“三长两短”，其意思代表“死亡”。当出于好心帮别人盛饭时，忌为了方便省事把一副筷子插在饭中递给对方。这会被人视为大不敬，因为民间的传统是为死人上香时才这样做。用餐后，忌将筷子横搁碗上，因为只有给亡灵“叫饭”才将筷子这样放。

5. 日常社交禁忌

招待来客吃鸡蛋，忌单数亦忌两个，因为有的地方方言“二黄”为骂人语，故有此忌。客人落座后，忌抹桌、扫地，否则即有驱客之嫌。

6. 服装禁忌

在古代社会，服装就如同一种符号，不同的服饰代表着不同的社会阶层，这就是“礼”的表现。《中国历代服饰》记载：秦汉巾帻色“庶民为黑，车夫为红，丧服为白，轿夫为黄，厨人为绿，官奴、农人为青。”唐代以官服色视阶官之品。唐贞观四年和上元元年曾两次下诏颁布服饰颜色和佩带的规定。在清朝，官服除以蟒数区分官位以外，对于黄色亦有禁例。如皇太子用杏黄色，皇子用金黄色，而下属各王等官员不经赏赐是绝不能穿黄的。[①]

古代谈判禁忌虽然没有现代的谈判禁忌细致规范，但是也已经从一个侧面反映了人们对谈判禁忌的重视。在谈判的发展过程中，谈判禁忌也在逐渐丰富，逐步适应着谈判活动的需要。

（二）当今谈判禁忌知多少

禁忌是人们对某些言行的自我限制，它包含着人们长期在与大自然作斗争中积累的经验，以及在长期的人际交往中所形成的社会礼俗。在人类社会的发展过程中，禁忌成为人际交往中常常会遇到的一个十分敏感的问题。尤其是在现代谈判活动中，谈判禁忌更是不容忽视的重要内容。同时，在国际化发展的

① 参见上海市戏曲学校中国服装史研究组编著：《中国历代服饰》，学林出版社 1984 年版。

趋势下，国际性谈判活动逐渐增多，跨文化谈判禁忌也开始备受关注。由于区域文化的差异，禁忌有相同之处，也有不同之处。谈判禁忌给谈判活动带来的巨大影响，使人们不得不注意它，不得不避开它，以期交际的顺利进行。

1. 拜访禁忌

（1）忌突然造访

拜访别人，忌突然造访。否则，受访者会感到不愉快，甚至拒绝晤谈。因为突如其来的拜访可能会打乱受访者的工作安排，给他造成极大的不便。以前人们由于受客观条件的限制，常常没有预约拜访的习惯。随着人们生活节奏的加快，预约拜访也变得愈来愈重要了。目前，在我国大中城市的各行各业，预约拜访的做法很普遍。

（2）预约好的拜访忌提前或迟到

通常女主人忙于准备饭菜，直到开饭前 5 分钟才有时间换装，早到会使主人感到难堪。迟到自然会使主人和其他客人久等，也是一种失礼的行为。一般说来，比预定的时间晚 10 分钟到达是没有问题的。我们通常习惯于早几分钟到达以示尊敬，拜访年长或位高者时尤其如此。英美国家人的习惯和中国人正好相反，尤其是宴请或聚会，美国人习惯晚 3—5 分钟到达。

（3）预约好的拜访忌无故取消或推迟

如果已经约好拜访事宜，无特别的情况，千万不能失约。如迫不得已，一定要事先打招呼，通知对方，并表示歉意。爽约对于谈判人员来说是极大的失误。

2. 话题禁忌

（1）忌谈涉及个人隐私的话题

谈判一般都是在比较正式的场合下进行的相对严肃的活动，所以一般忌谈论涉及个人隐私的话题。在英语国家，人们有一个最大的禁忌，那就是个人的隐私。个人隐私大致包括个人的年龄、财产、收入、婚姻、恋爱等。所以，与他人交谈时，切不可涉及属于隐私范围内的事情。如果这样做了，会引起对方极大的不快和反感。但是在中国人的观念中，上述隐私是极为平常的事，而且在社交中常常作为关注的话题，这是应该特别注意的。

（2）忌谈涉及个人尊严的话题

忌谈涉及个人尊严的“短处”“痛处”“缺点”“毛病”等方面的事情。中国有句俗话,“打人别打脸,说话别揭短”,讲的就是这个道理。

(3) 忌谈本行业务

在家庭宴请、聚会或其他类似的社交活动中,英语国家的人们忌谈本行或公事。谈论只有自己熟悉的话题会令人反感。谈论本人业务上的事,会使人感到你视野狭窄,只知道自己鼻子底下那点事。中国人对于这一点似乎并不怎么在乎,交往中,人们愿意谈,不少人也愿意听。

3. 公共场合禁忌

(1) 忌不遵守公共秩序

在公共场合活动要严格按照先来后到的顺序,遵守公共秩序。比如到邮局或银行办事,或到某处参观,应该根据先来后到的顺序排队,并保持一定的距离,不能加塞儿。到餐馆用餐,如果人多客满,后到的人不能打扰先到的人,必须在门口等候,也不可到餐厅内任意游走,或自己找位子。其实,在公共场合会有很多的禁忌或规矩,只是不少人不在乎。比如排队加塞儿,上公共汽车拥挤抢座,出了事爱围观等,都是不文明、不礼貌的举动,很容易影响你在谈判对手心中的印象。

(2) 忌在公共场所大声喧哗

在公共场所与他人交谈时,英语国家绝对禁止大声喧哗,而且就一般的正常说话音量而言,他们讲话听起来也比中国人的声音要低。说话声音放低也是不想打扰别人的一种表现。

(3) 不要对着他人打喷嚏

打喷嚏是一种生理现象,但在公共场合或与朋友聚会时,绝对禁止冲着他人打喷嚏。这是中西方都有的禁忌。实在要打喷嚏或擤鼻子时,要用纸或手绢捂着鼻子,转过身去。事后还要说一声对不起。

4. 服饰禁忌

参加谈判时,一定要讲究自己的穿着打扮,一方面是为了给对方留下好的第一印象,另一方面也可以以此表示自己对谈判的高度重视。服饰装扮方面的禁忌很多,而且会因国家不同而有所不同。一般有以下七大主要禁忌:

(1) 穿西装,严禁胡乱搭配鞋帽,忌把衬衣的下摆露在裤外,正式场合应该打领带;

(2) 穿短衫严禁将下摆塞在裤内，忌穿短裤参加涉外活动；

(3) 穿中山装，忌敞胸露怀或不系裤扣，领扣也要系好，忌将袖口和裤腿卷起；

(4) 女士的衣服样式和花色不像男装那样千篇一律，但也不要太花哨，忌饰品太多，应该体现出女性的端庄美；

(5) 在室内，男子忌戴帽子、手套等，女子一般没有此禁忌；

(6) 在家里接待客人时，不要穿着太随便，忌光脚、赤背或只穿内衣、睡衣、短裤；

(7) 在正式场合，握手、拥抱表示友好时，忌戴墨镜、口罩。如有病情需向对方说明，或在握手、说话时将墨镜摘下，离别时再戴上。

5. 饮食禁忌

饮食文化丰富多彩，在谈判活动中请人吃饭或者参加别人的宴请是常有的事情，所以要注意饮食中的一些禁忌。

(1) 饮食内容方面的禁忌

中国人的饮食禁忌多数表现在饮食规矩上，而不在饮食内容上。中国人几乎什么都吃，鸡鸭鱼肉，山珍海味，甚至动物的头、脚和内脏都可以拿来做成美味佳肴，供人享用。在这一点上，英语国家的人要"逊色"得多。他们忌吃肥肉、粘骨和鸡鸭类的皮(烤鸭、烧鸡的皮除外)，忌食各种动物的头、脚、内脏做成的食品，忌食某种特殊动物做成的肉类食品，如狗肉、蛇肉等，忌食中国的臭豆腐、虾酱之类浓味的食品，忌食大蒜和某些酸辣味道的食品。

(2) 饮食规矩方面的禁忌

西方人喝汤时忌出声。进餐时，忌大吃大嚼，狼吞虎咽。用刀叉取菜时忌叮当作响，尤其忌讳刀叉弄响了水杯。餐毕，刀叉要在盘中按规矩放好，忌乱放。忌当众剔牙。满嘴食物时，忌说话。

虽然中国人忌吃的东西几乎没有，但饮食规矩却很烦琐。吃饭的座位就很有讲究，有上座、下座之分。上座是留给主宾或年长者的，入座时不可不分主次乱坐。

在西方，咖啡和茶是两种常见的饮料。有人喜欢清咖啡，什么都不加；有人在咖啡里加奶和糖。加入奶和糖时要用咖啡匙搅拌，然后端起杯子饮用，忌用咖啡匙向嘴里送饮。咖啡或茶一般在休息时或饭后饮用,忌饭前或吃饭时饮用。中国人虽然也喝咖啡,但更普遍的是喝茶。中国人喝茶有着悠久的历史,也形成了自己独特的茶文化。中国人喝茶讲究“清冽淡香”,要喝出茶的味道来,忌讳将其他佐料,如牛奶、糖之类的东西放入茶汤内。

关于饮酒的禁忌,中国与西方有很大差异。西方的酒类繁多,讲究什么场合喝什么酒,吃什么菜喝什么酒。比如饭前要喝开胃酒,饭中要喝佐餐酒,饭后要喝鸡尾酒或威士忌酒。隆重豪华的宴会,他们还会上一道菜换一种酒。如果是庆祝胜利或成功,则喝香槟酒。中国人不论是家中请客还是较隆重的酒宴,主张只喝一种酒,忌讳几种酒混饮。西方人把几种酒调在一起的喝法对中国人来说更是少见。

6. 语言、行为禁忌

谈判实际上是一门语言艺术。谈判过程中,好的语言驾驭能力结合得体的行为举止,能够促使谈判顺利高效地进行。现代谈判中,往往有很多人不关注语言举止中的一些细节问题,常因为一个小错误导致最终的谈判失败。其实只要对这些语言、举止禁忌稍加注意,就会避免犯错误。

(1) 忌面无表情,语序混乱

谈判是双方的一个交流活动,如果其中一方总是面无表情的话,就容易引起另一方的厌烦情绪。当谈判人员语序混乱时,往往会导致大家对谈判失去信心或者导致谈判中止。

(2) 忌左顾右盼,注视他处

谈判要成功,首先是要让大家感觉到你对谈判的重视。如果在谈判过程中左顾右盼,看手表,玩东西等,这些小动作会让大家认为你对谈判已经失去了兴趣,或者你对谈判根本不重视,从而影响到谈判效果。

(3) 忌突然打断别人的谈话或者冷落他人

谈判礼仪中的一个重要方面就是要尊重对方,在别人说话的过程中要认真听取,不应该突然插话,也不能因为与某个人谈得兴起就忘记其他人的存在。这些不尊重人的举动都会直接影响谈判的结果。

(4) 忌讥笑讽刺,或谈论涉及别人生理缺陷的问题

互相尊重是谈判顺利进行的前提,应该避免谈及容易使对方尴尬的话题,

更不能拿别人的生理缺陷来开玩笑。

(5) 忌问隐私、年龄、收入、宗教、婚姻等问题

在西方,即便是熟人之间也要避免询问别人的隐私问题。谈判是比较正式的场合,所以忌问别人的年龄、收入、婚姻等隐私问题。宗教涉及个人的信仰,也不要随便跟别人谈论宗教问题。

(6) 忌胡乱用幽默

各国文化习俗不同,所以谈判时语言要规范,不能乱用幽默,避免在不知情的情况下触及对方的禁忌。

(7) 忌恶言相对,争吵辱骂

(8) 小心使用手势

不同国家和民族对手势的定义可能不同,相同手势在不同国家和民族中代表的含义也可能不同,所以在谈判过程中应该尽量少使用有歧义的手势。如果用的话,要提前了解该手势在谈判对方国家中所代表的意义。

7. 馈赠禁忌

谈判活动中馈赠礼品,主要是为了联络感情,增进友谊,促进谈判顺利开展。馈赠礼品本身不是一件大事,但是如果送礼不当,则比不馈赠礼品还糟糕。因此,需要掌握馈赠的有关礼仪与禁忌。

一般来说,馈赠礼品的禁忌主要有四个方面:

(1) 忌送礼不当

谈判人员的文化背景不同,赠送礼品时必须考虑相关的礼仪习俗与禁忌。例如:西方人一般忌讳棕色物品,视棕色为邪恶凶丧之色;日本人认为绿色为不祥之兆,不喜欢印有狐狸图案的礼品,认为狐狸是贪婪的象征;印度人将牛奉为神灵,绝不能向其赠送牛皮制品;阿拉伯人则不以酒类作为礼品;埃及人认为黄色表示不幸;等等。

(2) 忌礼物价值过轻或过重

礼物过轻一般会让人觉得送礼物的人吝啬或者是对谈判没有诚意。礼物过重的话会被人怀疑你是在贿赂对方,从而引起对方的疑虑和戒备。所以,馈赠礼物时,最好选择具有民族特色的礼品。如我们可以选择景泰蓝制品、玉质项链或手镯、丝绸锦绣礼品、传统工艺礼品以及水墨字画、土特产品等。这些礼

品既可以受到大多数外国人的喜爱,价格又不太贵。

(3) 忌馈赠礼物不注意时间、场合

一般来说,与对方初次交往不应当送礼。法国人喜欢下次重逢时馈赠礼品;英国人多在晚餐或看完戏后乘尽兴之时送礼;中国人则以在离别前赠送礼品较为合适。

(4) 注意赠受方式

东方人和西方人的送礼与受礼方式存在着差异。按照我国传统习惯,通常对礼品的包装不太讲究,接受礼品时通常不能当面拆开;西方人和日本人非常重视礼品的包装;西方人接受礼品时则首先表示感谢,然后当面拆看礼品,并对礼品表示赞赏。涉外谈判人员应当了解谈判对手所在国家的相关习惯,以便做到"入境随俗"。

8. 宗教禁忌

宗教是神秘的,人们对宗教的认识,也是各种各样的。布莱德雷强调宗教是人生对善的追求;而恩格斯则认为,"一切宗教都不过是支配着人们日常生活的外部力量在人们头脑中的幻想的反映"①。所以,宗教既是意识形态的重要组成部分,也是一种文化现象。尽管宗教信仰中含有许多超现实的成分,但地域性的环境差异仍然对宗教信仰及宗教风俗起着一定的影响,故宗教社会中存在许多禁忌,这些禁忌都可能会影响到谈判活动。所以,如果谈判对象有宗教信仰的话,要特别注意下面几点宗教禁忌:

(1) 食物禁忌

有的宗教主张吃素,有的宗教主张吃荤。许多宗教在宰杀动物上有禁忌。伊斯兰教禁食猪肉;印度教禁吃牛肉。由于有了这样的禁忌,印度就出现了"神牛遍地"的现象。在谈判的时候,如果涉及有宗教信仰的人或者事,就要特别注意避开这些禁忌。

(2) 时间禁忌

有的宗教对工作时间与工作种类有禁忌。有些宗教禁止在一定时间、地点工作,这类工作禁忌可能会影响到人们的谈判活动。我们每周工作六天、周日

① 《马克思恩格斯选集》第3卷,人民出版社1995年版,第666—667页。

休息的作息制度就起源于宗教禁忌。《旧约·创世纪》说，主在六日内创造了天地万物，第七天他要休息了。这一天，主的信徒也要放弃手中的工作而赞美上帝的造物之功。所以，遇到这类有时间禁忌的谈判对象时，注意不要把时间约在周末。

(3) 对资源利用的禁忌

如东南亚有些农业社会对采矿业甚至金矿业有偏见，他们认为这会伤了大地的“元气”，因此采矿业一度受到限制；有的宗教对某些经济活动有禁忌，如印度、非洲的一些部落，铁匠工作是由部落以外的个体家庭从事，对非铁匠来说，打铁本身常常就是一种禁忌。

(4) 繁殖、生死的相关禁忌

如犹太教有一条戒律“多产、丰收”，就是要引导人们早婚、多子。天主教不允许堕胎。

(5) 有些宗教对妇女的社会活动与经济活动有所禁忌

在伊斯兰世界，妇女不许读书，不许经商，也不许参加清真寺的活动，在公共场合工作尤其受歧视。

二、东西方文化谈判禁忌之比较

世界上有众多的民族，民族与民族之间的文化习俗、礼仪千差万别。而由于文化差异的存在，造成了不同国家不同民族之间谈判的习惯、态度和行为的差异，从而形成了不同的谈判风格和各具特色的谈判禁忌。尤其是东西方文化的差异，更是对国际谈判禁忌有着重要的影响。

(一) 东方文化谈判禁忌

东方文化受中国儒家文化的影响比较大，一般比较注重和对方建立和谐的人际关系。在谈判的过程中，有以下几点禁忌：

1. 忌不经中间人介绍，就贸然前来谈判

和与西方人谈判不同，初次与东方人进行谈判，你不能靠着一张名片，直接找到公司，向他们提出谈判申请。与东方人谈判，你必须经过中间人。东方人对直截了当、上门推销的做法不是很认同。

所谓中间人，就是既非甲方又非乙方的第三方，而且是双方均熟悉并且有一定的权威、得到双方认可的人或机构。有中间人介绍的谈判，气氛会比较融洽。

东方人还有一个特点，就是不喜欢在办公室里谈和约，饭店等一些中立的场所或是一些休闲娱乐场所往往更适合。因此，在介绍谈判双方初次见面的时候，中间人应该选择一个合适的场所。

2. 忌谈判人员中大多为年轻人或女性

虽然现在社会提倡“男女平等”，但由于传统的“重男轻女”思想在东方人的心里根深蒂固，一时很难改变。特别是在日本，日本的公司是男性占统治地位的机构，男性在日本占据着绝对的领导地位。虽然当今社会女性的地位不断得到提高，能力得到肯定，但是正式谈判时也忌大多数是女性谈判人员。另外，东方文化认为，随着年龄的增长，人的经验越来越丰富，个性也越来越成熟，年龄是一个人的重要资本，所以谈判人员不要全是年轻人。

一次，美日两家公司准备进行一次比较重要的贸易谈判。美国公司派出了自认为最高效、精干的谈判小组，大多是三十岁左右的年轻人，还有一名细心能干的女性作为主要负责人。但他们到日本后，却受到冷遇，不仅总公司经理不肯出面，就连分部的负责人也不肯出面接待。一开始美国公司不知道对方态度突然转变的原因，以为日本人在要什么手段，后来才知道，在日本人看来，年轻人，尤其是女性，不适宜主持如此重要的会谈。结果，美方不得不重新组织了一个谈判团队，与日本人进行沟通和洽谈。

因此，在与东方人谈判时，谈判人员中应尽可能地避免有过多的年轻人和女性。

3. 忌缺乏耐心，仓促行事

小心谨慎、彬彬有礼是东方文化影响下的东方人在谈判中的一个重要特点。一旦你向他们发出了谈判邀请，他们不会立刻作出反应。“知己知彼，百战不殆”，他们会通过各种途径来了解你的情况。他们要对你的介绍信和委托书进行核查，还要了解你公司的情况，与哪些公司有过往来，直到满意为止。在这个过程中，你唯一能做的事就是耐心地等待，你不要指望他们会跳过这一阶段，也不要指望他们会草草了事。最好的办法是让他们相信你时间非常宽裕，因为急躁和没有耐心在他们看来是软弱的表现。

4. 佛教禁忌

亚洲国家大多数是信仰佛教的，特别是东南亚的一些国家，如泰国、越南等，对佛教有着虔诚的信仰。在泰国，进入任何佛寺之前，必须先整理着装，袒胸露背的人不允许进入，所有的神像都是神圣的，不允许拍照。因此，在这些国家，对佛教的尊重，是与他们相处的前提条件。因此，在谈判中不能涉及关于宗教的任何信息，不能做出任何对佛教及其信仰不尊重的行为。

5. 忌办事不给“面子”，不留“情面”

注重“面子”问题是东方人在传统文化影响下的特有现象。无论是中国人、日本人还是韩国人，都特别好面子。你不能公开批评一个人，也不能直接批评他们的工作，如果你让他们觉得自己在同事和对手面前丢了脸，他们会感到羞辱和不安，谈判也就因此终结。

同时，也不要当面直接拒绝东方人。即使你对这个合作案非常不满意，你只能说还需要时间作进一步的考虑。如果真到了不得不拒绝的时候，你也应该尽可能地以委婉的态度来陈述理由，而不能直接说“不”。同时，“己所不欲，勿施于人”，东方人也不会当面直截了当地拒绝你，否定你的提议。当他们对你的提议不满意的时候，他们不会直接说“不”，而是借口说还需要时间商议。此时，你就应该意识到自己的提议受到了否决，可能某些地方还不能满足对方的需要。如果你真想做成这笔生意，就得考虑回去修改自己的方案了。

6. 传统习俗禁忌

东方文化源远流长，几千年的文化积累下来，有着很多传统习俗和规定。入乡随俗，在东方人的地盘上和东方人谈判就要尊重当地的习俗。

东方人有个特点，就是喜欢在餐桌上谈生意。因此，想和东方人谈判，还要了解东方人的饮食文化和禁忌。中国、日本、韩国等一些亚洲国家用餐时都使用筷子，这对从小拿刀叉吃饭的西方人来说有一定的困难。另外，东方人对筷子的使用还有很多禁忌。

中国人忌讳的12种筷子的使用方法如下：

(1) 三长两短:是指在用餐前或用餐过程中,将筷子长短不齐地放在桌子上。

(2) 仙人指路:用大拇指、中指、无名指和小指捏住筷子,而食指伸出。

(3) 品箸留声:把筷子的一端含在嘴里,来回去嘬,并不时地发出"咝咝"声响。

(4) 击盏敲盅:在用餐时用筷子敲击盘碗。

(5) 执箸巡城:手里拿着筷子,做旁若无人状,用筷子来回在桌子上的菜盘里寻找,不知从哪里下筷为好。

(6) 迷箸刨坟:手里拿着筷子在菜盘里不住地扒拉,就像盗墓刨坟一般。

(7) 泪箸遗珠:用筷子往自己盘子里夹菜时,手里不利落,将菜汤流落到其他菜里或桌子上。

(8) 颠倒乾坤:用餐时将筷子颠倒使用。

(9) 定海神针:在用餐时用一只筷子去插盘子里的菜品。

(10) 当众上香:出于好心帮别人盛饭时,为了方便省事把一副筷子插在饭中递给对方。

(11) 交叉十字:这一点往往不被人们注意,即在用餐时将筷子随便交叉放在桌上。

(12) 落地惊神:失手将筷子掉落在地上,这是严重失礼的一种表现。

东方人普遍禁忌"4"这个数字,因为在汉语和日语中,"4"的发音与"死"相似,而在韩语中,"4"的发音、拼音与"死"字完全相同。在与他们进行交易时,价格、数量上最好避开"4"。日本人还禁忌数字"9",因为日语中"9"的发音与"苦"相似。在商品上,日本人忌用荷花(丧花)、狐狸(贪婪)、獾(狡诈)等图案。

(二) 西方文化谈判禁忌

1. 语言的禁忌

初次和西方人见面时,应该有礼貌地说声"您好",称呼时要用"先生""夫人""小姐"等称谓,只有对方请你称呼其名时,你才能直呼其名。另外,还要注意"夫人""小姐"这两个称谓的使用。在你不能确定一位女士是否已结婚的情况下,最好还是用"小姐",而不用"夫人"。在英国,遇到有爵号的人需要介绍时，一般是将有爵号的人引见给无爵号的人。

在和西方人进行谈论时，还要注意话题的选择。美国人喜欢谈论有关商业、旅行方面的内容及当今潮流和世界大事，喜欢谈论政治，但不喜欢听到他人对美国的批评，不喜欢谈论个人的隐私。

英国人喜欢谈论起本国丰富的文化遗产、动物等，足球、网球、板球和橄榄球等话题都很受欢迎。他们不喜欢与别人谈爱尔兰的前途、共和制优于君主制等话题。在讲到“英国人”时，不要使用“英吉利人”(English)一词，否则会引起其他民族的不满。女王在英国人的心目中占据至高无上的地位，是国家的象征。因此，不可有对女王不礼貌的言辞。

西方文化是一种开放的文化，但同时他们也非常注重个人隐私。在谈判中，他们不喜欢谈论个人私事，特别注重个人隐私。一般而言，在国际交往中，下列八个方面的私人问题，均被西方人视为个人隐私：收入支出；年龄大小；恋爱婚姻；身体健康；家庭住址；个人经历；信仰政见；所忙何事。在与对方交谈时，必须自觉地避免主动涉及这八个方面的问题，否则会被认为是侵犯个人隐私权的行为。

西方人最不喜欢的就是别人询问他们的年龄，特别是女性。他们把年龄作为人的一种隐私，不能随便地被人提起。他们非常忌老，也非常注重保持青春。因此，你千万不能因为一时的好奇或是一时的疏忽，询问对方的年龄，这会让他们觉得你非常没有礼貌，而谈判也将更加艰难。

2. 行为禁忌

西方人十分讲究“个人空间”。因此，在和他们进行谈话时，不可靠得太近。但是，在交谈的过程中一定要有眼神的交流，这表示你在听他说话，是对他的一种尊重。否则，会让他们觉得你很难捉摸或漫不经心。

美国人见面与离别时，都会和在场的人握手，表示问候。在谈话时，他们习惯保持一定的距离，约 90 厘米，每隔 2—3 秒有视线接触，以表示兴趣、诚挚和真实的感觉。①

同是欧洲人，交往时，法国人喜欢保持近距离，乃至呼出的气也能喷到对方

① 参见甘华鸣、许立东：《谈判》，中国国际广播出版社 2001 年版，第 416 页。

脸上;而英国人会对此感到很不习惯,步步退让,维持适合自己的空间范围。

3. 忌突然造访

在西方国家,拜访某人需事先预约,忌突然造访。否则,受访者会感到不快,因为这突如其来的拜访打乱了他的工作安排,给他造成了极大的不便。约好的拜访一般要准时到达。但在习惯上,尤其是宴请或聚会,美国人会晚 3—5 分钟到达,晚 10 分钟也是没有问题的,这是为了给女主人一点换衣化妆的时间。

4. 忌迟到

在西方文化中,人们的时间观念都非常强,做事效率为先。他们把守时作为判断你是否具有诚意的一个标准。

西方人对时间非常珍惜,他们认为时间就是金钱,守时是正人君子的品格。因此,他们高度重视时间的价值,将准时赴约看做对方的诚意和态度。

在美国,办事迅速、讲时效的人是受人尊重的,反之,则被认为是不礼貌、不负责的。在美国人看来,时间是人人都应该遵守的东西,即使是个业务助理员来办事,把他搁置 15 分钟也是不能容忍的。职位相当的人会见时,迟到 5 分钟应向对方致歉;就算迟到不满 5 分钟,亦应作一些解释,哪怕是有一些词不达意。

5. 忌穿着轻松随便

西方文化对服饰穿着也很讲究,谈判前应该整理好自己的仪容仪表,穿着要整洁、正式、庄重。男士应刮净胡须,穿西服必须打领带;女士穿着不宜太性感,不宜穿细高跟鞋,应化淡妆。

法国时装一直引领世界潮流,法国人一般很注意衣着。在他们看来,衣着代表着一个人的修养与身份、地位。因此,与法国人交往时必须注意自己的服饰。意大利商人也崇尚时髦,他们衣冠楚楚,潇洒自如,通常坐在装修豪华的现代化办公室里工作。因此,与意大利人谈判时也要注意服饰上的礼仪。

6. 西方传统习俗禁忌

英语国家忌数字“13”。据《圣经》记载,在最后的晚餐上,出卖耶稣的犹大是餐桌上的第 13 人,因此,“13”是个主凶的数字。由此,饭店里没有 13 号房间,请客忌讳 13 人,重要活动避开每月的 13 日。另外,西方人对“3”和“7”很喜欢,认为这两个数字包含着吉利。

“星期五”在俄罗斯和欧美诸国被视为不吉利、凶险的象征。据说,夏娃给亚当吃禁果之日是星期五,耶稣被钉死在十字架上那天也是星期五。因此,在日常生活中,他们尽量避开“5”这个数字。

在英美等西方国家,黑猫被视为不吉利的动物。如果人们遇到黑猫穿过马路迎面走来,那预示着灾祸临头。

西方国家有用鲜花送礼的习惯,其中也有一些禁忌。首先,送花忌送双数,因为他们认为双数的花会招来厄运。其次,也忌讳送白色的花,如白色百合花被看做厄运的预兆或死亡的象征。除此之外,给医院的病人送花忌送白色或红白相间的花。

(三)东西方文化禁忌的异同

谈判是两个或两个以上的利益集团尝试着对某个存在共同利益的问题达成一致协议的过程。当谈判各方处于同一文化背景时,谈判的过程对于谈判结果的影响不会很大。但当谈判的主体来自不同的国家或有着不同的文化背景时,不同的习俗、不同的处事方式等因素都会影响到谈判的结果。所以,在国际性谈判中,要特别注意东西方文化禁忌中的相同和不同之处。

1. 东西方文化禁忌的差异

东西方文化禁忌存在很大差异,因而进行国际性谈判时,双方往往受各自文化习俗影响而表现出不同的谈判方式,而不同的谈判方式又影响着谈判的结果。

让我们先来看一个实例:

1925年,美国总统福特访问日本,美国哥伦比亚广播公司(CBS)受命向美国转播福特在日本的一切活动。在福特造访日本前两周,CBS的谈判人员飞抵东京,商谈租用日本广播协会(NHK)的器材、工作人员、保密系统以及电传事宜。美方代表是一个三十岁左右的年轻人,雄心勃勃,争强好胜。在与NHK代表会谈的时候,他提了许多过高的要求,并且直言不讳地表述自己的意见。随着谈判的进行,NHK方面的当事人逐渐变得沉默寡言。第一轮的谈判结束,双方未达成任何协议。

两天以后,CBS一位要员飞抵东京,他首先以个人名义就本公司年轻职员的冒犯行为向NHK方面表示歉意,然后就转播福特访日一事询问NHK能否提供一些帮助。NHK方面转变了态度并表示支持,双方迅速达成了协议。当CBS那位年轻职员知道自己的行为方式无助于解决问题时十分惊讶,他向日本方面表示了歉意,同时说:"我以为在日本谈判和在美国一样呢!"

由这个例子可以看出,受东西方文化的影响,进行国际谈判时应该更多地考虑对方的文化习俗和行事方式。东西方文化禁忌的差异表现在很多方面,相较之下,以下几点尤为重要,值得大家借鉴参考。

(1) 年龄禁忌的不同

东方文化认为,年龄是一个人成熟的标志,随着年龄的增长,人的经验越来越丰富,个性也越来越成熟。因此,尊重年长者是东方文化的特点,如在中国、日本、朝鲜等国,人们对于年长者都是相当尊敬的,一般对于年龄也不忌讳。见面打招呼的时候,也会有意无意地询问对方的年龄。但在欧美等国,人们非常忌老,年龄被当做一种隐私,不随便公开。通常,询问一个人的年龄,特别是询问中青年女士的年龄,被视为不礼貌和无教养的行为。美国学者萨姆瓦在描述这种情况时说,对于年龄人们守口如瓶,大家都千方百计地保持青春,殚精竭虑地抑制衰老,至少是在外表上不显出衰老来;穿着"时髦",为一条皱纹和一丝白发而牵动神经,不惜耗资数百万美元来消除衰老的痕迹。所以,在商务谈判中,对于欧美人不要随便询问人家的年龄,特别是女士的年龄。

(2) 餐饮禁忌的不同

由于各国的风俗习惯不同,在饮食上有较多的禁忌。譬如,吃鸡的"鸡",英语中一般都用chicken,而不用hen或cock,特别cock(公鸡)在英语俗语中含有侮辱的意思,是用餐时的禁忌语。东方文化中,在饮食方式上,有不许用手抓着吃的忌讳。《礼记·曲礼上》云:"共饭不泽手。"中国、日本、韩国等一些亚洲国家,用餐时是使用筷子的,而对筷子的使用又是有讲究的。中国有12种使用筷子的禁忌。日本人用筷子也有三忌:① 不能用舌头舔筷子,或用牙咬筷子,或用筷子剔牙;② 不能用筷子去拨餐具,或将筷子插在菜肴上,或将筷子架放在碗碟上;③ 用筷子吃菜时,不能在几个菜肴上晃悠、挑拣,不能扒拉、翻弄菜肴,不能连续不停地夹菜。违者被认为是缺乏教养和不礼貌的人。

(3) 动植物图腾禁忌的不同

在不同的文化中,同一图腾往往有不同的含义,要注意恰当地运用。

① 大象。大象在东方文化中是聪明可爱的珍贵动物;在印度,象更是神圣的;而在西方文化中,却认为大象又蠢又笨,极不受欢迎。

② 孔雀。在东方文化中,孔雀是一种骄傲而美丽的动物,孔雀开屏是一种漂亮的形象;而在西方文化中,却认为孔雀是一种祸鸟,孔雀开屏是一种庸俗的求偶表示,受到蔑视。

③ 狗。在东方文化中,狗是下等动物,将人比喻成狗是一种骂人的语言;而在欧美等国,却认为狗是机警、聪明的动物,将人比喻成狗是一种夸奖的语言。

④ 花。花是美丽的,人际交往中人们也常以赠花示礼。然而如果花的种类选得不恰当的话,就会被人认为是无礼的表现。

菊花在中国历来是一种备受文人雅士赞赏的儒雅之花。菊花在日本是神圣之花,是天皇的象征,一般不能随便乱用,否则会被认为是一种放肆行为。而在西方一些国家,却把菊花视为一种意味着死亡的妖花,是一种在葬礼上常用的丧葬之花。所以,在送日本人或拉美人鲜花时,一般不能选择菊花。

另外,不要送绛紫色的花给巴西人,因为这种颜色的花在当地主要用于葬礼。不要送荷花给日本人,因为在日本,荷花是不吉利的,它意味着祭奠。不要送黄花给法国人,因为法国人把这种花视为不忠诚的表示。

(4) 色彩禁忌的不同

各种色彩在东西方文化中有不同的含义,在跨文化交往中必须正确运用,注意禁忌。

① 白色在以中国为代表的东方文化中表示悲伤、哀悼,举丧用白色。而在西方文化中,白色表示纯洁、善良,结婚时新娘一般穿白色礼服。

② 黑色在东方文化中表示丑恶、卑劣、肮脏、违法等。在西方大多数国家,黑色表示哀伤,用在丧事上,在某些国家,如英、美,还表示邪恶。

③ 红色在中国和许多国家是革命的象征,同时,红色表示温暖、亲切,是一

种吉祥喜庆的色彩。以欧美为主的西方文化中，红色在日常社会生活中都用来表示危险、警戒，在英、美，红色还与恐怖、勇敢联系在一起。

④ 黄色在中国表示辉煌与尊严，在帝王年代是皇帝才能用的色彩。在现代，黄色还被用来表示不健康、不文明。在西方文化中，人们也不是很喜欢黄色。在法国，黄色是一种不忠诚的表示。在巴西，黄色是一种不吉利的色彩，人们认为人死了犹如黄叶凋落，因此很忌讳黄色。

⑤ 绿色在现代被视为大自然的颜色，受到推崇，人们将绿色看做和平、安全、可靠的象征。但在中国与日本，绿色有时候是一种带有羞辱意味的颜色，比如说“绿帽子”。

(5) 数字禁忌的不同

世界上许多民族和国家对某些数字有吉利或不吉利的习惯看法，在日常沟通和商务谈判中要注意趋吉避凶。

西方文化中普遍地忌讳数字“13”，在任何场合都极力避开它。楼层中 12 层上面便是 14 层，宴会厅的餐桌 14 号紧接 12 号。每月 13 日，西方人都感到惴惴不安。

“星期五”在俄罗斯和欧美诸国被视为不吉利的、凶险的象征，“5”是一个不祥的数字。因此在日常生活中，他们尽量避开“5”这个数字。在这些国家，住宅的门牌号往往没有 5 号，宾馆里往往没有第 5 层，剧院里往往没有第 5 排和第 5 座，聚会或出游忌讳 5 个人，结婚办喜事绝对避开 5 日。如果一个月的 13 日，恰巧是星期五，则被看做最不吉利之日，称为“黑色星期五”，有些人在这一天会觉得惶恐不安。

“4”是东方人普遍禁忌的数字，因为“4”的发音与“死”相似，在与他们进行交易时，价格、数量上最好避开“4”。曾经有一位高尔夫球生产商在对日贸易中，将 4 个球作为一个包装单位，结果导致交易失败。

中国人喜欢“6”和“8”，“6”表示“六六大顺”，含有顺利的意思，且“6”的发音与“禄”相似，是个吉祥数字。“8”的发音与“发”相似，特别受到商人的欢迎。

此外，东西方谈判中还有些其他的禁忌，如在英国不能一次给三个人点烟。据说在第一次世界大战期间，协约国的三个士兵夜间在战壕里吸烟，其中一人划着火柴给另外两个和自己点了烟。由于火柴发光时间太长，正好成了敌人瞄准的目标，结果那三个士兵就被打死了。在谈判的时候，要先熟悉对方国家有哪些文化方面的禁忌，以便应对。

2. 东西方文化禁忌的相同之处

东西方文化虽然存在着很大的差异，但是这并不是说东西方谈判禁忌上没有相同之处。毕竟大家生活在同一个大的社会环境下，而且当今世界各国之间经济、文化等各方面的交流增多，使得国与国之间的差距逐渐变小。所以，在谈判禁忌方面，东西方文化中也有很多相同的地方。

(1) 出席正式的场合，忌着装不得体

无论是哪个国家的谈判人员，在参加谈判的时候，都不能不注重自己的着装，因为一方面此时自己不仅代表自己的国家或企业，另一方面着装得体也表示对谈判的重视。如果穿着邋遢，就容易让人歧视，或者让对方怀疑你对谈判的诚意。

(2) 忌毫无准备的谈判

在东西方文化中，无论是东方人还是西方人，对谈判前的准备工作都十分重视。

在东方人的文化中，准备工作是非常重要的。在作出决定之前，他们会想尽一切办法全方面地搜集对方的资料。不仅要了解对方公司的详细资料，包括公司的运营情况、盈利状况、信誉度，甚至还有公司的合作伙伴以及它们的详细资料等，同时还要具体到个人，了解公司管理人员及员工的情况。在了解了所有这些情况之后，如果感到满意，他们就会拟订具体的条例和一些事项，以便在谈判中取得主动权。

西方人的事前准备不如东方人这般细致，他们对公司的背景情况及一些琐碎的事情并不感兴趣，他们在乎的只是自己是否赢利。他们会仔细地了解对方的盈利状况及发展前景。同时，诚意也是他们非常重视的部分。诚意是他们对合作伙伴的最基本的要求，他们不会和没有诚意的人合作。事先他们可能会花很多的精力来确定你是否有诚意。

美国人有句谚语：“不可盗窃时间。”美国人对时间非常吝啬，在他们的观念中，时间就是金钱。他们在谈判过程中连一分钟也舍不得用在无聊的会客和毫无意义的谈话上。所以，同美国人谈判时要真诚坦率，不要躲躲闪闪，含糊隐瞒,最好是开门见山,直接进入谈判的正题,以保证谈判的高效率。

(3) 颜色和数字禁忌的相同之处

在东西方文化中,对数字和符号的禁忌可谓五花八门。随着东西方文化交流的增多,两种文化正渐渐互相渗透着。比如说现在受西方文化影响比较深的一些东方人,对"13"这个数字很是忌讳。相同的,一些对东方文化比较感兴趣或者有所了解的西方人,对"4"也很忌讳。

在颜色禁忌方面,不同国家间的差异比较大,但还是有一些相通的地方。比如,东西方都比较忌讳黑色,认为它代表黑暗、丑恶等。还有,印度、巴西、叙利亚和巴基斯坦人都不喜欢黄色。

三、巧妙应对禁忌

(一) 如何应对语言、行为中的禁忌

成功的谈判总是以圆满的交谈和恰到好处的行为举止为前提。通常需要注意以下几个方面,才能巧妙地避开谈判时的语言、行为禁忌:

第一,讲话要具有专业水准,发言要谨慎,以便让对方对你讲述的观点认可。

第二,要具备察言观色、随机应变的能力。谈判的时候要能及时观察到对方神色的变化,以便恰当应对。

第三,讲话要有诚意,还要有适度的委婉。

第四,要始终围绕谈判的重点进行,不能偏离话题。

第五,坐姿要端正,不要有失礼的行为。

如果是国际性谈判,还要注意尽量克服语言的障碍。语言不通是谈判中的一个非常可怕的障碍,因为它可能使双方产生误解,甚至会导致谈判失败。掌握一国的语言并不是单纯地理解语言的表面意思,还要知道某些词语和短语在一定文化中隐含的特殊意义。在跨国谈判中,谈判者必须掌握这些有特定寓意的词语,以防止谈判中产生误解。通常我们可以采取两种方法来避免这种情况的发生:

第一种方法是聘请翻译。一个真正精通两种文化、两种语言的翻译，不仅能将谈判时各方的发言准确地翻译出来，而且能以各种方法，将隐晦生涩的词翻译成可接受的词。这样将为谈判各利益方节省很多时间，这些时间可以用于思量和决策。有许多美国商人认为他们没有必要学习其他语言或在谈判中聘请翻译，因为大多数跨国谈判是使用英语沟通的。这样他们在谈判桌上就必须依靠对方聘请的翻译来理解对方的言谈。这种做法是不明智的，因为对方的翻译不可能从有利于别国的角度来进行信息传递。所以，在谈判中有自己的翻译是很重要的。

第二种方法是在谈判时尽量避免使用习语或俗语，以避免造成误解。同时，可以考虑使用一些非语言的方法。在谈判中，谈判者的表情、动作、语气和语调都可以表达一定的意思。讲话吞吞吐吐表示说话的人没有自信，语调突然转变表示要突出强调重点等等。在谈判前也可以多准备一些图表和数字资料，因为这些资料是通用的，不会产生任何误解。

除了从以上几个大的方面来巧妙应对谈判时的语言、行为禁忌外，还要注意避免以下几点细节方面的禁忌：

（1）举止忌：严忌姿势歪斜，手舞足蹈，以手指人，拉拉扯扯，相距过近，左顾右盼，目视远处，频频看表，舒伸懒腰，玩弄东西，抓耳挠腮。

（2）谈话忌：严忌荒唐淫秽，他人履历，女子私事，工资收入，私人财产，衣饰价值，批评尊长，非议宗教，嘲弄异俗。

（3）语气忌：严忌大声辩论，高谈阔论，恶言恶语，寻根问底，争吵辱骂，出言不逊。

（4）礼遇忌：严忌冷落他人，独谈到底，轻易表态，打断异议，纠缠不止，随意插话，随意辞别。

总的来说，在谈判时，尊重和谅解是必需的。双方在这一前提下互相磋商，推动谈判的进行，完成谈判的目的。

（二）如何应对服饰上的禁忌

1. 注意服饰搭配问题

服装颜色、款式以及面料的选择，主要取决于个人的审美情趣。然而，各种颜色的协调有其客观规律,款式和面料的适用范围有其局限性,服装的用途(穿着场合)和穿着地点不一,人们的性别、年龄、体型、肤色又各不相同,所以,单凭个人爱好去选择服装,往往不能达到衣适其人,相得益彰的效果。因此,谈判人员在选择服装时,也应掌握一点服装美学常识。

(1) 全身服装的颜色不宜过多。一般来讲,全身服装的主要颜色以一两种为好,最多不要超过三种,否则将会使人感到杂乱。如:穿一件白色的连衣裙,系一条玫瑰色腰带,那么帽子和包最好与腰带同色。

(2) 颜色搭配要符合色彩对比及调和规律。一身服装的整体搭配,应有一个主色调。与主色调相搭配的颜色,要符合色彩调和规律;色块大小的分配要主次分明。

(3) 避免复色与复色搭配。复色服装本身包括多种颜色,因此,不同花纹的复色服装不宜搭配穿着。如:上身穿花衬衫,下身就不宜再穿花裙子,而应配一条单色的裙子。

饰品的种类很多,有胸针、项链、纱巾、披肩、装饰帽、耳环、装饰性腰带等。饰品的体积或面积虽然不大,但制作精美。它与服装适当搭配,可以增强服装整体色调的和谐感,起到画龙点睛的作用。

饰品必须与服装的整体色调协调一致。保持这种协调包括以下两个方面:一是饰品的色调要与服装的色调形成和谐的对比,使服装更具整体美感。如:穿一条白色的连衣裙,佩戴一顶玫瑰色(或任何其他淡雅的单色)的装饰帽,拎一只与帽子同色的包;或红色调的旗袍,配上一条黑色的披肩,都会增强服装的整体美感。而穿一条红色的连衣裙,配上蓝色或绿色的帽子或披肩,就会破坏服装的整体协调性。二是饰品的色调要与服装的整体色调保持统一,从而使服装整体更显得美观。如:穿一条浅蓝色的连衣裙,佩戴蓝色的发夹,拎一只蓝色的包;或穿土黄色的连衣裙,配上一条棕色披肩,拎一只棕色包,都会使人感到协调而雅致。

2. 参加国际谈判时要注意对方的服饰禁忌

到英国洽谈贸易时,不要系有花纹的领带,因为带花纹的领带可能被认为是军队制服或学生校服领带的仿制品。

赴南美洲做生意的人,为了入境随俗,在洽谈交易的过程中,宜穿深色服装，忌穿浅色服装，谈话宜亲热并且与对方靠近一些。

日本人的服饰忌用绿色作为装饰色，他们认为绿色是一种不祥之色。

比利时人忌讳蓝色服装，认为以蓝色是一种不祥的恶兆。

巴西人忌用黄与紫的调配色作为装饰色，他们认为这样是一种恶兆。

红色一般给人血腥、暴力、忌妒、控制的印象，容易造成心理压力，因此与人谈判或协商时不宜穿红色。

（三）如何应对宴请时的禁忌

1. 巧妙应对菜肴禁忌

在宴请外国友人时，餐桌上不宜出现的菜肴主要有下列几类：

一是触犯个人禁忌的菜肴。在宴请外国友人时，要对每个人的饮食禁忌有所了解，不能出现让外国友人"无从下口"的情况。

二是触犯民族禁忌的菜肴。比如说，美国人不吃羊肉和大蒜，俄罗斯人不吃海参、海蜇、墨鱼、木耳，英国人不吃狗肉和动物的头、脚，法国人不吃无鳞鱼，德国人不吃核桃等。

三是触犯宗教禁忌的菜肴。在所有的饮食禁忌之中，宗教方面的食物禁忌最为严格，而且绝对不允许有丝毫触犯。

若对方来自西方国家且不习惯吃中餐，为保险起见，不要点动物内脏、鸡爪、田鸡腿、蛇、蝎子等让对方觉得奇怪和可怕的食物。狗肉和鸽子也不能点，西方人认为这些动物是人类的好朋友。另外，容易使吃相难看、吃法复杂的东西也不要点，西方人习惯了餐桌上的鱼没有刺、没有骨头，太复杂的食物他们也不会吃。

2. 巧妙应对时间禁忌

宴请的时间应对主客双方都合适，注意避开对方的重大节假日、有禁忌的日子和时间。例如，在宴请基督教徒时不要选13日，更不要选既是13日又是星期五的那天。

3. 巧妙应对席位安排的禁忌

正式宴会一般均排席位，也可只排部分客人的席位，其他人只排桌次或自由入座。国际上的习惯是，桌次高低以离主桌位置远近而定，右高左低。桌数较多时,要摆桌次牌。同一桌上,席位高低以离主人的座位远近而定。西方国家习惯男女穿插安排,主宾在女主人右侧,主宾夫人在男主人右侧。我国习惯按各人本身的职务排列,以便于谈话,如夫人出席,通常把女士排在一起,即主宾坐男主人右侧,其夫人坐女主人右侧。礼宾次序并不是排席位的唯一依据,尤其是多边活动,更要考虑到客人之间的政治关系,政见分歧大,两国关系紧张的要尽量避免安排在一起。此外,还要适当照顾到各种实际情况。总的原则是,既要按礼宾次序原则作安排,又要有灵活性,使席位安排有利于增进友谊和方便席间的交谈。席位排妥后,要着手写座位卡。我方举行的宴会,中文写在上面,外文写在下面。

4. 巧妙应对用餐过程中的禁忌

入座后,不可玩桌上的酒杯、盘碗、刀叉、筷子等餐具。主人招呼后即可以进餐。一般要先取菜,取菜时不要一次取得太多,需增加时,待侍者送上再取。进食时要文雅,吃东西时应闭着嘴细嚼慢咽,尽量不发出声音;喝汤时不要啜,汤菜太热,稍凉后再食用,忌用嘴去吹凉;嘴内有食物时切勿说话;吃剩的菜、用过的餐具、牙签及骨刺等都要放入骨盘内,忌随意乱扔;剔牙时,要用手或餐巾遮口。

吃梨、苹果等水果,不要整个咬,可先用水果刀切成几瓣,再用刀去皮、核,然后用手拿着吃。削皮时刀口朝内,从外往里削。香蕉先剥皮,用刀切成小块吃。橙子用刀切成块吃。柑橘、荔枝等则可剥了皮吃。其余如西瓜、菠萝等,一般已去皮切成块,吃时可用水果刀切成小块,用叉取食。

中餐的餐具主要是碗、盘、筷子,西餐则是刀、叉、盘子。通常宴请外国人吃中餐,亦以中餐西吃为多,既摆碗筷,又设刀叉。刀叉的使用是左手持叉,右手持刀,将食物切成小块,然后用叉送入嘴内。欧洲人使用刀叉时不换手,即从切割到送食均以左手持叉。美国人则切割后,把刀放下,右手持叉送食入口。就餐时按刀叉摆放顺序由外往里取用。每道菜吃完后,将刀叉平排放盘内,以示吃完。如未吃完,则摆成八字或交叉摆,刀口应向内。吃鸡、龙虾时,经主人示意,可以用手撕开吃,也可用刀叉把肉割下,切成小块吃。切带骨头或硬壳的肉食,一定要把肉叉牢,刀紧贴叉边下切,以免滑开。切菜时,注意不要用力过猛,以免撞击餐盘而发出声响。不容易叉的食品,或不易上叉的食品,可用刀把它轻轻推上叉。除喝汤外,不用匙进食。汤用深盘或用小碗盛放,喝时用汤匙由内往外舀起送入嘴。即将喝尽时,可将盘向外略托起。吃带有腥味或怪味的食品,如鱼、虾、野味等,均配有柠檬,可用手将汁挤出,滴在食品上,可去腥。

宴会中如发生意外情况,例如用力过猛,使餐具发出声响,或摔落地上,或打翻酒水等,不要着急。餐具碰出声音,可轻轻向邻座或主人说一声“对不起”。餐具掉落,可由服务员另换一副。酒水打翻溅到邻座身上,应表示歉意,协助擦干;如对方是女士,只要把干净餐巾或手帕递上即可,由她自己擦干。

另外,宴会厅的布置应该严肃、庄重、大方,不要用红绿灯、霓虹灯装饰,可以少量鲜花点缀。

总之,东西方的谈判礼仪与禁忌五花八门,难以一一列举。以上主要是就谈判禁忌的起源和日常生活中比较重要的谈判禁忌进行了介绍。具体应该怎么在谈判实践中巧妙应对这些谈判禁忌,要视具体情况而巧妙灵活地处理。

第八章　谈判的影响因素

一、主观因素对谈判的影响

谈判是一个复杂的过程，由很多因素组成，如时间、地点、谈判方、标的物等，每一个因素都有可能影响到谈判。其中有些因素是主观因素，本节将就这些主观因素如何影响谈判稍作说明。

（一）利益

谈判可能是由两方或是多方参与，但说到底都是利益相关方在参与。如果谈判一方想从谈判中获得很具诱惑力的利益，则他很有可能会为此过早地透露出自己的意图，或是委曲求全，让对方也得到超额利益。超额利益是指谈判方得到的超出了自己预期的利益。但如果此谈判方对谈判中的利益追求较低，甚至无关紧要，则他可以保全自己的权利，守住自己的底线，不会作出太多让步。

利益又有个人利益和个人所代表的组织的利益之分。如果是自己代表自己则不存在这个问题，自己的利益就是谈判所追求的目的，一定会尽全力。但如果谈判者是代表或部分代表其他方来参加谈判，则很难保证与自身利益不相冲突，就可能会发生不能尽最大的努力或是徇私的现象。所以，利益方在安排自己的谈判人员时，一定要让谈判人员的利益和公司（组织）的利益联系得更紧密，可以用激励、约束等方法。

从大多数谈判人员的角度来看，他们的私人利益和追求可能有以下几种：

1. 经济利益

对于个人来说，经济利益是最基本的利益之一。现实生活中，有些人会因眼前的一些经济利益而动摇，做出有损公司利益的事情来。如果人们对道德和信用不重视的话，整个社会会变得越来越低效率，人们会容易以自我为中心。

2. 名誉

名誉是社会对一个人的评估。有这种激励机制，人就会从更高层次来思考自己的行为是不是理性，因为除了金钱还有其他因素会影响他以后的生活。有些人就是宁愿贫困，也要落一个清廉的名声。

3. 个人形象

这里所说的个人形象，是指领导和其他人员对谈判人员的印象，这是决定他以后在公司能不能继续工作下去的最重要因素。从广义上讲，这也是一种经济利益。但这种利益不是很实在的，也不是在眼前的，最终结果还存在着不确定性。

谈判有可能是几方在"殊死搏斗"，为仅有的一点利益展开争夺。这种情况下就看各方谈判人员的能力了。大家都试图用战术赢取更多的利益，基本上各方都不会让步，难免造成硬伤。但稍有点远见的人，都会主动在更广范围内寻找各方潜在利益，把更多利益卷入到这场战争中来，以尽量追求双赢或多赢的结果。人们往往在预期利益面前会更慷慨一些，而这对更好地进行谈判和打破僵局无疑用处明显。真正的谈判高手都会注重开发更多的利益，以求打开局面。下述案例，就是"不战而屈人之兵"的最好阐述。

美国汽车业"三驾马车"之一的克莱斯勒汽车公司拥有近七十亿美元的资金，是美国第十大制造企业。但自进入20世纪70年代以来，该公司却屡遭厄运，从1970年至1978年的九年内，竟有四年亏损，其中1978年亏损额达2.04亿美元。在此危难之际，艾柯卡出任总经理。为了维持公司最低限度的生产活动，艾柯卡请求政府给予紧急经济援助，提供贷款担保。

但这一请求引起了美国社会的轩然大波，社会舆论几乎众口一词：克莱斯勒赶快倒闭吧。按照企业自由竞争原则，政府绝不应该给予经济援助。最使艾柯卡感到头痛的是，国会为此而举行了听证会。对他而言，那简直就是在接受审判。委员会成员坐在高出地面八尺的半圆形会议桌前俯视着证人，而证人必须仰着头去看询问者。参议员、银行业务委员会主席威廉·普洛斯迈质问他："如果保证贷款案获得通过的话，那么政府对克莱斯勒将介入更深，这不是与你长久以来鼓吹得十分动听的主张（指自由企业的竞争)自相矛盾吗?"

"你说得一点也不错,"艾柯卡回答说,"我这一辈子一直都是自由企业的拥护者,我是极不情愿来到这里的。但我们目前的处境进退维谷,除非我们能取得联邦政府的某种保证贷款,否则我根本没办法去拯救克莱斯勒。"

他接着说:"我这不是在说谎,其实在座的参议员们都比我还清楚,克莱斯勒的请求贷款案并非首开先例。事实上,你们的账册上目前已有了4090亿元的保证贷款,因此务请你们通融一下,不要到此为止。请你们也全力为克莱斯勒争取4100万美元的贷款吧,因为克莱斯勒乃是美国的第十大公司,它关系到60万人的工作机会。"

艾柯卡随后指出,日本汽车公司正乘虚而入,如果克莱斯勒倒闭了,它的几十万职员就得成为日本的佣工。根据财政部的调查材料,如果克莱斯勒倒闭的话,国家在第一年里就得为所有失业人口花费27亿美元的保险金和福利金。他向国会议员们说:"各位眼前有个选择,你们愿意现在就付出27亿呢,还是将它的一半作为保证贷款,日后并可全数收回?"持反对意见的国会议员无言以对,贷款终获通过。

艾柯卡所引述的材料,参议员们未必不知道,只是他们没有去认真地分析过这些材料。艾柯卡所做的一切,只是将更多的利益牵扯到这个谈判里面来,增加了自己获胜的砝码。他把议员们本来应该知道的信息再着重告诉他们,并让议员们真正明白他们现在所处的位置。

(二)双方地位

谈判双方的地位是否平等很重要,双方不平等,自然谈判就不可能平等。地位上的不平等,导致双方心态不一样,处于下风的一方往往顾忌很多,不敢大胆索要自己想要的,当然也就争取不到最好的结果了。但地位优劣是相对的,任何谈判对双方肯定都有利益影响。所以,谈判人员摆正自己的心态,弄清双方的利益,才是最重要和最根本的。

（三）谈判前的准备情况

谈判前的准备，是指在与对手进行磋商之前，谈判方去搜集关于对方的资料，并将已经搜集到的资料进行分析，在此基础上作出谈判计划，对有可能发生的情况进行预演并采取合理对策。凡事预则立，不预则废。兵法上也说：知己知彼，百战不殆。只有对对方的利益相当了解，对自己的优劣势了如指掌，才能巧用利益诱逼对方，争取己方最大的利益。一些国家或大型公司在谈判之前都有情报部门搜集情报，智囊团出计谋，谈判桌上磋商往往只是最后一个顺理成章的环节。有些谈判者往往没有事先准备或是草草准备就去谈判，对问题的各方面认识不足，容易陷入对方的圈套，弄得不知所措。所以，一定不可小视谈判前的准备工作，这一步往往是成功的关键。

谈判前，我们一定要问自己以下问题：和谁谈判？他有什么优势？有什么缺点？在哪里谈判？什么时候谈判？谈判的标的物是什么？我们的目的是什么？我们的底线是什么？在什么情况下我们应该重新谈判？在什么情况下放弃谈判？出现僵局怎么办？

根据双方的地位，制订符合自身利益的目标，是成功谈判的前提。双方掌握的信息是不对称的，我方掌握的情况和对方掌握的情况不一样，对形势的判断也是不一样的。所以，谈判双方在目标上难免产生差异。在谈判之前只设定一个精准的目标是不符合实际的，因为形势多变，每个人都不知道谈判桌上和谈判桌外会发生什么情况。谈判目标应该有底线，就是我方无论如何都要达成的目标。谈判目标没有上限，但在情况转变为太过理想的时候，要考虑到是不是存在陷阱。天上不会掉馅饼，不要贪得无厌。即使己方处于绝对优势的地位，设定的目标也不可过于理想，如果对对方十分苛刻，则会使谈判破裂，本来可以取得的利益可能也会不翼而飞。

（四）谈判的战略部署

“战略”的概念最早产生于军事领域。《辞海》将“战略”定义为：“依据敌对双方军事、政治、地理等因素，照顾战争全局的各方面、各阶段之间的关系，规定军事力量的准备和运用。如武装力量的建设，作战方针和作战指导原则的制定等。”毛泽东也曾对“战略”作过精辟的论述:“研究带有全局性的战争指导规律,是战略学的任务。”①

谈判的策略是建立在情报搜集的基础上的。只有搜集足够多的准确的情报,才能对谈判作出分析,并制定策略。但策略的制定又是一个相对独立的环节,在一定的情报的基础上,仍然可以制定出完全不一样的策略,取得的成果也会完全不同。制定策略就和战争中制定军事计谋一样重要。《孙子兵法》共分十三篇,既讲用兵的原则,也讲打仗的技巧,是一部备受后人称赞的传世之作。策略是非常重要的,弱者可以巧用它来扭转自身不利的局面,强者可以用它来扩大自己的优势。优秀的谈判人员在事先都会酝酿好一个计策,让对方跟着自己的思路走,以为己方取得更大的利益。

(五)谈判人员本身的素质

在搜集情报的基础上制定好了合适的策略后,剩下的就是执行策略了。虽然说可以按部就班执行,但谈判过程中难免出现事先所没有准备到的新情况。也许是对方出现了失误,也许是我们情报有误,也许是事情有变,总之,没有人可以事先预料到所有事情的发生。在不可能进行再一次的谈判的情况下,就需要谈判者能随机应变。谈判者本身的素质,包括个人的谈吐、气质也会影响到谈判。晏子出使楚国,楚王一看到晏子身材矮小就看不起他,表现出轻蔑,甚至不想与其谈判。而晏子却表现机敏,在适当时候给予坚决的反击,令楚王不得不重新审视这个齐国派来的使臣。这个案例中,晏子的相貌和他的应变能力都反映了谈判者本身的素质是会影响谈判的。

谈判人员的素质具有相对性,并不是说某一种素质一定是必胜的,也不是说每一种素质都是必备的。相反,不同的谈判需要不同的人选,不同的人可以适应不同的岗位。对一些细节的谈判,需要一个精明的谈判人员,而具有大局意识的谈判人员则适合原则性公约的谈判。另外,不同个性的人有可能会“相克”,比如有些人就是吃软不吃硬。因此,谈判对手的素质也是谈判人员应该考虑的。

---

① 《毛泽东选集》第1卷,人民出版社1991年版,第175页。

二、客观因素对谈判的影响

时间、地点、环境等外部因素可以通过内因影响谈判。对应的，我们将它们统称为客观因素。

（一）谈判时间

时间的选择对谈判进程、效率等都有一定的影响。一般而言，谈判时间的选择要考虑以下几点：

（1）己方已经作好充分准备的前提下才能开始谈判。

（2）在情绪高涨时谈判，避开情绪低潮。

（3）在场外情况有利于我方时谈判。如抗美援朝战争中，中美最后谈判时，情况已经有利于中方。

（4）避开或选择节日或其他重要时间。重要节日一般都不太适合谈判。

（二）谈判地点

谈判的重要客观因素之一是地点。有些事情是可以放在正式场合公开谈的，但有些事情也许更应该私下里解决。生意上的、公司的、国家方面等需要名正言顺解决的事情适宜公开谈判，甚至谈判后还可以召开新闻发布会，进行宣传。但更多的事情只涉及双方的利益，与他人根本无关，或双方不想让更多的人参与进来，这种情况下就适宜私下里进行谈判了。

谈判地点还有主场与客场之分。如果在主场谈判当然是占优势的，但在客场也应该表现得不卑不亢。作为谈判方，应当尽量避免客场作战。

（三）不同的颜色

颜色是通过眼、脑和我们的生活经验所产生的一种对光的视觉效应。在人类的生活与文化进化中，我们逐渐形成了对颜色的理解。颜色会刺激人的心理，对人的精神和生命活力起到重要的作用。下面是几种意义特别明显的颜色：

(1) 红色常常被认为是权力的象征。在社交活动中,主人、最高级别的贵宾、现场主角常常着装艳红。红色让人产生权力和控制的欲望。喜欢红色的人给人一种精力充沛、异常活跃的感觉。在谈判中某人穿戴红色,常常会使对手感觉到他的力量和威胁。

(2) 棕色代表着稳定和中立。棕色也是地球母亲的颜色,体现着广泛存在于自然界的真实与和谐。当颜色由浅棕色逐渐加深时,就成为一种令人感到可靠、值得信赖的颜色。棕色也可以令人感到难过、沮丧。但总的来说,棕色是象征着阳刚之气的颜色。

(3) 绿色给人以一种生机和活力,让人心情变得舒畅。

(4) 蓝色引人深思。

英国政界领袖欧内斯特·贝文说,根据他平生参加的各种会谈的经验,他发现,在舒适明亮、色彩悦目的房间内举行的会谈,大多比较成功。

(四) 不同的温度和湿度

美国的科学家作过实验,将房间里的温度调高或调低,会影响房内工作者的心情。温度过高人更容易浮躁,温度过低则容易紧张,手脚不停地摆动。一般最适合人们工作和学习的温度介于22℃—25℃之间,此时人体没有什么冷热的感觉,非常舒适。如果气温高于32℃,人就觉得烦热。在冬季,室温应保持在18℃—20℃;夏季室温宜保持在26℃—28℃之间。室内室外温度相差不宜超过7℃,不然人们很难一下子适应。

所谓湿度,是指空气中的含水量。例如,当气温25℃,相对湿度30%时,人体没有什么冷热的感觉;在同一气温条件下,若相对湿度增大到95%时,人体就感觉闷热了。这时,皮肤排汗蒸发受阻滞,使人有粘湿闷热的感觉。反之,湿度过低时,空气中水分含量过低,皮肤排汗蒸发过快,使人感觉干渴,对阵风极敏感而易受凉。空气中的湿度保持在40%—55%时,人体最觉舒服。

20世纪70年代,日本首相田中角荣为恢复中日邦交正常化到达北京。他怀着等待中日间最高首脑会谈的紧张心情,在迎宾馆休息。迎宾馆内气温舒适,田中角荣的心情也十分舒畅,与随从的人员谈笑风生。他的秘书仔细看了一下房间的温度计，是17.8℃。田中角荣习惯的“17.8℃”使得他心情舒畅，也为谈判的顺利进行创造了有利条件。

（五）不同的背景

谈判的环境还包括现场的布置。是更温馨一点，还是严肃一点；是要以情动之，还是要以威慑之，这些都是可以通过环境来有所作为的。见景动情是人的本能，很少有人能对外界环境完全置之不理。作为东道主，应该研究一下如何巧用环境。针对谈判环境，美国前总统杰斐逊曾经说过这样一句意味深长的话：“在不舒适的环境下，人们可能会违背本意，言不由衷。”

如果是与在外游子谈判，背景是有关其故乡的诗画，则更容易引发他的思乡之情。如果背景是一只猛虎，则能体现东道主的威严。

不同的背景有不同的含义，有些是让人一看就知道的典故，有些是具有特殊象征意义的图案，既可以通过故事暗示人，也可以通过图案显示人的风格、爱好。

1972年2月，美国总统尼克松访华，中美双方将要展开一场具有重大历史意义的国际谈判。为了营造一种融洽和谐的谈判环境和气氛，中国方面在周恩来总理的亲自领导下，对谈判过程中的各种环境都作了精心而又周密的准备和安排，甚至对宴会上要演奏的中美两国民间乐曲都进行了精心的挑选。在欢迎尼克松一行的国宴上，当军乐队熟练地演奏起由周总理亲自选定的《美丽的亚美利加》时，尼克松总统简直听呆了。他绝没有想到能在中国的北京听到如此熟悉的乐曲，而且这是他平生最喜爱的并且指定在他的就职典礼上演奏的家乡乐曲。敬酒时，他特地到乐队前表示感谢。此时，国宴达到了高潮，现场融洽而热烈的气氛也同时感染了美国客人。

一个小小的精心安排，赢得了和谐融洽的谈判气氛，不得不说是一种高明之举。

三、文化对谈判的影响

随着经济全球化的到来，我们的国际贸易做得越来越多，越来越广，现在我国已经成为世界第二大贸易国。[①] 在国际贸易谈判中，谈判人员来自不同国家和地区，接受了不同的教育和文化。所以，了解和学习各主要谈判对手的文化和谈判风格是至关重要的。

我国大陆地区2012年全球十大贸易伙伴为欧盟、美国、东盟、我国香港地区、日本、韩国、我国台湾地区、澳大利亚、俄罗斯、巴西。考虑到我国香港和台湾地区、韩国与我们文化差异不大，东盟主要生意伙伴大多是华人，澳大利亚、俄罗斯与巴西主要是官方的贸易，民间贸易较少，因此，本书仅着重介绍美国、日本、德国与法国（德法是欧盟贸易大国）人的谈判风格，简单介绍北欧人的谈判风格。

四、美国人的谈判风格

（一）对自己有信心，自我感觉良好

美国是当今世界上唯一的超级大国，科学技术发达，经济实力雄厚，政治稳定，国防力量强大。美国人所讲的英语已经发展成为全球风靡的“美语”了，很多人模仿学习。自1944年布雷顿森林体系建立以来，美元就是世界货币，也是财富的象征。美国的教育也颇受世人称赞，全世界每年有上百万留学生到美国留学。几乎所有的美国人都为自己的国家深感自豪，对自己的民族具有强烈的荣誉感和优越感。

美国人自信且有些傲慢，喜欢批评别人，指责别人。他们会为很多事情作好自己的打算和计划，并有强烈的欲望实现它。如果谈判没有按照他们的意愿进行，他们就会批评或抱怨。双方出现分歧时，美国人一般会怀疑对方的分析、计算，而坚持自己的看法。他们往往认为自己做的都是合理的，而缺少对别人的宽容与理解。

---

① 参见刘劼等:《中国强调其为世界第二大贸易国，并未超美》，http://news.xinhuanet.com/politics/2013-03/06/c-114913324.htm，2013年10月25日访问。

（二）个人独立，但团队协作能力强

第一批美国人当年从大洋彼岸迁徙到美洲大陆，就是为了追求新的生活方式。他们厌倦了在欧洲的教会压迫，创立了他们自己的上帝。他们信奉的教条不是上帝会保佑你，而是上帝会保佑那些自己努力的人。他们脑子里有一股不可战胜的独立的信念。他们很喜欢独立思考，独立完成任务。当他们能一个人完成一件事情，就不太喜欢求助于别人，也不太喜欢别人的干预。

中国人总是乐于给人帮助，帮人对付困难。而美国人、加拿大人都认为，在他们没有提出要你帮忙之前你去帮他，是对他的污辱，是看不起他。中国人喜欢搀扶老年人上楼梯。而你在美国主动去搀扶一个并没有生病的老人，他有可能会告你歧视他。这是中美文化差异比较大的地方，而且我们又经常会在这个地方犯错误，值得注意。

当然，说美国人独立自主并不是说他们喜欢单打独斗，相反，他们有比较好的协作意识。在一项业务中，什么任务该由谁来完成，哪些环节又是要大家一起去完成的，这些都会分得很清楚。他们从小就被培养分工协作，所以在团队合作方面不会遇到大的难题和阻力。

（三）不顾人情，注重利益

如果是和美国人作交易，他们往往以获取经济利益作为最终目标。中国人、日本人等在谈判中要考虑其他方面的因素，如人情、面子，对这点美国人就不太接受。美国人喜欢就事论事，与此不相关的一概不管，与此相关的就会据理力争。所以，他们在做生意时更多考虑的是实际利益，而不是生意人之间的私人交情。美国人不仅不注意在洽商中培养双方的友谊，而且有时候还力图把生意与友谊清楚地分开。这在亚洲和南美洲的人看来显得比较生硬，难以对付。但年纪大一点的或是比较有谈判经验的美国人，也会乐于接受这种东方文化，毕竟人不可能做到冷若冰霜，不爱热脸爱冷眼。

（四）没有等级观念

在美国人眼里，除了上帝外，没有人是可以高人一等的。即便是公司里的

老板和员工，政府官员和下属，离开工作场合后也就没有那么多讲究，没有人会受到特别对待。美国人对别人的称呼一般也是直呼其名，而很少加“尊敬的”，如果再冠上“教授”“博士”“经理”等头衔，不仅听起来别扭，被称呼者也不是很愿意。儿女对父母尚且直呼其名，何况其他人呢？他们从来不认为政府官员是什么高人一等的职位。他们热爱他们的偶像远远胜过总统。总统在街上走的时候往往和平常人一样不被关注。只要认为自己是对的，美国人可以任意指责政府官员，而不必顾忌他们的地位。所以，我们在和美国人谈判的时候，不要顾及过多的礼节，否则可能会让他们感到别扭。

（五）热情坦率，性格外向

美国人的自信，决定了他们是一个性格外向的民族。他们没有太多的顾虑和忌讳；他们乐于表现自己，乐于做最透明的自我；他们对于某事、某人喜欢就是喜欢，讨厌就是讨厌；他们敢于提出最尖锐的意见，也乐于勇敢地支持你；他们唯恐被对方误解，总是直言相告。美国人的热情还表现在，他们有激情，会为一只小蟋蟀而兴奋好一段时间，并可能由此决定做一个奔走全球的环保志士。但丁有句话被美国人推崇：“走自己的路，让别人去说吧。”

表现在谈判中，美国人有时候会对一些他们看不明白或是不赞成的地方直接提出异议并拒绝，理直气壮。中国人和日本人则不太会直接地拒绝对方，认为这样会损害对方的面子，僵化关系，而不利于以后的合作。在他们看来，像美国人那样感情爆发、直率、激烈的言辞是缺乏修养的表现。反过来，东方人所推崇的谦虚、有耐性、有涵养，可能会被美国人认为是虚伪、客套、耍花招。

（六）重合同，法律观念强

美国是一个市场经济高度发达的国家，相关法律制度也相当完善。律师在美国是一个很普及、很受重视的职业。美国人也很喜欢把矛盾纠纷诉诸法律，这种法律观念在商业交易中表现得尤其明显。商业活动涉及最多的是经济利益。在交易中，合同是最重要的凭证，为了保证自己的利益，美国人非常重视合同。他们会很认真地与你讨论合同的任一条款，而且会特别重视关于违约的赔偿条款。他们不太喜欢中国式的“凡事皆可协商”的精神，认为事前考虑好一切是最合适的。

在20世纪70年代，一些橄榄球迷观看了一场比赛，认为裁判员错判：因为他以为一个已经接住然后落地的端区传球，已经接住够久，可以算触地得分。球迷们为此愤愤不平，向一个联邦法院起诉。到法院起诉这种观念甚至深入球迷的心中，此事表明美国人有一种对法院的依赖性，这是大多数国家所没有出现的。

在另一个关于体育运动的案件中，一个职业曲棍球选手在一场正式比赛中用他的曲棍球把另一个选手打伤后被逮捕。对他的审理因陪审团意见不一而不能作出判决。但是，刑事司法系统对于体育运动中的暴力行为越来越关注。这件事进一步说明：法律愈来愈深入美国人的生活中。

（七）注重时间、效率

美国是一个高度发达的国家，生活节奏比较快。和大部分其他西方发达国家一样，美国人特别重视、珍惜时间，注重办事的效率。所以，如果在谈判中对方因为某些原因迟到，或是双方迟迟不能达成有效协议，美国人就会不耐烦。美国人常常会抱怨其他国家的谈判对手拖延，缺乏工作效率。

美国商人重视时间，还表现在做事要一切井然有序，有一定的计划性。他们不喜欢不速之客的来访。与美国人约会，早到或迟到都是不礼貌的。并不是说他们自己很忙，只是他们形成了预约的习惯，不事先约好会使他们心里特别不爽。请看下列两则案例。

案例一：

巴西一家公司到美国去采购成套设备。巴西谈判小组成员因为上街购物耽误了时间。当他们到达谈判地点时，比预定时间晚了45分钟。美方代表对此极为不满，花了很长时间来指责巴西代表不遵守时间，没有信用，如果他们老这样下去的话，以后很多工作很难合作。对此，巴西代表感到理亏，只好不停地向美方代表道歉。谈判开始以后，美方代表似乎还对巴西代表来迟一事耿耿于怀，一时间弄得巴西代表手足无措，说话处处被动，无心与美方代表讨价还价，对美方提出的许多要求也没有静下心来认真考虑,匆匆忙忙就签订了合同。

等到合同签订以后,巴西代表平静下来,头脑不再发热时,才发现自己吃了大亏,但已经晚了。

案例二:

日本一家著名的汽车公司在美国刚刚"登陆"时,急需找一家美国代理商来为其销售产品,以弥补他们不了解美国市场的缺陷。当日本汽车公司准备与美国的一家公司就此问题进行谈判时,日本公司的谈判代表因路上塞车迟到了。美国公司的代表紧紧抓住这件事不放,想要以此获取更多的优惠条件。日本公司的代表发现无路可退,于是站起来说:"我们十分抱歉耽误了你的时间,但是这绝非我们的本意。我们对美国的交通状况了解不足,所以导致了这个不愉快的结果。我希望我们不要再为这个无所谓的问题耽误宝贵的时间了,如果因为这件事怀疑到我们合作的诚意,那么,我们只好结束这次谈判。我认为,以我们所提出的优惠代理条件,是不会在美国找不到合作伙伴的。"

日本代表的一席话说得美国代理商哑口无言。美国人也不想失去这次赚钱的机会,于是谈判顺利地进行下去。

同样是和美国人谈判,同样是迟到,日、巴两国代表处理后得到的结果却完全不同。在谈判中迟到确实是对美国人的不礼貌,但这并不影响谈判中实质性的东西,美国人真正重视的仍是利益。因为一些小事而让对方抓住了"把柄",使自己处于被动,这就是因为巴西人只看到了问题的表面,而没有看到问题的实质。

五、日本人的谈判风格

日本是世界第三大经济体。日本经济最辉煌的时期是20世纪80年代,那时候全世界,尤其是美国市场上充斥着日本货,为日本赚了不少美元外汇。日本的丰田、本田、三菱、松下、索尼等都是世界知名企业。日本经济腾飞,国民迅速富裕起来,东京土地的价格也随之飞涨。有人曾戏言:如果按土地价格计算,日本人卖掉东京的钱可以把整个美国买下来。日本的科技实力也是世界一流的,他们努力研制机器人,企图用机器人代替人工,至今日本仍是世界上在这一领域最先进的国家。日本民族的创新能力很强,工作效率、能源利用效率都很高。作为一个岛国,日本资源并不丰富,地质灾害又频繁,能取得这样的成绩,是值得世界各国学习和尊敬的。

日本人把生意做到全世界,他们利用世界各地的资源发展经济。日本与中国是近邻,文化上又有同源,日本对中国经济的影响曾经要远远大于美国。曾经数十年,中国的最大贸易伙伴都是日本,学会如何与日本人打交道当然就很重要。

日本人的谈判风格,主要表现为以下几点:

(一) 看重集体作战

日本文化塑造了日本人的集体主义精神。日本鼓励创新,但创新决不能是为了出风头,鹤立鸡群。日本人和其他东方人一样,认为自己有才能和个性不一定要表现出来,如果过于表现则被认为是肤浅。绝大部分日本人很推崇谦虚的品质,认为压抑自己的个性是一种美德,如果让众人觉得突兀就是自己的错。日本人也讲究和谐,人与人之间的和谐,建筑的和谐,饮食的和谐。日本的文化教化人们将个人的意愿融于和服从于集体的意愿。日本人可以勒紧裤带为祖国复兴作出巨大的贡献,可以自己不赚钱,让一些很重要的经济部门由三菱、三井、住友等六大财团控制,任由他们剥削国民财富。而这些企业正因为有了巨额资本,为日本的工业、教育、军事作出了巨大的贡献。

在谈判中,日本人的任何决策都不太可能是一个人作出来的,总是由一帮人提出方案,交其他部门和成员不停地讨论和修正。正因为如此,日本人的决策时间通常比较长。特别是如果在谈判过程中出现的情况与他们的预想有出入的话,这种长时间决策又要重复一次。这种情况与欧美人的果敢和时间观念相冲突,往往令他们在生意交往中头痛。需要指出的是,虽然日本人作决策费时较长,但一旦决定下来,行动起来十分迅速。

（二）看重关系

由于共同置身于东方文化中，日本人和中国人、韩国人一样，不论是在日常生活中，还是在生意交往中，都很注意建立人际关系。这点在日本又尤为明显。在日本人到达时去接他们，再为其安排住宿，共进晚餐等，都是很重要的步骤。在谈判之前，与日本人多交往几次，多出去一起玩玩，往往会有事半功倍的效果。诸多商界人士提到，只要能和日本人建立相互信任的朋友关系，以后的生意就会很好做，继续维持好这个关系就行了。当双方相互信任时，日本人就不会拘泥于细节，也不会过多地讨价还价，而且当谈判陷入困境时，他们很容易作出让步。

欧美人则习惯就事论事，每次都把合同条款写得很详细，以备后面出现纠纷时作为证据。一旦对方出现了违约情况，即使是不可控的，他们也会追究惩罚，这经常让日本人感到极为不满。双方在这一点上都极不适应对方。

在与日本人的交往中，中间人往往也显得很重要。一个信誉好的中间人，对于开展初期合作有很大的帮助。在双方陌生的情况下，中间人不仅起了沟通双方的作用，还起到信用保证的作用，就好像金融市场上的担保人。中间人往往可以是企业、社会团体、皇族成员、政府官员、知名人士，也可以是银行或其他为企业提供服务的组织。

（三）讲究礼仪，要面子

日本人很讲礼仪，不管是在正式场合还是其他场合，都会比较规矩，受到礼仪的约束。鞠躬、让行、礼貌用语不离口等，是大部分日本人给外国人的印象。许多礼节在西方人看起来有些可笑或做作，但日本人做起来却一丝不苟，认认真真。在了解日本文化背景的基础上，我们要理解和尊重日本人的礼仪，而且要学会适应。如果某些外国人对日本人的礼仪表示轻视，那么他也不会获得日本人的尊重与好感。

还应该注意，日本人是比中国人更为含蓄和要面子的。他们说话总是拐弯抹角，含混其词。当对方提出要求时，他们不会明确拒绝对方，往往也以“我们会认真考虑的”来回答，但这并不是同意的表示。他们自己的要求也不会明确提出来,总是用一些肢体语言、提问或其他暗示来引导你。特别是当他们的建议可能与你的愿望相冲突时,更加忌讳直接提出来,怕有伤和气。作为谈判方,我们也要学会不直接反对和指责日本人,否则给他们的印象就不利于谈判的继续了。另外,日本人是很讲究送礼的,并且不像中国人对此事比较忌讳,他们会光明正大地送。如何送礼,送什么礼,都是要认真考虑的。

(四) 严格的等级观念

日本人有根深蒂固的等级观念。日本人尊上欺下,上级说什么就是什么,就算自己有再好的理由也不会违背,而对待下级很粗鲁和无礼,这种现象同样出现在家庭等级中。在走路时,年长的或是地位高的人一定是走在前面或是中间。座次上也有严格的安排,和中国一样有上座和下座之分。在服装上,领导肯定是穿得最突出的那一个,下属不能突出自己。

日本人强烈的等级意识不仅仅表现在上下级之间、长辈和晚辈之间,还表现在资历重于能力上。日本人往往很少把重要的任务交给年轻人,即使这个年轻人看起来更有能力。其实这种做法也是无可厚非的,因为能力不是能够轻易地被准确评估出来的,而资历往往和经验、能力都呈正相关。资历越深,经验一般也就越丰富。所以,日本的年轻人都不可能任很高的职位,他们必须通过时间的积累,一步一步往上走,只要工作时间够长,职位上升也就是很自然的事了。日本人也知道这种做法可能会埋没人才,但他们认为这样做能够使社会更稳定,更和谐,他们不太想破坏这种等级制度。

这种严格的等级制度和观念深深地影响着每一个日本人的生活。尤其是日本一些从事艺术创作的人更是苦不堪言,因为在日本不论一个年轻人做出了多么惊天动地的事情,也不会受到别人崇拜,还可能会被认为破坏社会和谐。他们要出名或得到别人的认可,一定得到一定的年龄后才可以。

美国一家公司曾经派了一个由若干二三十岁的青年精英组成的代表团去日本某公司谈生意,在这个代表团里还有一位女性成员。结果,该代表团在日本受到了冷遇,只好无功而返。

之后美国方面找到一位日本学的专家咨询这次的失败原因。该专家告诉他们，一定要在代表团中安排一位至少有25年工作经验，职位至少要在副总经理级别的人才可以。美国方面采纳了专家的意见，再次组织了一个代表团前往日本。日本人见到代表团之后态度大变。日本人之所以不愿意和年轻人谈判，无疑是其强烈的等级观念所致。

六、欧洲人的谈判风格

（一）德国

德国全称为“德意志联邦共和国”，曾于20世纪参与过两次世界大战，两次都战败后却又迅速地恢复国力。2013年德国的GDP排名为世界第四，仅次于美国、中国和日本。德国是世界上出口商品最多的国家或地区之一。德国的工业实力雄厚，产品质量领先。汽车工业、机械制造、化学工业、电工电子业、食品工业是德国五大经济支柱，在世界上也占有举足轻重的地位。在2012年全球商品贸易额排名中，德国是世界第三大贸易国（仅次于美国、中国），与中国的经济联系也越来越密切。采用德国技术的磁悬浮列车首先在中国上海修建并成功运营；德国的大众公司与中国多家汽车厂商展开了广泛的合作；北京奥运体育场馆的建设用到了大量的德国高新技术材料等。与德国商人谈判时，了解他们的谈判风格才能达到知己知彼，为国家和企业争取更多合理的利益。德国人在商业谈判中有以下四个特征：

1. 严谨

德国人做事很严谨，这也是所有外国人对德国人的评价。

一个中国人在德国留学。课余时间，他随便做了几道菜，和两个德国朋友一起晚餐。德国人在尝过这几道中国菜之后对中国留学生的厨艺大为赞叹，然后虚心地向中国朋友请教菜谱。于是，一师二徒就忙碌了起来。

中国人：先加一小勺盐，再放一些味精，再加几滴酱油……

德国人：等等，你刚刚说的一点是指多少？

中国人：就是一点点，差不多就行了。

德国人：一点点是多少？是几克？

中国人被这个问题给难住了，估算了一下。

中国人：十一二克吧。

德国人：到底是十一克，还是十二克？

中国人：那就十二克吧。

结果，德国人拿来了天平，称了刚刚好十二克才肯罢休，还要把这些东西一一记在笔记本上，这就是所谓的菜谱。

如果进入德国人的厨房，大致可以看到三样东西是中国厨房没有的，量杯、天平和闹钟。闹钟是用来计时的，到底几十分钟就该停火了，在德国人心目中都是不得马虎的。

德国人就是这样严谨的，他们不会用含义模糊的词句，也不希望产生误会。在社交场合，一般不直接称呼对方的名字，也不会一见面就与人称兄道弟，而用“您”以及姓氏之前冠以“先生”或“女士”（有时也称“夫人”）作为尊称。

德国人在任何谈判之前都会进行细心的准备，他们对于谈判目标、谈判过程和结果都考虑得比较具体，要求精确，并拟定一个详细的计划。在谈判桌上，他们会按照自己的计划一步一步去实现谈判目标。

如果在谈判桌上出现了任何疑问，比如涉及技术方面的问题，在座的行政人员就会说这个事情他不清楚，必须回去询问技术总监。即不是他负责的事情，他权力再大，时间再紧迫，也不会插手，他们尊重专业。

2. 严格执行标准，看重质量

德国是以质量立国的国家，而德国商品也被誉为世界标杆。正因为本国商品世界一流的质量，德国人在购买其他国家的商品时，往往以本国商品作为参照标准。德国人更偏向于本国商品并不是因为民族主义，而是本国商品质量更好，执行标准更严格。如果出口方能够证明自己的商品比德国商品具有更优良的品质，那就能轻松地获得德国人的好感，也就有了赢得大笔订单的机会。

德国人特别喜欢使用标准，对任何事物、任何行为的判断几乎都建立在一种绝对化的标准（甚至数字）之上。德国人在制造电器、汽车等时，就是以标准的计量方式和方程来衡量产品的生产。添加配料多少，平均每一克食物含碳水化合物多少、热量多少、维生素多少等，都是必须在食品包装袋上面严格说明的。

3．讲究效率，守时

有一句话说：德国人是走在钟表上的人。德国人的准时是全球出了名的，甚至胜过美国人。大部分中国人是以十分钟来计算时间的，只要是在预定时间的前后十分钟都会算准时，美国人大约会有三四分钟的“误差”，德国人则是以分钟来计算。他们的时间准确到每一分钟。如果约好了是晚上六点见面，那么德国人一般会提前几分钟到达，然后在门口等着，直到时针指到六点他才开始敲门。在其他国家或地区，可能会认为提前几分钟进门也是可以理解的，但德国人不这样认为。如果提前的话，就得让主人被迫中断手中的事情，提前招待客人，这对主人是一种不礼貌的行为。德国人早上几点起床，几分钟洗漱，几分钟打扮，几分钟步行等，都是严格计划并执行的。德国人做任何事情都是要提前预约的，唐突地拜访是一种不礼貌的行为。

德国人的时间观念还表现为，要在对的时间做对的事。周末他们都是不做生意的，不管是多么重要的生意。很多外国人经常因为周五没有到超市购物，结果在周六商场不开门，只得饿一天。德国人认为周末是用来休息的，也有人是用来做礼拜的，不能用来做其他事情，这个观念在德国人中已经很难改变。

德国人在做事之前会谨慎准备，但计划一旦执行起来就一点也不含糊。他们就好像机器人一样勇往直前，按照计划，精力充沛地把事情做完。德国人（尤其是中老年人）很少有拖沓的习惯，他们看起来总是那么富有朝气。在德国人的办公桌上，也看不到放置很久，尚未解决的文件。他们说开会时间是一个小时，绝对不会多开两分钟，而中国人一开会就拖延一两个小时是很正常的事情。所以，德国人在谈判前都会提示这次谈判要进行多长时间，如果超出了就会按时中断谈判，只能等下次再安排时间。正是因为有如此高的执行效率，他们才会有这么强的时间观念，也正是因为有这么强的时间观念，他们做事情必须要有效率。

4．缺乏灵活性

让德国人觉得最难做的一件事就是变通。东方人一般只制定一个大致的方向和原则，更多的细节要根据时间、地点等条件来确定，而德国人却不能理解这一点。他们很自然地遵守规矩。在马路上，他们很少闯红灯；排队时，他们不会插队；上班时，他们从不迟到。

> 1956 年，联邦德国议院通过了《商店关门法》，规定德国商店的营业时间为周一至周五每天 7:00 至 18:30，周六 6:00 至 14:00。这一规定使得德国人的生活更有规律，周日和晚上更清静一些，有更多的时间和亲人、朋友相聚。有学者提出，如果把这一规定取消掉，德国 GDP 上升两三个百分点是很轻松的。但直到今天这个法案都没有废除，不仅政府不行动，而且老百姓也不支持。按理说，废除后商店可以增加收入，工厂可以多开工，但他们就是不同意。就算有一个顾客在 18:25 进入商场，但 18:30 的时候还没有结好账，商场也不愿意把账继续结完，只能说："对不起，下次再来吧。"

在谈判桌上，德国人会给标的物出一个价格。一旦这个价格从他们嘴里说出来了，就很难再讨价还价，要么成交，要么下次再谈。德国人在合同签订之后会严格去执行，不会再以任何理由来变通。总之，德国人缺乏灵活性，不会变通。

（二）法国

法国的经济实力也很强大，农产品、葡萄酒、航空、能源、汽车等行业在国际上有很高的地位。法国是西欧第一个承认新中国的国家，与中国的关系很好，这也促进了中法的经济交流。法国与德国虽然是邻国，但两国人的生活方式却有很大的区别。法国人的主要特点有：

1. 重人情

法国人是一个追求浪漫的民族。他们性格开朗大方、乐观享受、热情幽默，不喜欢古板的生活方式，崇尚情趣和格调。他们认为在工作之外还有生活，在利益之外还有情感。所以，法国人比较注重人际交往。他们喜欢通过一小笔生意来和对方试探性交往，当认可对方且关系稳定后，就会建立牢固的生意关系。

法国的美食和餐饮文化同样反映了法国的人情味。一天当中，法国人会花比较多的时间在饮食上，他们绝对不会因为工作忙而马虎地吃一顿饭。法国人会很友好地用美食来款待生意伙伴，这也代表了他们对你的友好和信任。但如果你把工作的事情放到餐桌上来谈，会令他们很不高兴。

2. 个人主义

法国人崇尚自由和民主，这和他们深受启蒙思想的影响有关。法国人认为每个人都是独立的个体，不应该受到别人太多的干预。法国人不习惯集体决策，比较重视个人力量。所以，法国的家族企业比较多，公司结构比较简单。他们的组织实行个人负责制，经常一个人独当一面。他们不需要向上级汇报，能够迅速单独决策。

3. 随意

法国人认为世界上没有什么是最重要的，是必须的。他们认为守时是应该的，但绝不拘泥于此。他们往往能够容忍一小段时间的迟到，只要有一个合理的解释即可。法国人在谈判的前一段时间多半会聊一些与谈判内容无关的社会新闻，他们健谈，而且兴趣广泛。当然，也可以理解为他们是在为谈判营造一个轻松的氛围。在聊天中慢慢转入正题，在最后作决定阶段，才一丝不苟地谈生意。

法国人对于合同的态度也不是那么严肃，一般都是制定出一个大致方向，细节就显得不那么重要了。就算某些具体条款已经确定下来，他们也有可能在以后的沟通中再要求修改。他们不会像德国人那样一成不变，相反他们很随意，很有灵活性，会制作“备忘录”“协议书”之类的文件，为后面的正式签约奠定基础。

4. 坚持用法语

法国人认为法语是世界上最优美的语言，法兰西民族也是最优秀的民族。他们对法语、法国文化有极强的优越感。在谈判中，即使他们会英语，也坚持使用法语。如果对方也使用法语，或者会讲一些法语，并对法国文化认同，对促进友好谈判气氛的形成是很有利的。

（三）北欧国家

北欧一般特指挪威、瑞典、芬兰、丹麦和冰岛五个国家，包括各自的海外自治领地如法罗群岛等。北欧是世界上最富裕的地区之一，经济水平很高，丹麦、瑞典等国的人均国民生产总值均遥居世界前列。林业、水力发电、铁矿开采、渔业、造船业和航运业，均为北欧的传统经济部门。北欧各国的福利水平很高，社会和谐，政治清明。北欧人一般都受过良好的教育，他们有温和、平静的性格，善良、正直、诚实信用的品格。因此，与北欧人打交道，应该用真诚的态度去赢取他们的信任，进而赢得他们的订单。

参考文献

1. 〔美〕彼得·斯塔克等:《你也能成为谈判高手》,彭树林译,浙江人民出版社2005年版。
2. 刘必荣:《无所不在的谈判技巧》,中国发展出版社2004年版。
3. 李昆益主编:《商务谈判技巧》,对外经济贸易大学出版社2007年版。
4. 〔美〕赫布·科恩:《谈判天下》,谷丹译,海天出版社2006年版。
5. 林伟贤:《谈判艺术》,新华出版社2006年版。
6. 〔美〕杰勒德·尼伦伯格等:《谈判的艺术》,陈琛等译,新世界出版社2012年版。
7. 〔美〕卡罗斯:《谈判技巧》,杨君、吕英译,中国盲文出版社1989年版。
8. 国琪:《商业谈判艺术》,红旗出版社1986年版。
9. 〔英〕加文·肯尼迪:《万事皆可谈判》,兰天译,中国人民大学出版社2006年版。
10. 〔美〕弗雷德·简特:《利害冲突:化解冲突的智慧》,马黎、李唐山译,中国人民大学出版社2006年版。
11. 〔美〕马斯洛:《自我实现的人》,许金声、刘锋译,三联书店1987年版。
12. 上海市戏曲学校中国服装史研究组编著:《中国历代服饰》,学林出版社1984年版。
13. 〔美〕理查德·尼克松:《领袖们》,施燕华等译,海南出版社2008年版。
14. 甘华鸣、许立东:《谈判》,中国国际广播出版社2001年版。
15. 〔美〕埃米利·波斯特:《西方礼仪集萃》,齐宗华等译,三联书店1991年版。
16. 《马克思恩格斯选集》第3卷,人民出版社1995年版。
17. 《毛泽东选集》第1卷,人民出版社1991年版。